annabac
SUJETS et CORRIGÉS 2018

Histoire Géographie T^le^

série S

Jean-Philippe Renaud
Professeur agrégé d'histoire-géographie

Achevé d'imprimer
Par Maury imprimeur à Malesherbes - France
Dépôt légal 03045-9/01 - Août 2017

IMPRIM'VERT. Votre imprimeur agit pour l'environnement

PAPIER À BASE DE FIBRES CERTIFIÉES

Hatier s'engage pour l'environnement en réduisant l'empreinte carbone de ses livres.
Celle de cet exemplaire est de :
450 g éq. CO_2
Rendez-vous sur www.hatier-durable.fr

Hatier

 ISSN 1168-3775 ISBN 978-2-401-03045-9

Annabac, mode d'emploi

Que contient cet Annabac ?

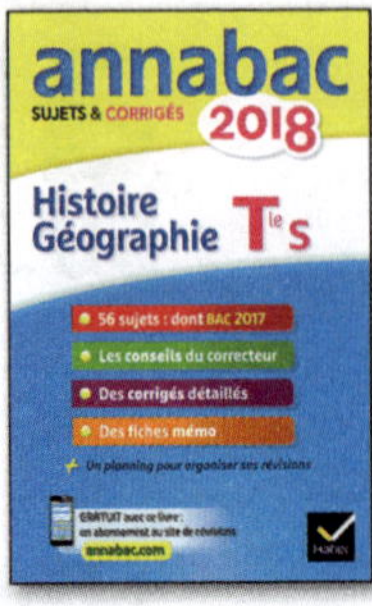

Tous les outils pour se préparer de manière efficace à l'épreuve d'histoire-géographie série S du bac 2018.

En premier lieu, des **sujets corrigés tombés lors des épreuves du bac 2017**, mais également :
- des sujets complémentaires ;
- des conseils de méthode ;
- un mémento couvrant tous les thèmes du programme ;
- un lexique des sigles à connaître.

▶ Une large sélection de sujets d'écrit

L'ouvrage comprend les sujets des dernières sessions et des sujets complémentaires. Ils sont classés selon les thèmes du programme et représentent de façon équilibrée **tous les types** d'exercices qui peuvent être proposés dans le cadre de l'épreuve : composition, analyse de document(s), croquis.

▶ Également des sujets d'oral

Nous vous proposons également des sujets vous permettant de vous faire une idée de **l'épreuve orale de contrôle** et de la préparer, si nécessaire, en en connaissant les exigences.

▶ Comment les sujets sont-ils traités ?

L'auteur de cet ouvrage a eu à cœur de vous aider à bien interpréter un sujet et « fabriquer » une bonne copie. C'est pourquoi il a associé à chaque énoncé :
- une **explication du sujet** et des aides pour construire la réponse (rubrique « Les clés du sujet ») ;
- un **corrigé clairement structuré**, avec des conseils, des « Points méthode » et des commentaires quand c'est nécessaire.

Comment utiliser l'ouvrage ?

▶ À l'aide du sommaire

Dès le mois de décembre, **à l'occasion d'un contrôle ou d'un examen blanc**, n'hésitez pas à vous familiariser avec les types d'exercices proposés au bac en traitant ceux correspondant aux **thèmes du programme à réviser**. Le sommaire vous aidera à les sélectionner.

Travaillez-les le plus possible, dans un premier temps, avec la seule aide des « Clés du sujet » ; puis confrontez ce que vous avez fait avec le corrigé proposé.

▶ À l'aide du planning de révisions

La date de l'examen se rapproche. Grâce à la rubrique « Votre planning de révisions », choisissez, **en fonction du temps qui vous reste**, les sujets qui vous permettront d'aborder l'épreuve dans les meilleures conditions possible.

Et l'offre privilège sur annabac.com ?

L'achat de cet ouvrage vous permet de bénéficier d'un **accès gratuit*** aux ressources d'annabac.com : fiches de cours, podcasts, quiz interactifs, exercices, sujets d'annales...

Pour profiter de cette offre, rendez-vous sur www.annabac.com, dans la rubrique « Vous avez acheté un ouvrage Hatier ? ». La saisie d'un mot clé du livre (lors de votre première visite) vous permet d'activer votre compte personnel.

* Selon conditions précisées sur www.annabac.com.

Qui a fait cet Annabac ?

▶ L'ouvrage a été écrit par **un enseignant d'histoire-géographie** : Jean-Philippe Renaud.

▶ Les contenus fournis ont été mis en forme par une équipe composée de plusieurs types d'intervenants :

- des éditeurs : Grégoire Thorel et Adeline Ida, assistés de Sarah Basset et de Tara Mazelié ;
- une correctrice : Catherine Jardin ;
- des graphistes : Tout pour plaire et Dany Mourain ;
- des maquettistes : Hatier et Nadine Aymard ;
- un cartographe : Philippe Valentin ;
- une illustratrice : Juliette Baily ;
- un compositeur : STDI.

SOMMAIRE

- **Votre planning de révisions** 8
- **Index des points méthode** 10

I. L'épreuve en 10 questions-réponses

- **Le programme et l'épreuve** 12
- **Nos conseils de méthode** 15

II. Préparer l'épreuve écrite

Sujet complet de France métropolitaine 2017

1 COMPOSITION • La Chine et le monde depuis 1949 22

2 COMPOSITION • Gouverner la France depuis 1946 : État, gouvernement, administration, opinion publique 26

3 ANALYSE DE DOCUMENTS • L'Afrique dans la mondialisation 31

Sujets d'histoire classés par thèmes

LE RAPPORT DES SOCIÉTÉS À LEUR PASSÉ

Les mémoires : lecture historique

4 COMPOSITION • Lecture historique des mémoires de la Seconde Guerre mondiale en France • France métropolitaine, septembre 2015 37

5 ANALYSE DE DOCUMENT • L'État, l'historien et les mémoires de la guerre d'Algérie • Nouvelle-Calédonie, novembre 2016 42

6 COMPOSITION • L'historien et les mémoires de la guerre d'Algérie Antilles, Guyane, juin 2016 46

GRANDES PUISSANCES ET CONFLITS DANS LE MONDE DEPUIS 1945

Les chemins de la puissance

7 ANALYSE DE DOCUMENTS • Les États-Unis et le monde depuis 1945 Polynésie française, septembre 2015 50

8 ANALYSE DE DOCUMENT • Les États-Unis et le monde selon Ronald Reagan • Antilles, Guyane, septembre 2016 55

9 COMPOSITION • La puissance américaine dans le monde depuis 1945 • Pondichéry, avril 2016 60
10 ANALYSE DE DOCUMENT • La Chine et le monde depuis 1949 : les relations franco-chinoises • Liban, mai 2016 64
11 ANALYSE DE DOCUMENTS • La Chine et le monde des années 1950 aux années 1970 • Polynésie française, juin 2017 69

Un foyer de conflits

12 COMPOSITION • Le Proche et le Moyen-Orient, un foyer de conflits depuis 1945 • France métropolitaine, juin 2016 74
13 ANALYSE DE DOCUMENT • Le Moyen-Orient à l'ère nucléaire Pondichéry, avril 2017 78
14 ANALYSE DE DOCUMENTS • La question palestinienne 82

LES ÉCHELLES DE GOUVERNEMENT DANS LE MONDE

L'échelle de l'État-nation

15 ANALYSE DE DOCUMENT • L'opinion publique sous la Ve République 87
16 COMPOSITION • Le rôle de l'État en France depuis 1946 91

L'échelle continentale

17 COMPOSITION • La gouvernance européenne depuis le traité de Maastricht • France métropolitaine, juin 2016 96
18 ANALYSE DE DOCUMENT • La difficile gouvernance européenne 101

L'échelle mondiale

19 ANALYSE DE DOCUMENT • La gouvernance économique mondiale au début du XXIe siècle • Amérique du Nord, mai 2016 105
20 ANALYSE DE DOCUMENTS • La gouvernance économique mondiale depuis le sommet du G6 de 1975 • Afrique, juin 2016 109
21 COMPOSITION • La gouvernance économique mondiale depuis 1975 • Amérique du Nord, mai 2017 113

Sujets de géographie classés par thèmes

CLÉS DE LECTURE D'UN MONDE COMPLEXE

Des cartes pour comprendre le monde

22 ANALYSE DE DOCUMENT • Une lecture géoéconomique de la mondialisation 117

23 ANALYSE DE DOCUMENTS • Une lecture géopolitique et géoculturelle des conflits dans le monde 121

LES DYNAMIQUES DE LA MONDIALISATION

La mondialisation, fonctionnement et territoires

24 COMPOSITION • Un produit mondialisé : l'iPad
Antilles, Guyane, septembre 2016 126
25 ANALYSE DE DOCUMENTS • La Triade dans la mondialisation 130
26 CROQUIS • Pôles et flux de la mondialisation • Liban, mai 2017 135
27 COMPOSITION • La mondialisation : acteurs, flux, débats
France métropolitaine, septembre 2016 138
28 ANALYSE DE DOCUMENTS • Les espaces maritimes, approche géostratégique • Asie, juin 2016. 143
29 COMPOSITION • L'inégale intégration des territoires dans la mondialisation • Afrique, juin 2016. 148
30 CROQUIS • Des territoires inégalement intégrés à la mondialisation . .152

DYNAMIQUES GÉOGRAPHIQUES DE GRANDES AIRES CONTINENTALES

L'Amérique : puissance du Nord, affirmation du Sud

31 COMPOSITION • Le continent américain : entre tensions et intégrations régionales • Nouvelle-Calédonie, novembre 2016 155
32 CROQUIS • Les dynamiques territoriales des États-Unis
Amérique du Sud, novembre 2016. 160
33 ANALYSE DE DOCUMENT • Le Brésil : quelle diplomatie mondiale pour une puissance émergente ?. 162
34 CROQUIS • Les dynamiques territoriales du Brésil
Amérique du Nord, mai 2017. 166
35 COMPOSITION • États-Unis – Brésil : les dynamiques territoriales
Liban, mai 2016. 168
36 ANALYSE DE DOCUMENTS • Les États-Unis et le Brésil : deux puissances concurrentes • Antilles, Guyane, septembre 2015. 174
37 COMPOSITION • États-Unis – Brésil : rôle mondial • Pondichéry, avril 2015 179

L'Afrique : les défis du développement

38 COMPOSITION • Le Sahara : ressources, conflits • Liban, mai 2016 183
39 ANALYSE DE DOCUMENTS • Le Sahara : une zone de conflits 187
40 ANALYSE DE DOCUMENT • Le continent africain face à la mondialisation 192
41 CROQUIS • Le continent africain : contrastes de développement et inégale intégration dans la mondialisation • France métropolitaine, juin 2016 . .197

42 COMPOSITION • Le continent africain face au développement et à la mondialisation • Amérique du Sud, novembre 2015 200

L'Asie du Sud et de l'Est : les enjeux de la croissance

43 ANALYSE DE DOCUMENT • Dynamisme économique et inégalités en Asie du Sud et de l'Est 204
44 COMPOSITION • L'Asie du Sud et de l'Est : les défis de la population et de la croissance • Amérique du Nord, mai 2016 208
45 ANALYSE DE DOCUMENTS • Le Japon et la Chine : deux concurrents en Asie orientale 212
46 COMPOSITION • Japon-Chine : concurrences régionales, ambitions mondiales • Pondichéry, avril 2017 216

III. Préparer l'épreuve orale de contrôle

Histoire

47 AVEC DOCUMENT • Le résistancialisme 222
48 AVEC DOCUMENT • La Chine et le monde jusqu'aux années 1970 226
49 AVEC DOCUMENT • L'Union européenne face à la crise des migrants .231
50 SANS DOCUMENT • Quelle gouvernance économique mondiale depuis les années 1990 ? 235

Géographie

51 SANS DOCUMENT • Les enjeux géostratégiques des espaces maritimes 238
52 AVEC DOCUMENT • L'intégration régionale du continent américain 242
53 AVEC DOCUMENT • Le continent africain face au développement et à la mondialisation 246
54 SANS DOCUMENT • Le Japon, une puissance mondiale ? 250

IV. La boîte à outils

- **Mémento d'histoire** 256
- **Mémento de géographie** 270
- **Les sigles du programme** 285

SOMMAIRE

Votre planning de révisions

J – 30 à J – 15

Vous débutez vos révisions un mois avant l'épreuve.

Traitez un exercice par thème clé

N°	Thème du programme
4	Le rapport des sociétés à leur passé
7	Grandes puissances et conflits
2	Les échelles de gouvernement
23	Clés de lecture d'un monde complexe
26	Les dynamiques de la mondialisation
31	Dynamiques géographiques (Amérique)

Vous débutez vos révisions deux semaines avant l'épreuve.

Révisez dans des conditions optimales !

▶ **Avant tout, organisez-vous**

Sur une grande feuille, construisez un tableau, avec : à l'horizontale, les plages de révision qui vous restent et, à la verticale, les différentes matières à réviser. Associez à chaque case un contenu.

▶ **Mettez-vous dans les conditions de l'examen**

Dans les dernières semaines de révisions, il est très important de « plancher » sur de vrais sujets. Essayez de travailler par tranches d'au moins une heure, sans pause.

▶ **Travaillez en équipe**

Vous pouvez aussi organiser des séances de révisions avec des amis, afin de partager vos connaissances et vos techniques de travail, et vous soutenir le moral.

Bonne chance !

J – 15 à J – 7 | J – 7 à J

Consolidez vos méthodes

N°	Point méthode
6	Définir une problématique
9	Construire un plan de composition
17	Rédiger une introduction de composition
46	Rédiger une conclusion de composition
22	Analyser une carte
23	Confronter deux documents
30	Construire une légende

Dernière ligne droite

• Vous maîtrisez désormais les connaissances et les méthodes nécessaires pour réussir.

• Complétez vos révisions avec ces 4 sujets représentatifs :

N°				
	13	15	35	43

Parcourez le programme

N°	Question du programme
10	Les chemins de la puissance
12	Un foyer de conflits
18	L'échelle continentale de gouvernement
24	La mondialisation
32	L'Amérique
39	L'Afrique

Dernière ligne droite

• Vous avez revu les grandes questions du programme.

• Entraînez-vous désormais sur ces 4 sujets représentatifs :

N°				
	5	11	41	44

Vous débutez vos révisions une semaine avant l'épreuve.

Droit au but !

• Plus qu'une semaine, il va falloir mettre les bouchées doubles !

• Travaillez sur ces 4 sujets dans les conditions de l'examen, en ne lisant le corrigé qu'après avoir traité le sujet au brouillon.

N°				
	1	3	20	28

Index des points méthode

Sujets	Points méthode	Pages
Histoire • Composition		
6	▶ Définir la problématique d'une composition en histoire	47
9	▶ Construire un plan de composition	60
12	▶ Construire un plan chronologique	74
16	▶ Construire un plan thématique	92
17	▶ Rédiger une introduction	97
Histoire • Analyse de document(s)		
11	▶ Identifier un document en histoire	71
7	▶ Analyser un dessin satirique	52
15	▶ Analyser un graphique en histoire	88
18	▶ Organiser une analyse de document	102
Géographie • Composition		
27	▶ Analyser un sujet de composition	138
31	▶ Définir la problématique d'une composition en géographie	155
35	▶ Intégrer un schéma dans une composition de géographie	169
46	▶ Rédiger une conclusion	216
Géographie • Analyse de document(s)		
22	▶ Analyser une carte de géographie	118
23	▶ Confronter deux documents en géographie	123
25	▶ Analyser des données statistiques	132
33	▶ Analyser un texte polémique	163
43	▶ Analyser une photographie en géographie	205
Géographie • Croquis		
30	▶ Construire une légende	153

I. L'épreuve en 10 questions-réponses

▶ Le programme et l'épreuve 12
▶ Nos conseils de méthode 15

Le programme et l'épreuve

Les thèmes sont définis dans le *Bulletin officiel de l'Éducation nationale* n° 8 du 21 février 2013. L'épreuve est définie dans le *Bulletin officiel de l'Éducation nationale* n° 43 du 13 novembre 2013.

1. Quels sont les thèmes abordés dans le programme d'histoire-géographie de terminale S ?

Histoire : Regards historiques sur le monde actuel

THÈMES	QUESTIONS
1. Le rapport des sociétés à leur passé	Les mémoires : lecture historique : une étude au choix parmi les deux suivantes : – l'historien et les mémoires de la Seconde Guerre mondiale en France ; – l'historien et les mémoires de la guerre d'Algérie.
2. Grandes puissances et conflits dans le monde depuis 1945	• Les chemins de la puissance : – les États-Unis et le monde depuis 1945 ; – la Chine et le monde depuis 1949. • Un foyer de conflits : le Proche et le Moyen-Orient, un foyer de conflits depuis la fin de la Seconde Guerre mondiale.
3. Les échelles de gouvernement dans le monde	• L'échelle de l'État-nation : gouverner la France depuis 1946 (État, gouvernement, administration et opinion publique). • L'échelle continentale : une gouvernance européenne depuis le traité de Maastricht. • L'échelle mondiale : une gouvernance économique mondiale depuis le sommet du G6 de 1975.

Géographie : Mondialisation et dynamiques géographiques des territoires

THÈMES	QUESTIONS
1. Clés de lecture d'un monde complexe	Des cartes pour comprendre le monde : lectures géopolitique, géoéconomique, géoculturelle et géoenvironnementale.
2. Les dynamiques de la mondialisation	La mondialisation, fonctionnement et territoires : – étude de cas d'un produit mondialisé ; – acteurs, flux, débats ; – des territoires inégalement intégrés à la mondialisation ; – les espaces maritimes : approche géostratégique.

THÈMES	QUESTIONS
3. Dynamiques géographiques de grandes aires continentales	• L'Amérique : puissance du Nord, affirmation du Sud : – le continent américain : entre tensions et intégrations régionales ; – États-Unis-Brésil : rôle mondial, dynamiques territoriales. • L'Afrique : les défis du développement : – étude de cas : le Sahara : ressources, conflits ; – le continent africain face au développement et à la mondialisation. • L'Asie du Sud et de l'Est : les enjeux de la croissance : – l'Asie du Sud et de l'Est : les défis de la population et de la croissance ; – Japon-Chine : concurrences régionales, ambitions mondiales.

2. Quelles sont les modalités de l'épreuve ?

• La durée totale de l'épreuve est de **3 heures** ; son **coefficient** est **3**. L'épreuve comprend **deux parties**.

• Dans la première partie, vous rédigez une **composition** en réponse à un sujet d'histoire ou de géographie (la matière vous est imposée). Vous traitez un sujet parmi deux proposés dans la même discipline.

• Dans la seconde partie, vous effectuez un exercice imposé portant sur la discipline qui ne fait pas l'objet de la composition : en histoire, l'**analyse d'un ou de deux documents** ; en géographie, soit l'analyse d'un ou de deux documents, soit la réalisation d'un **croquis** d'organisation spatiale d'un territoire.

• L'évaluation de votre copie est globale. À titre indicatif, la première partie peut compter pour **12 points** ; la seconde partie sur **8 points**.

Première formule

- **Première partie : histoire**
  composition (au choix parmi 2 sujets)
- **Seconde partie : géographie**
  • soit analyse d'1 ou 2 documents
  • soit croquis

Seconde formule

- **Première partie : géographie**
  composition (au choix parmi 2 sujets)
- **Seconde partie : histoire**
  analyse d'1 ou 2 documents

3. En quoi consiste chacun des exercices ?

LA COMPOSITION

En réponse à un sujet, vous devez rédiger une **réponse organisée et pertinente**. Celle-ci doit comprendre une introduction, plusieurs paragraphes et une conclusion. Vous pouvez y intégrer une ou des productions graphiques.

L'ANALYSE DE DOCUMENT(S)

Cet exercice comporte un titre, un ou deux documents et une consigne. Vous devez répondre à cette consigne en analysant le ou les documents proposés. Vous en dégagerez les **apports** et les **limites** pour la compréhension de la situation abordée. Lorsque deux documents sont proposés, vous avez à les mettre en relation en montrant l'intérêt de cette **confrontation**.

LE CROQUIS

En réponse à un sujet donné, vous devez réaliser un croquis sur le fond de carte fourni, accompagné d'une légende.

▶ Les croquis exigibles au baccalauréat

- Pôles et flux de la mondialisation
- Une inégale intégration des territoires dans la mondialisation
- Les dynamiques territoriales des États-Unis
- Les dynamiques territoriales du Brésil
- Le continent africain : contrastes de développement et inégale intégration dans la mondialisation

4. Quels sont les objectifs de l'épreuve ?

- Utiliser vos **connaissances** au service d'une réflexion.
- Utiliser vos **compétences méthodologiques** : exploiter, hiérarchiser et confronter des informations ; analyser des documents ; pratiquer différents langages graphiques.
- **Rédiger** des réponses construites et argumentées dans une langue correcte.

▶ Pour résumer, les qualités d'un bon candidat

- Bien connaître son cours.
- Maîtriser les méthodes des trois types d'exercices.
- S'exprimer correctement à l'écrit.

5. En quoi consiste l'épreuve orale de contrôle ?

• **L'épreuve orale de contrôle dure 20 minutes** (10 minutes d'exposé ; 10 minutes de questionnement), **avec un temps de préparation de 20 minutes**. Elle porte à la fois sur le programme d'histoire et de géographie de terminale.

• Vous tirez **au sort** un sujet. Celui-ci comporte **une question d'histoire et une question de géographie** ; l'une d'elles est accompagnée d'un document.

• Vous devez **exposer à l'oral** vos connaissances sur chacun des sujets, en utilisant le document fourni. Après l'exposé, l'examinateur vous questionne, ses **questions** pouvant déborder le cadre strict des sujets.

• L'évaluation est globale. Elle porte sur la maîtrise de vos **connaissances**, la **clarté** de votre exposé et votre **capacité à tirer parti d'un document**.

> ▶ Comment réussir son oral ?
>
> • Bien gérer le temps de préparation (10 minutes par sujet environ).
> • Préparer chacun des sujets sous forme d'un plan détaillé.
> • S'exprimer calmement et clairement.

Nos conseils de méthode

6. Comment bien se préparer à l'épreuve ?

• Pour réussir l'épreuve écrite, il faut vous préparer tout au long de l'année. En effet, un **travail régulier** s'avère souvent plus efficace que des révisions de dernière minute. Il consiste d'abord à **mémoriser le cours** au fur et à mesure, compte tenu du volume de connaissances à acquérir.

• À cet égard, il vous sera utile de réaliser des **fiches de révision** mettant en évidence la problématique, le plan, les définitions clés et les informations essentielles (éventuellement des schémas) pour répondre à une question.

• Par ailleurs, vous devez maîtriser les **méthodes** mises en œuvre dans les trois types d'exercices (composition, analyse d'un ou deux documents, croquis). Dans cette optique, il est indispensable de travailler sur les corrigés des contrôles donnés par votre professeur, en les refaisant si nécessaire ; il est également utile d'effectuer des exercices du même type proposés dans votre manuel.

• Enfin, comme il s'agit d'une épreuve écrite, le travail sur l'**expression** est à mener durant l'année dans toutes les matières.

▶ Comment bien utiliser son Annabac ?

• Réaliser régulièrement des fiches de révision en utilisant le mémento. Ce dernier aide à ne retenir que l'essentiel du programme.
• S'entraîner en cours d'année en traitant les trois types d'exercices correspondant aux thèmes abordés en cours, en histoire comme en géographie. En suivant les conseils de la rubrique « Les clés du sujet », réaliser d'abord l'exercice avant d'en étudier le corrigé.
• Réviser en fin d'année en travaillant sur l'ensemble des sujets proposés, en temps limité. Tirer au sort les sujets pour se placer dans les conditions de l'examen. Utiliser la rubrique « Votre planning de révisions ».

7. Comment s'organiser le jour de l'épreuve ?

▶ Gérer son temps

• Vous disposez de **3 heures** pour la totalité de l'épreuve. Vous pouvez ainsi répartir votre temps de la façon suivante :

– **2 h environ** pour la composition ;
– **1 h environ** pour l'exercice de la seconde partie (analyse de document(s) ou croquis).

• Cette répartition inclut le travail préparatoire au **brouillon** (en particulier pour la composition) et le temps de **relecture**.

• Les deux parties étant **indépendantes**, vous commencerez par celle de votre choix, par exemple celle qui vous semble le plus facile. Pour la composition, prenez le temps de choisir le sujet que vous maîtriserez le mieux.

▶ Maîtriser ses connaissances

Vous serez davantage évalué sur votre aptitude à mobiliser des connaissances **de façon pertinente** que sur le volume de celles-ci. Ainsi, il ne s'agit pas de réciter son cours, mais de répondre, de façon cohérente et structurée, à une problématique (composition) ou une consigne (analyse de document(s)).

▶ Soigner l'expression écrite

Soyez attentif à la **présentation** de votre copie : écrivez lisiblement et proprement ; faites apparaître le plan (sans titres) par des sauts de lignes et des alinéas. Respectez les **règles** d'orthographe, de conjugaison et de grammaire. Privilégiez les phrases courtes, au présent de l'indicatif. Utilisez un **vocabulaire adapté et précis**.

> **▶ Trois conseils pour être efficace**
>
> • Regarder régulièrement sa montre pour gérer son temps (portable non autorisé).
> • Réécrire au brouillon le plan détaillé du cours pour structurer la composition.
> • Relire sa copie au fur et à mesure pour corriger ses fautes de français.

8. Comment rédiger une composition ?

LE TRAVAIL PRÉPARATOIRE (AU BROUILLON)

▶ Analyser le sujet

Lisez attentivement le libellé du sujet pour préciser :

– les **mots clés** : ils donnent au sujet sa signification ; vous devez les définir. Soyez attentif aux mots de liaison (ex. : « et ») qui vous invitent à mettre en relation les termes du libellé ;

– les **limites spatiales** (dans les deux matières) et **temporelles** (en histoire) : les premières ne vous empêchent pas d'envisager d'autres échelles ; les secondes ne vous obligent pas à adopter un plan chronologique.

▶ Mobiliser ses connaissances

Sans rédiger, faites l'inventaire de toutes les **données utiles** pour traiter le sujet : notions clés, informations principales, chiffres, dates, exemples significatifs, etc.

▶ Formuler une problématique

Il s'agit de la **question** qui servira de **fil conducteur** à votre devoir ; l'ensemble du développement y répond. Elle doit mettre en évidence les mots clés et les limites spatio-temporelles du sujet. Elle n'est pas obligatoire mais constitue un élément de valorisation de votre copie.

▶ Pour résumer, le travail à réaliser et le type de plan adapté au sujet :

• En histoire

Type de sujet	Travail à réaliser	Type de plan
Sujet évolutif	Décrire une évolution d'un moment à un autre	Plan chronologique (par périodes)
Sujet tableau	Décrire une situation à un moment donné	Plan thématique (par thèmes ou domaines)
Sujet analytique	Décrire et expliquer un phénomène	Plan analytique (facteurs, caractéristiques, conséquences ou limites)
Sujet dialectique	Discuter une affirmation	Plan dialectique (thèse, antithèse, synthèse)

• En géographie

Type de sujet	Travail à réaliser	Type de plan
Sujet tableau	Décrire une organisation spatiale ou un phénomène géographique	Plan thématique
Sujet analytique	Décrire et expliquer un phénomène géographique	Plan analytique
Sujet dialectique	Discuter une affirmation	Plan dialectique

LA RÉDACTION (AU PROPRE)

▶ L'introduction

Après une éventuelle accroche, vous devez brièvement :
- **présenter le sujet** (définition des mots clés, limites spatio-temporelles) ;
- formuler votre **problématique** ;
- annoncer votre **plan**.

▶ Le développement

C'est votre **réponse organisée à la problématique**. Celle-ci est **construite** selon le plan détaillé (en deux ou trois parties) que vous avez préparé au brouillon ; cependant, elle est **entièrement rédigée**. Faites apparaître sa construction en sautant des lignes entre chaque partie. Soyez rigoureux dans sa rédaction en utilisant des notions précises qui s'appuient sur des exemples datés (en histoire) et localisés (dans les deux matières).

▶ La conclusion

De façon synthétique, vous devez :
- **répondre à la problématique** en rappelant les principales idées du développement ;
- éventuellement, **ouvrir le sujet sur une question plus large** (en histoire, mise en relation avec la période suivante ; en géographie, changement d'échelle).

> ▶ **Comment éviter certains pièges dans une composition ?**
>
> • Le hors-sujet : en prenant le temps nécessaire pour analyser le sujet.
>
> • Un plan déséquilibré : en mémorisant le plan détaillé de son cours.
>
> • Une ouverture inadaptée : en s'appuyant sur une information vérifiée et en lien avec le sujet.

9. Comment mener une analyse de document(s) ?

LE TRAVAIL PRÉPARATOIRE

• **Lire une première fois** la consigne et le ou les documents.

• **Analyser la consigne** : repérez et définissez les mots clés ; précisez les limites spatio-temporelles ; reformulez la consigne sous forme de question.

• **Identifier le ou les documents** en déterminant les critères de présentation suivants :
– en histoire : nature, genre, source, auteur (nom, fonction), date, contexte historique, destinataire, thème principal ;
– en géographie : nature, genre, source, échelle, auteur, destinataire, thème principal.

• **Extraire du ou des documents les informations** permettant de répondre à la consigne. Dans le cas de deux documents, vous devez les confronter, soit qu'ils se complètent, soit qu'ils s'opposent.

• **Préparer un plan d'analyse** en regroupant ces informations en deux ou trois parties puis en les ordonnant. Dans le cas de deux documents, vous éviterez de les analyser dans des parties distinctes.

LA RÉDACTION DE L'ANALYSE DE DOCUMENT(S)

▶ **L'introduction**

– **Présentez le ou les documents** en privilégiant les critères les plus utiles ;
– formulez la **problématique** (consigne reformulée) ;
– annoncez votre **plan**.

▶ **Le développement**

Entièrement rédigé, vous l'organiserez en **deux ou trois parties** bien mises en évidence. Vous ferez constamment référence au(x) document(s) en **le(s) citant** ; à chaque fois, vous le(s) commenterez en répondant à la consigne. Pensez à faire preuve d'**esprit critique** : un document donne toujours un point de vue sur une question ; il n'est donc jamais totalement objectif.

▶ La conclusion

– **Répondez à la problématique** en rappelant les principales idées de votre analyse ;
– précisez l'**intérêt historique** (en histoire) et les **enjeux spatiaux** (en géographie) du ou des documents ;
– soulignez les **limites** de ce(s) dernier(s).

> **▶ Comment éviter certains pièges dans une analyse de document(s) ?**
>
> • La paraphrase : expliquer chacune de ses citations ou observations.
> • La récitation du cours : citer le document pour justifier ses propos.
> • Le contresens : se référer en permanence aux critères de présentation du ou des documents.

10. Comment réaliser un croquis ?

▶ Analyser le sujet

Cela vous permettra de **sélectionner les informations** à cartographier. Le sujet correspond au titre de la carte qu'il faut écrire en majuscules au-dessus du fond de carte fourni.

▶ Construire la légende

C'est la clé de lecture du croquis. Elle doit être structurée en **deux ou trois parties comportant des titres** ; dans chacune d'elles, les informations sont **hiérarchisées**. Vous utiliserez des **figurés** cartographiques adaptés, avec des **couleurs** conventionnelles.

> **▶ Les trois types de figurés en géographie**
>
> • Les figurés de surface (plages de couleurs, hachures)
> • Les figurés linéaires (flèches, traits)
> • Les figurés ponctuels (formes géométriques)

▶ Réaliser le croquis

• Reportez soigneusement les **figurés** de la légende sur le fond de carte en commençant par les figurés de surface.

• Indiquez précisément les **noms de lieux** en hiérarchisant la nomenclature (majuscules, minuscules).

• Vérifiez que votre croquis est **complet**.

II. Préparer l'épreuve écrite

SUJET 1

France métropolitaine • Juin 2017

COMPOSITION

La Chine et le monde depuis 1949

LES CLÉS DU SUJET

■ Entrer dans le sujet

• Le sujet est centré sur la notion implicite de **puissance** : il s'agit de la capacité d'un État à exercer une influence (politique, militaire, économique, culturelle) en dehors de ses frontières, sur un espace plus ou moins étendu.

• Vous devez l'envisager à l'échelle mondiale, sur une période qui va de la création de la République populaire de Chine, le 1er octobre 1949, à nos jours.

■ Dégager la problématique

• Dans la formulation de votre problématique, vous devez montrer **comment s'est construite la puissance chinoise** depuis l'instauration d'un régime communiste par Mao Zedong.

• Vous veillerez à ne rédiger qu'une seule question ne se confondant pas avec l'annonce des différentes parties de votre plan.

■ Définir le plan

• Vous avez à décrire une évolution (la construction de la puissance de la Chine) sur une période longue (66 ans) : **un plan chronologique** est le plus adapté.

• Dans une première partie consacrée à la période maoïste (1949-1978), vous montrerez l'édification d'une puissance communiste ; dans une seconde partie portant sur la période des successeurs de Mao (depuis 1979), vous présenterez l'affirmation d'une puissance mondiale.

• Rappelez-vous qu'un plan en trois parties n'est pas une obligation.

CORRIGÉ 1

Les titres en couleur servent à guider la lecture et ne doivent en aucun cas figurer sur la copie.

Introduction

[Accroche et présentation du sujet] De 1945 à 1949, la Chine connaît une nouvelle guerre civile entre les nationalistes et les communistes. Ces derniers, dirigés par Mao Zedong l'emportent : le 1er octobre 1949, Mao proclame à Pékin la République populaire de Chine. Dès lors, le nouveau chef de l'État s'efforce de faire de son pays une puissance, c'est-à-dire de développer son influence en dehors de ses frontières ; ses successeurs poursuivront dans cette voie.

> **Attention !**
> Il s'agit juste d'une accroche, il n'est pas nécessaire de détailler cette guerre civile.

[Problématique et annonce du plan] C'est pourquoi nous répondrons à la question suivante : comment la puissance chinoise se construit-elle de 1949 à nos jours ? Pour ce faire, nous présenterons les deux étapes de ce processus : durant la période maoïste, de 1949 à 1978, la Chine s'affirme comme une puissance communiste ; depuis 1979, elle devient progressivement une puissance mondiale.

I. La construction d'une puissance communiste (1949-1978)

1. L'intégration au camp communiste (1950-1960)

• En 1950, Mao signe avec Staline un traité d'amitié, d'alliance et d'assistance mutuelle. La Chine bénéficie ainsi de la protection militaire et de l'aide financière et technique de l'URSS. Elle adopte alors le modèle soviétique.

> **Info**
> Ce modèle se caractérise par une économie socialiste (planification, collectivisation) et un régime autoritaire (parti unique, restriction des libertés).

• La Chine s'affirme comme une puissance régionale au service des intérêts soviétiques : elle soutient la résistance vietnamienne contre la France durant la guerre d'Indochine (1946-1954) ; elle envoie des « volontaires » contre les États-Unis durant la guerre de Corée (1950-1953).

• En 1955, le Premier ministre chinois participe à la conférence de Bandung : la Chine apparaît comme un leader du Tiers-Monde.

• À partir de 1956, Mao critique la coexistence pacifique prônée par Khrouchtchev. En 1960, c'est la rupture sino-soviétique : le traité de 1950 devient caduc.

2. Une puissance idéologique mondiale (1960-1970)

• À l'extérieur, la Chine entend diriger le combat anti-impérialiste : en 1963, Zhou Enlai effectue une tournée dans une dizaine d'États africains. En 1964, la Chine se dote de la bombe A. La même année, la France de de Gaulle, attachée à sa souveraineté nationale, est le premier État occidental à reconnaître la République populaire de Chine.

• À l'intérieur, Mao lance la Révolution culturelle (1966-1968). Le maoïsme, idéologie officielle du régime, exerce une grande influence sur les mouvements estudiantins de 1968.

Définition
Le maoïsme est une idéologie préconisant la mobilisation des masses pour mener une révolution permanente.

3. L'intégration à la communauté internationale (années 1970)

• Jusqu'en 1970, la Chine est isolée diplomatiquement : paria dans le camp communiste, elle n'est pas reconnue par l'ensemble du camp occidental.

• À partir de 1970, la Chine se rapproche des États-Unis : en 1971, elle obtient, à la place de Taïwan, un siège au Conseil de sécurité de l'ONU ; en 1972, le président Nixon se rend à Pékin.

• La mort de Mao en 1976 permet à Deng Xiaoping de prendre les rênes du pouvoir et de rompre avec les choix économiques de son prédécesseur.

II. L'émergence d'une puissance mondiale (depuis 1979)

1. « Réformes et ouverture » (1979-1989)

• En 1979, Deng Xiaoping lance la politique des quatre modernisations (agriculture, industrie, science et technologie, défense nationale). Il abandonne peu à peu l'économie socialiste au profit d'une économie libérale. Il favorise les investissements étrangers en créant des zones franches (les ZES, zones économiques spéciales) sur le littoral.

• L'ouverture est également diplomatique : en 1979, Pékin normalise ses relations avec Washington ; en 1989, le dirigeant soviétique Mikhaïl Gorbatchev est en visite à Pékin.

• Cependant, la sanglante répression des manifestations de la place Tiananmen en juin 1989 montre le refus du pouvoir de démocratiser le régime. Le pays subit même des sanctions économiques durant quelques mois et se retrouve isolé.

2. L'affirmation d'une puissance économique mondiale (depuis les années 1990)

• Les successeurs de Deng Xiaoping poursuivent les réformes instaurant une « économie socialiste de marché » (terme officiel depuis 1992). Avec le soutien des États-Unis, le pays intègre les grandes institutions internationales : en 1980, il devient membre du FMI ; en 2001, il est admis à l'OMC.

> **Gagnez des points !**
> Montrez que vous savez utiliser de façon pertinente des informations du programme de géographie.

• Depuis les années 1990, la Chine connaît une croissance économique soutenue (9 % de rythme annuel). En 2010, elle devient, devant le Japon, la deuxième puissance économique mondiale.

3. Une puissance de plus en plus complète

• La Chine s'affirme comme une puissance géopolitique : au sein du Conseil de sécurité de l'ONU, avec le soutien de la Russie, elle fait contrepoids à l'influence des États-Unis (exemple : veto contre une intervention militaire en Syrie).

• C'est aussi une puissance culturelle : l'organisation des Jeux olympiques de Pékin (2008) puis de l'Exposition universelle de Shanghai (2010) ont montré au monde entier les ambitions chinoises.

• Cependant, dans le domaine militaire, la Chine ne peut rivaliser avec la puissance des États-Unis : son influence reste cantonnée à l'Asie orientale.

Conclusion

[Réponse à la problématique] Depuis 1949, la Chine affirme sa puissance de façon lente et progressive. Entre 1949 et 1978, elle se construit dans le camp communiste et tente d'exercer une influence internationale malgré un long isolement. À partir de 1979, sous l'effet de son ouverture économique, elle devient progressivement une puissance mondiale de plus en plus complète.

[Ouverture] Néanmoins, les défis à relever pour conserver son rang sont nombreux : le vieillissement de la population ; la très forte dépendance énergétique, indispensable à la croissance économique ; la dégradation de l'environnement liée à l'industrialisation accélérée ; les aspirations de nombreux Chinois à une démocratisation du régime.

SUJET

2

France métropolitaine • Juin 2017

COMPOSITION

Gouverner la France depuis 1946 : État, gouvernement, administration, opinion publique

LES CLÉS DU SUJET

■ Entrer dans le sujet, définir les mots clés

• Il s'agit d'un **sujet de synthèse** qui couvre l'ensemble de la question au programme *Les échelles de gouvernement : l'échelle de l'État-nation*.

• Il vous invite à préciser ce que veut dire **gouverner** un pays caractérisé par le rôle central de l'État dans une tradition centralisatrice. Vous devez prendre en compte les **différents termes** composant le sujet (État, gouvernement, administration, opinion publique) **sans les dissocier**. Ainsi, le sujet porte à la fois sur la conception française du rôle de l'État, le champ d'exercice de son autorité, les instances de décision (gouvernement, administration) et le rapport entre la société et l'État (opinion publique).

• La période concernée va du début de la IVe République à nos jours.

■ Dégager la problématique

Compte tenu de l'ampleur du sujet, vous ne pouvez prétendre à l'exhaustivité. Votre problématique doit donc être centrée sur l'**évolution du rôle de l'État** en France sous les IVe et Ve Républiques.

■ Définir le plan

Pour mettre en évidence cette transformation, vous adopterez un **plan chronologique** : vous montrerez d'abord le renforcement du rôle de l'État de 1946 aux années 1960 ; puis sa relative érosion depuis les années 1970.

CORRIGÉ 2

Les titres en couleur servent à guider la lecture et ne doivent en aucun cas figurer sur la copie.

Introduction

[Accroche et présentation du sujet] Depuis le XIIIe siècle, l'histoire de France se confond avec celle de l'expansion de l'État. Cette coïncidence permet de comprendre la tradition de centralisation administrative qui va de l'Ancien Régime à la seconde moitié du XXe siècle. Ainsi, au lendemain de la Seconde Guerre mondiale, période marquée par la nécessaire reconstruction du pays et la restauration de la République, l'État occupe une place centrale.

[Problématique et annonce du plan] C'est pourquoi nous tenterons de répondre à la question suivante : comment le rôle de l'État évolue-t-il de 1946 à nos jours ? Pour ce faire, nous distinguerons deux phases : de 1946 aux années 1960, celle d'un renforcement de ses prérogatives ; des années 1970 à nos jours, celle d'une relative érosion de celles-ci, malgré des efforts d'adaptation.

I. De 1946 aux années 1960 : le renforcement du rôle de l'État

1. Un contexte favorable

• Au lendemain de la Seconde Guerre mondiale, la priorité des dirigeants politiques est la reconstruction du pays, dévasté par les combats de la Libération, et sa modernisation économique. Parallèlement, après l'épisode de Vichy, il faut restaurer un régime républicain légitime et solide.

• Les décideurs politiques, issus en grande partie des mouvements de la Résistance, s'inspirent du programme du Conseil national de la Résistance (CNR). Ils bénéficient du contexte des Trente Glorieuses (1945-1973), marqué par une forte croissance économique (5 % en moyenne annuelle), et profitent de l'aide financière et matérielle du plan Marshall à partir de 1948.

Info
Élaboré en mars 1944, le programme du Conseil national de la Résistance pose les bases de l'organisation politique et sociale de l'après-guerre.

2. Un État keynésien

> **Info**
> L'économiste John Maynard Keynes préconise l'intervention de l'État dans l'économie.

• De 1944 à 1946, l'État entreprend une première vague de nationalisations dans des secteurs stratégiques : l'énergie, les transports, les banques et assurances. Il s'assure ainsi le contrôle de secteurs clés de l'économie.

• Dès 1945 est créé un commissariat général du Plan pour mettre en œuvre une planification indicative, fixant objectifs et priorités de production. L'INSEE (Institut général de la statistique et des études économiques) fournit quant à lui les données chiffrées nécessaires.

• Dans les années 1960, sous la houlette du général de Gaulle, l'État étend ses prérogatives : il lance de grands programmes industriels dans les domaines nucléaire, aéronautique (Concorde), aérospatial et informatique (plan Calcul) ; avec la DATAR (Délégation à l'aménagement du territoire et à l'action régionale), il initie de grands plans d'aménagement (villes nouvelles, aménagements touristiques).

3. Un État-providence, une administration moderne

> **Définition**
> Un État-providence cherche à réduire les inégalités sociales par la redistribution des richesses.

• Dès 1945 est créée la Sécurité sociale, qui protège les salariés face aux risques de la vie (maladie, chômage, vieillesse). En 1947 sont créées les HLM (habitations à loyer modéré), qui marquent le début d'une véritable politique de logement.

• En 1946, le statut général des fonctionnaires garantit l'emploi et les droits des agents de l'État (droit syndical, droit de grève). À partir de 1945, l'ENA (École nationale d'administration) permet la formation d'une haute fonction publique.

4. La mise en œuvre d'une politique scolaire et culturelle

• L'État soutient la démocratisation et la massification de l'enseignement, liées au baby-boom : la scolarité obligatoire est prolongée de 14 à 16 ans en 1959 ; en 1963 sont créés les CES (collèges d'enseignement secondaire).

• L'État favorise la démocratisation et la diversification des pratiques culturelles. En 1959, André Malraux prend la direction d'un nouveau ministère des Affaires culturelles ; à partir de 1961 se multiplient les maisons de la culture sur tout le territoire.

• Grâce à l'ORTF (Office de radiodiffusion-télévision française), fondé en 1964, l'État garde le quasi-monopole de la diffusion de l'information audiovisuelle ; c'est un moyen de contrôle de l'opinion publique.

II. Des années 1970 à nos jours : un État en repli ?

1. De multiples facteurs de repli

• Dès la fin des années 1960, le rôle de l'État est contesté par une partie de l'opinion publique. Le mouvement étudiant de mai 1968 remet en cause le contrôle public de l'audiovisuel.

Attention !
Ce contrôle prend fin en 1981 avec l'arrivée de la gauche au pouvoir.

• La crise économique qui touche le pays à partir de 1973 remet en cause l'action économique et sociale de l'État. De plus, les politiques keynésiennes sont contestées par les théories libérales à partir de la fin des années 1970 aux États-Unis et au Royaume-Uni.

• À partir des années 1980, la mondialisation réduit les marges de manœuvre de l'État au profit des firmes transnationales. À partir des années 1990, l'accélération de la construction européenne réduit sa souveraineté (ex. : traité de Maastricht en 1992).

Info
Par exemple, la politique monétaire pilotée par la Banque centrale européenne échappe à l'État français.

2. Un acteur économique en déclin

• À partir de 1976, le gouvernement libéral de Raymond Barre mène une politique d'austérité budgétaire qui vise à diminuer les dépenses de l'État pour relancer la croissance. En 1983, les gouvernements socialistes poursuivent cette politique.

• Dès 1986, une première vague de privatisations remet en cause le contrôle de l'État sur l'économie ; en 1993, cette politique est relancée.

3. Le maintien du rôle social et culturel de l'État

• Pour lutter contre les effets d'un chômage de masse, l'État choisit d'aider les plus vulnérables : en 1988 est créé le RMI (revenu minimum d'insertion) ; en 2000 la CMU (couverture maladie universelle). Dans un pays à la natalité dynamique, l'État continue d'accompagner la démocratisation et la massification de l'enseignement : la loi Haby (1975) crée le collège unique ; en 1984 est fixé l'objectif de 80 % d'une classe d'âge titulaire du baccalauréat pour 2000.

• Dans les années 1980, sous la houlette du président François Mitterrand, l'État poursuit une politique culturelle ambitieuse (lancement de grands chantiers à Paris et en province, soutien public aux festivals artistiques). Par la suite, son investissement diminue.

Gagnez des points !
Il s'agit des « grands travaux » présidentiels comme la construction du Grand Louvre ou de l'opéra Bastille.

4. De grandes réformes institutionnelles et sociétales

• Une politique de décentralisation est mise en œuvre en 1982-1983 puis relancée en 2003-2004 et en 2014-2015. Elle se traduit par le transfert de compétences de l'État vers les collectivités territoriales (communes, départements, régions). Ainsi, dans le domaine scolaire, si l'État conserve la responsabilité de la définition des programmes et du recrutement des enseignants, la construction et l'entretien des locaux sont désormais de la compétence des communes (pour les écoles maternelles et élémentaires), des départements (pour les collèges) et des régions (pour les lycées). En 2016, le nombre de régions métropolitaines passe de 22 à 13.

• L'abaissement de la majorité de 21 à 18 ans (en 1974), l'adoption du quinquennat (en 2000) et la loi sur la modernisation des institutions (en 2008) contribuent à la démocratisation de la vie politique. Cependant, le niveau élevé de l'abstentionnisme depuis les années 1980 reflète une désaffection des Français vis-à-vis de la chose publique (ex. : 70 % d'abstention au référendum sur le quinquennat). En effet, les grands partis qui accèdent aux responsabilités gouvernementales (Parti socialiste, Union pour un mouvement populaire) peinent à mobiliser leurs électeurs ; au contraire, le Front national capte une partie de leur électorat traditionnel (ex. : élections présidentielles de 2002).

• De grandes réformes sociétales répondant aux aspirations des citoyens sont également menées : en 1975 est votée la loi Veil sur l'interruption volontaire de grossesse ; en 2013 est adoptée la loi ouvrant le mariage aux couples de même sexe.

Conclusion

[Réponse à la problématique] Ainsi, de 1946 à aujourd'hui, on assiste au renforcement puis au déclin du rôle de l'État : on passe en somme d'un État keynésien à un État libéral. Cependant, l'État garde encore de larges prérogatives dans les domaines social et culturel.

[Ouverture] Les ambitions réformatrices de l'actuel président de la République, Emmanuel Macron, augurent-elles d'une réaffirmation du rôle de l'État ?

France métropolitaine • Juin 2017
ANALYSE DE DOCUMENTS

L'Afrique dans la mondialisation

▸ En confrontant ces deux documents, montrez l'intégration de l'Afrique dans la mondialisation et ses limites.

DOCUMENT 1 **« L'Afrique : destination de prédilection des investisseurs »**

[L'Afrique] peut se targuer d'avoir attiré un montant record d'investissements directs étrangers (IDE), ces derniers représentant 60 milliards de dollars, soit cinq fois plus qu'en 2000. L'investissement direct étranger en provenance de Chine a par exemple augmenté de 3,5 milliards de dollars en 2013 et la plupart des pays africains en ont bénéficié. [...]

Pourquoi cet engouement ? La raison est simple : le monde entier a le regard tourné vers l'Afrique, son milliard d'habitants et sa classe moyenne émergente. Bonne nouvelle : les investisseurs s'intéressent à d'autres secteurs que celui des matières premières, les services financiers, la construction et l'industrie manufacturière représentant par exemple aujourd'hui 50 % des IDE en provenance de la Chine. Et les industriels prennent conscience que l'Afrique a le potentiel de devenir « l'usine du monde ». [...]

En raison de la hausse des coûts de production en Asie, nombreux sont les fabricants à se tourner vers l'Éthiopie, le Kenya et le Rwanda. La Chine, la Turquie et l'Inde sont aujourd'hui les principaux employeurs du secteur manufacturier en Afrique. Mais le *made in Ethiopia* pourrait-il remplacer le *made in China* ? [...]

[Si] l'Afrique souhaite se positionner comme la nouvelle usine du monde, elle devra cependant s'en donner les moyens. [...]

L'Afrique a besoin d'une main-d'œuvre qualifiée. Au cours des vingt prochaines années, les effectifs de la main-d'œuvre augmenteront plus en Afrique subsaharienne que dans l'ensemble du reste du monde. Comment peut-elle tirer parti de ce dividende[1] démographique ? Cette nouvelle population en âge de travailler devra pouvoir accéder à des emplois bien rémunérés. Il faudra pour cela investir davantage dans l'éducation afin d'offrir aux jeunes une formation adaptée aux attentes du marché. [...]

L'Afrique a besoin d'infrastructures. Si l'Afrique est perçue comme la destination phare des investisseurs, elle devra cependant s'atteler à réduire son déficit en infrastructures : une tâche gigantesque ! [...] L'Afrique subsaharienne pâtit de son manque d'intégration au commerce mondial, ses camions de marchandises n'avançant parfois pas plus vite qu'un attelage tiré par des chevaux, et ses grands ports étant constamment embouteillés.

Signataires :

• Makhtar Diop, vice-président de la Banque mondiale pour l'Afrique,

• Yuan Li, vice-président exécutif, Banque chinoise de développement, République populaire de Chine,

• Li Yong, directeur général, Organisation des Nations unies pour le développement industriel (ONUDI),

• Ato Ahmed Shide, ministre des Finances et du Développement économique, République fédérale d'Éthiopie.

Tribune publiée dans le *China Daily* du 30 juin 2015
et reprise le même jour sur le site www.banquemondiale.org

1. Au sens de *richesse*.

DOCUMENT 2 **Investissements directs étrangers (IDE), 2013**

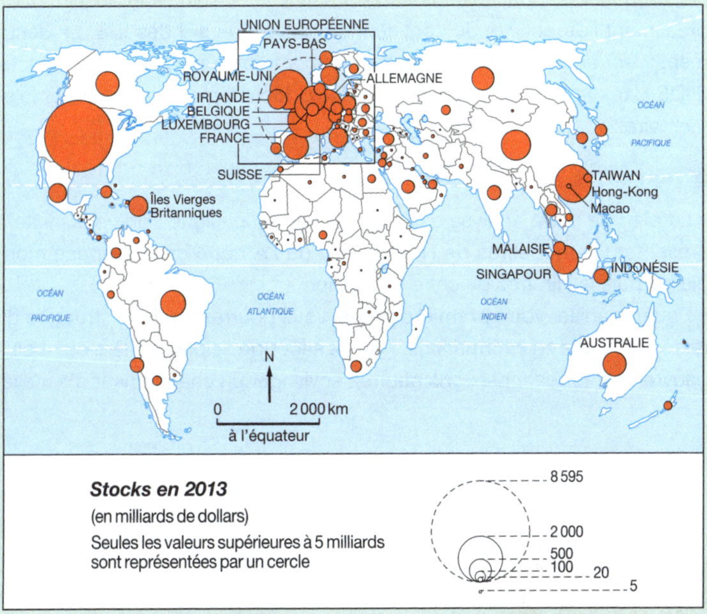

CNUCED, base de données statistiques en ligne, www.unctad.org
© FNSP – Sciences-Po, Atelier de cartographie, 2015.

LES CLÉS DU SUJET

■ Lire la consigne

• La consigne est centrée sur la **notion d'intégration dans la mondialisation** : elle désigne la façon dont un territoire est mis en relation avec les autres, par des flux de diverses natures (flux commerciaux, financiers, humains et d'informations).

• D'après le libellé du sujet, deux échelles sont à privilégier : l'**échelle continentale** (l'Afrique) et l'**échelle mondiale** (l'espace mondialisé).

■ Observer les documents

• Il s'agit de deux **documents économiques**, consacrés aux IDE (investissements directs à l'étranger), c'est-à-dire aux sommes investies sur un territoire par des entreprises étrangères.

• Le document 1 est un **article d'un journal chinois**, le *China Daily*, rédigé par de hauts responsables financiers africains et chinois le 30 juin 2015, présentant l'attractivité du continent africain au regard des IDE. Le document 2 est un **planisphère thématique** montrant la répartition des stocks d'IDE dans le monde en 2013. Les deux documents sont donc complémentaires.

■ Définir les axes de l'analyse

• Le plan de votre analyse est suggéré par la consigne : on vous invite à présenter les **modalités de l'intégration de l'Afrique** dans l'espace mondialisé puis les **limites** de cette intégration.
• Pour organiser votre **première partie**, vous pourrez suivre la structure du texte, très riche en informations. Pour la **seconde**, le planisphère étant plus pauvre en informations, vous pourrez envisager un changement d'échelle.

CORRIGÉ 3

Les titres en couleur servent à guider la lecture et ne doivent en aucun cas figurer sur la copie.

Introduction

[Présentation des documents] Deux documents nous sont proposés : réalisés en 2015, ils concernent les investissements directs à l'étranger, notamment en Afrique. Le premier est une tribune extraite du quotidien chinois *China Daily* du 30 juin 2015, rédigé par de hauts responsables financiers chinois et africains représentant des institutions internationales (Banque mondiale, ONU) et des États (Chine, Éthiopie) ; ces derniers soulignent la nécessité de soutenir l'attractivité financière de l'Afrique. Le second est un planisphère thématique établi par l'atelier de cartographie de Sciences-Po à partir de données de la CNUCED ; il montre la répartition mondiale des IDE en 2013.

[Problématique et annonce du plan] Nous analyserons ces documents pour montrer dans quelle mesure le continent africain est intégré à la mondialisation. Pour ce faire, nous présenterons en premier lieu les formes de cette intégration puis leurs limites.

I. Un continent de plus en plus intégré à l'espace mondialisé

1. Un continent attractif pour les investisseurs étrangers

• Après avoir été longtemps marginalisée, l'Afrique s'intègre dans la mondialisation financière : de 2000 à 2015, les IDE ont été multipliés par cinq (document 1).

• Ces IDE proviennent des puissances émergentes (Chine, Turquie, Inde). La Chine est ainsi devenue le premier investisseur sur le continent africain. Les secteurs visés se diversifient : à côté des matières premières, les services financiers, la construction et l'industrie sont de plus en plus prisés (document 1). Ainsi, 50 % des IDE chinois concernent les activités autres qu'extractives.

2. Les facteurs de cette attractivité (document 1)

• Le continent africain représente un marché de consommation important avec son milliard d'habitants et sa classe moyenne qui émerge. Ce phénomène est d'ailleurs un signe de développement.

Gagnez des points !
Votre remarque permet de rappeler que le développement est une condition de l'insertion dans la mondialisation.

• De plus, la population africaine, caractérisée par une forte croissance (1 milliard d'habitants actuellement, 1,5 milliard prévu en 2030, 2 milliards pour 2050) constitue une main-d'œuvre considérable permettant au continent de devenir peut-être « l'usine du monde ». L'augmentation des coûts de production dans les pays-ateliers d'Asie y contribue également.

II. Les limites de cette intégration

1. Le mal-développement (document 1)

• L'Afrique manque de main-d'œuvre qualifiée pour répondre aux besoins du marché. En effet, elle compte de nombreux PMA (pays les moins avancés) qui affichent un faible taux d'alphabétisation des adultes. Le secteur financier est particulièrement demandeur de salariés bien formés.

• De plus, l'insuffisance d'infrastructures modernes (routes, ports) est criante. C'est ce qui explique la part modeste de l'Afrique dans le commerce mondial : avec 15 % de la population mondiale, elle ne réalise que 3 % des échanges commerciaux mondiaux.

Attention !
Il existe néanmoins des ports modernes, adaptés à la conteneurisation, comme Tanger (Maroc) et Durban (Afrique du Sud).

2. Une intégration déséquilibrée à différentes échelles

• À l'échelle mondiale, le continent africain apparaît comme le continent le moins attractif du Sud : les IDE sont plus importants en Asie et en Amérique latine (document 2).

• À l'échelle continentale, les IDE se concentrent dans les Lions africains (Afrique du Sud, Égypte, Maroc, Nigeria) et dans quelques autres États à forte croissance économique comme l'Éthiopie, le Kenya et le Rwanda (document 1). La majorité des États africains reste donc à l'écart des investissements.

Remarque
Les Lions africains réalisent 65 % du PIB du continent.

Conclusion

[Réponse à la problématique] Ainsi, ces deux documents nous montrent que l'Afrique est de plus en plus intégrée à la mondialisation par les IDE qu'elle reçoit ; elle valorise ainsi son important marché de consommation et sa main-d'œuvre considérable. Cependant, cette intégration est limitée par le mal-développement chronique du continent et reste inégale tant à l'échelle mondiale que continentale.

Info
Le terme *Chinafrique* rend compte de la dépendance du continent africain vis-à-vis des investissements chinois.

[Critique des documents] L'intérêt géographique de ces documents est de nuancer ce que de nombreux spécialistes appellent « le décollage de l'Afrique », perçue parfois comme un eldorado. Cependant, ils présentent des limites : le premier occulte la situation de dépendance du continent vis-à-vis des puissances étrangères ; le second ne mentionne pas l'évolution du stock d'IDE.

France métropolitaine • Septembre 2015

COMPOSITION

Lecture historique des mémoires de la Seconde Guerre mondiale en France

▶ En vous appuyant sur l'étude de votre choix (la Seconde Guerre mondiale en France ou la guerre d'Algérie), vous montrerez quelle lecture historique des mémoires élabore l'historien.

LES CLÉS DU SUJET

■ Entrer dans le sujet, définir les mots clés

• L'intitulé du sujet renvoie à la question du programme *Les mémoires : lecture historique*.

• Il est centré sur la notion de **mémoire**, qui désigne l'ensemble des souvenirs et des représentations d'un événement propres à une communauté. Cet ensemble est fondé sur une histoire commune.

• Il s'agit ici des mémoires de la Seconde Guerre mondiale qui, pour les Français, correspond à la période de l'Occupation et du régime de Vichy. Au cours de votre devoir, vous devrez montrer la façon dont cette période a produit différentes mémoires, avec un **regard d'historien**.

■ Dégager la problématique

Ainsi, pour faire le lien entre ces deux éléments, vous pourrez formuler une problématique de ce type : comment peut-on, avec un regard d'historien, décrire l'**évolution** des mémoires de la Seconde Guerre mondiale, de 1945 à nos jours ?

■ Définir le plan

• Pour répondre à cette question, un **plan chronologique** s'impose.

• D'après les travaux des spécialistes, deux étapes peuvent être distinguées : de 1945 à la fin des années 1960, une mémoire officielle s'impose ; à partir des années 1970, cette mémoire officielle est remise en cause par l'affirmation de mémoires diverses.

CORRIGÉ 4

Les titres en couleur servent à guider la lecture et ne doivent en aucun cas figurer sur la copie.

Introduction

[Accroche et présentation du sujet] En 2009, la diffusion télévisée du film de Philippe Triboit *Un village français* est un grand succès populaire. Celui-ci témoigne de l'intérêt du public français pour la période de l'Occupation, dont la complexité est soulignée dans le scénario. Cette œuvre est révélatrice d'une mémoire de la Seconde Guerre mondiale en France, c'est-à-dire de l'ensemble des souvenirs et des représentations communes que les Français partagent. À ce titre, elle nourrit la réflexion historique sur une période dont l'historiographie est déjà abondante.

[Problématique et annonce du plan] C'est pourquoi nous nous poserons la question suivante : comment, avec un regard d'historien, peut-on décrire l'évolution des mémoires de la Seconde Guerre mondiale, de 1945 à nos jours ? Pour y répondre, nous montrerons d'abord que, de 1945 à la fin des années 1960, s'impose une mémoire officielle ; puis, que, depuis les années 1970, cette dernière est remise en cause à mesure que des mémoires diverses s'affirment.

I. De 1945 aux années 1970 : une mémoire héroïque

1. Une nécessité : reconstruire l'unité nationale

• En 1945, les Français sortent traumatisés de la Seconde Guerre mondiale : la défaite militaire de mai-juin 1940 et l'armistice, la collaboration menée par le régime de Vichy, les persécutions politiques et raciales, l'épuration ont divisé la nation.

• Dès la Libération, la priorité du général de Gaulle est de reconstruire l'unité nationale autour de sa personne en pansant ces blessures : il faut oublier au plus vite ce qui divise. Pour lui, la République n'a jamais cessé d'exister : le régime de Vichy est « nul et non avenu ».

> **Définition**
> L'épuration désigne la répression, sauvage ou légale, menée à la Libération contre les personnes accusées de collaboration.

2. La construction d'une mémoire héroïque

• Les gaullistes imposent la mémoire d'une France unanimement résistante. C'est le mythe résistancialiste : la majorité de la population aurait combattu

> **Info**
> Le résistancialisme est une expression créée par l'historien français Henry Rousso.

l'occupant allemand et le régime de Vichy dès le début du conflit, et aurait ainsi contribué à la libération du territoire. Le 18 juin 1960 est inauguré le mémorial de la France combattante au mont Valérien, qui devient un lieu de mémoire national.

• Les communistes contribuent à la construction de cette mémoire en exagérant leur rôle dans les mouvements de Résistance : le Parti communiste français (PCF) se présente comme le « parti des 75 000 fusillés ». Guy Môquet, fils de député communiste et militant fusillé par les Allemands en octobre 1941, devient pour eux une figure canonique.

3. Les « oubliés » de la mémoire officielle

• Les vaincus de la guerre sont oubliés par une mémoire qui valorise les héros de la France libre et de la Résistance : il s'agit des prisonniers de guerre, des travailleurs du STO, des « malgré-nous » alsaciens et lorrains, des déportés. Ainsi, la spécificité de la Shoah n'est pas reconnue, d'autant que les victimes peinent à exprimer leurs souffrances.

Définition
Les « malgré-nous » sont les soldats alsaciens et lorrains enrôlés contre leur gré dans la Wehrmacht.

• Après les procès de Pétain et de Laval et l'épuration légale (1945), les lois de 1951 et 1953 permettent l'amnistie d'anciens collaborateurs (ex. : René Bousquet, ancien secrétaire d'État de la police de Vichy, amnistié en 1958).

II. L'émergence des mémoires de la Seconde Guerre mondiale (à partir des années 1970)

1. Un contexte favorable au réveil des mémoires

• La fin des années 1960 est marquée par le déclin du gaullisme (de Gaulle démissionne en 1969) et du communisme, l'arrivée à l'âge adulte d'une génération n'ayant pas connu la guerre et l'essor d'un esprit contestataire (ex. : crise de mai 1968).

• Des œuvres cinématographiques portent un regard critique sur la période de l'Occupation et remettent en cause le mythe résistancialiste (ex. : *Le Chagrin et la Pitié* de Marcel Ophüls, 1971 ; *Lacombe Lucien* de Louis Malle, 1974).

• Des travaux historiques pionniers contribuent également à un réexamen des faits (ex. : *La France de Vichy* de Robert Paxton, 1973) puis à l'étude des mémoires elles-mêmes (ex. : *Le Syndrome de Vichy* de Henry Rousso, 1987).

HISTOIRE

2. L'affirmation de la mémoire de la Shoah

• Le procès d'Eichmann (1961) et la guerre des Six Jours (1967) favorisent l'émergence d'une mémoire juive militante. Ainsi, l'avocat Serge Klarsfeld, fils de déporté, s'appuyant sur la loi de 1964 rendant imprescriptibles les crimes contre l'humanité, pourchasse des collaborateurs ayant contribué à la Solution finale. Son combat aboutit notamment aux procès de Klaus Barbie (1987) et de Maurice Papon (1998).

Info
Klaus Barbie a été chef de la Gestapo à Lyon de 1943 à 1944 ; Maurice Papon a été secrétaire général de la préfecture de Gironde de 1942 à 1944.

• Des œuvres cinématographiques sensibilisent le grand public à la Shoah (ex. : le téléfilm américain *Holocaust* diffusé en France en 1979, le film *Shoah* de Claude Lanzmann sorti en 1985).

• Cependant, le développement des thèses négationnistes dans les années 1970 oblige les militants à ne pas baisser la garde : en 1981, Georges Wellers, survivant d'Auschwitz, doit publier *Les chambres à gaz ont existé*.

Définition
Le négationnisme consiste à nier l'existence du Génocide, c'est-à-dire la réalité des chambres à gaz et de la Shoah.

3. L'État face aux mémoires

• En 1990, la loi Gayssot qualifie de délit la contestation de l'existence des crimes contre l'humanité.

• En 1993, le président François Mitterrand décide de faire du 16 juillet, jour anniversaire de la rafle du Vel' d'Hiv', une journée nationale commémorative, sans toutefois reconnaître la responsabilité de l'État français dans la déportation des Juifs.

Info
Les 16 et 17 juillet 1942, 13 000 Juifs sont arrêtés par la police parisienne et conduits au Vélodrome d'Hiver avant d'être déportés.

• Le 16 juillet 1995, le président Jacques Chirac reconnaît officiellement cette responsabilité, tout en rendant hommage aux Justes, c'est-à-dire aux Français qui ont sauvé des Juifs de l'extermination nazie. À partir de 2000, le dimanche le plus proche du 16 juillet devient une journée nationale à la mémoire des crimes racistes et antisémites de l'État français et d'hommage aux Justes de France.

• En 2007, le président Nicolas Sarkozy décide de consacrer une journée nationale en l'honneur de Guy Môquet pour redonner toute sa place à la Résistance. Ce choix est vivement contesté par les enseignants et les historiens, qui dénoncent une instrumentalisation du personnage.

• On assiste ainsi à une inflation de lois mémorielles qui tendent à substituer le devoir de mémoire au devoir d'histoire. Cependant, les historiens actuels proposent une analyse plus nuancée de cette période durant laquelle la majorité des Français semble s'être accomodée de l'Occupation, en attendant des jours meilleurs.

Conclusion

[Réponse à la problématique] Ainsi, les mémoires de la Seconde Guerre mondiale connaissent une évolution en deux temps : de 1945 aux années 1960, sous la houlette du général de Gaulle, une mémoire héroïque, fondée sur le mythe résistancialiste, tend à s'imposer ; à partir des années 1970, en lien avec le déclin du gaullisme, cette mémoire est remise en cause, ce qui permet notamment l'émergence d'une mémoire spécifique à la Shoah.

[Ouverture] La mémoire de la Seconde Guerre mondiale semble aujourd'hui apaisée. Cependant, la persistance d'un discours négationniste nous rappelle que la vigilance reste toujours de mise face à ce que l'historien Pierre Vidal-Naquet appelait « les assassins de la mémoire ».

SUJET

5

Nouvelle-Calédonie • Novembre 2016

ANALYSE DE DOCUMENT

L'État, l'historien et les mémoires de la guerre d'Algérie

▸ Vous montrerez en quoi ce texte souligne « le lourd passé » de la guerre d'Algérie, le rôle de l'État dans la construction des mémoires et dans le travail de l'historien.

DOCUMENT

La guerre d'Algérie, l'État, l'historien et « l'exigence de vérité »

Au nom de cette même exigence de vérité, il est temps d'éclairer mieux les événements d'Algérie. Il nous a fallu d'abord mettre fin à l'hypocrisie des mots : la loi du 18 octobre 1999, à l'initiative de la majorité parlementaire et votée à l'unanimité, est venue qualifier de « guerre » les tragiques événements d'Algérie [...].

La guerre d'Algérie doit pouvoir être, pour les historiens, un objet d'étude. Or, l'accès aux archives est indispensable pour authentifier les faits. C'est pourquoi une circulaire a ouvert aux chercheurs, en 1999, par dérogation, les documents d'archives relatifs aux événements tragiques du 17 octobre 1961. Par une circulaire publiée aujourd'hui même au *Journal officiel*, le Gouvernement autorise les historiens à accéder aux archives publiques concernant la guerre d'Algérie. Cette ouverture des archives ouvre la voie à un travail historique de qualité, première et nécessaire étape de la compréhension et de l'acceptation par tous de ce lourd passé.

J'ai souhaité permettre aux chercheurs de faire toute la lumière nécessaire sur cette guerre de décolonisation, qui fut aussi une guerre civile, et durant laquelle des atrocités ont été commises de part et d'autre. Aucune victime ne doit être oubliée, ni du côté algérien, ni du côté français. Nous ne pouvons pas non plus ignorer les massacres dont les harkis ont été victimes. Ce travail de vérité constitue un ciment puissant pour notre communauté nationale, car il lui permet d'édifier de plus solides fondations pour son avenir.

Extrait du discours prononcé par le Premier ministre Lionel Jospin à l'occasion de l'inauguration de la plaque en hommage à Georges Morin, résistant de la Seconde Guerre mondiale, Paris, Hôtel des Invalides, 26 avril 2001.

LES CLÉS DU SUJET

Lire la consigne

• La consigne vous invite à prendre en compte différents éléments : la **guerre d'Algérie**, vécue comme une tragédie (« le lourd passé ») ; le **rôle de l'État** qui œuvre pour l'élaboration de ses mémoires et qui facilite la recherche historique.

• Elle pose la question du **rôle des historiens** dans l'élaboration des mémoires de ce conflit.

Observer le document

• Le document proposé est un **discours officiel** prononcé par Lionel Jospin, Premier ministre, en 2001, un an et demi après la loi reconnaissant l'existence de la guerre d'Algérie.

• Dans ce texte, le chef du gouvernement annonce sa décision de faciliter l'**accès aux archives pour les historiens**, au nom d'une « exigence de vérité ».

Définir les axes de l'analyse

• Une première solution s'offre à vous : **suivre les axes donnés par la consigne** en rappelant la tragédie algérienne, puis en précisant le rôle de l'État dans la construction d'une mémoire nationale et son action en faveur du travail des historiens.

• Une seconde solution, plus complexe, consiste à mettre en évidence les raisons de l'action de l'État puis les mesures qu'il adopte pour favoriser la construction d'une mémoire nationale du conflit algérien.

• Ce corrigé opte pour la première solution.

CORRIGÉ 5

Les titres en couleur servent à guider la lecture et ne doivent en aucun cas figurer sur la copie.

Introduction

[Présentation du document] Le document est un discours prononcé par Lionel Jospin, Premier ministre, à l'Hôtel des Invalides, le 26 avril 2001, un an après la loi reconnaissant l'existence de la guerre d'Algérie. Il y annonce sa décision de faciliter l'accès des archives publiques aux historiens.

[Problématique et annonce du plan] Nous analyserons ce texte pour souligner le rôle de l'État dans la construction d'une mémoire nationale du conflit algérien. Pour ce faire, nous rappellerons d'abord le poids de la tragédie algérienne dans l'histoire nationale puis l'action de l'État pour faire la lumière sur ce conflit et en faciliter l'étude historique.

I. « Un lourd passé »

1. Un conflit qui a divisé la communauté nationale

• La guerre d'Algérie a d'abord opposé la métropole aux nationalistes algériens (« cette guerre de décolonisation »).

• Elle a également opposé les partisans de l'Algérie française (militaires engagés, membres de l'OAS) à ceux de l'Algérie indépendante (membres du FLN, communistes) : ce « fut aussi une guerre civile ».

2. Un conflit meurtrier

• Les protagonistes de la guerre d'Algérie, militaires français et soldats de l'ALN, ont eu recours à la torture et aux massacres de civils (« des atrocités »).

• Après le cessez-le-feu décrété par les accords d'Évian en mars 1962, de nombreux harkis, abandonnés par l'armée française, sont massacrés en Algérie (« Nous ne pouvons pas non plus… victimes »).

Info
En septembre 2016, l'État reconnaît officiellement l'abandon des harkis.

II. De l'amnésie à la reconnaissance officielle

1. Une « guerre sans nom »

• Jusqu'en 1999, différents euphémismes qualifient le conflit algérien : « opérations de maintien de l'ordre », « événements ». C'est « l'hypocrisie des mots » dénoncée par Lionel Jospin.

• L'objectif des responsables politiques est de restaurer l'unité nationale mise à mal par la guerre. C'est le temps de l'amnésie officielle.

2. Une guerre enfin reconnue

• En 1999, le Parlement adopte une loi reconnaissant l'existence d'une guerre en Algérie : l'unanimité des votants souligne un consensus national (deuxième phrase).

> **Gagnez des points !**
> Citer cette unanimité vous permet de faire le lien avec la division nationale causée par la guerre d'Algérie.

• Ce vote est le résultat du réveil des mémoires dans les différentes communautés (pieds-noirs, harkis, immigrés algériens), à l'œuvre depuis les années 1980.

III. L'État favorable à une histoire de la guerre d'Algérie

1. Une « exigence de vérité »...

• Lionel Jospin estime que l'État a une obligation morale, une « exigence de vérité » qui le conduit à faire toute la lumière sur la guerre d'Algérie.

• Cette exigence est, selon lui, un moyen pour la communauté nationale de se souder et de se projeter dans le futur (dernière phrase).

2. ... qui rend nécessaire la recherche historique

• Pour remplir cette exigence, la guerre d'Algérie doit être librement étudiée par les historiens (« La guerre d'Algérie... étude »). En effet, comprendre le passé permettra de mieux l'accepter (« Cette ouverture... lourd passé »).

• Dès 1999, à l'initiative de Lionel Jospin, l'accès aux archives concernant la répression de la manifestation du FLN du 17 octobre 1961 est donné, à titre dérogatoire, aux historiens.

• En 2001, dans son discours, le Premier ministre annonce l'ouverture de l'ensemble des archives publiques aux chercheurs.

> **Info**
> Officiellement, les documents dits « sensibles » devaient être accessibles aux chercheurs en 2012.

Conclusion

[Réponse à la problématique] Ce document nous rappelle que la guerre d'Algérie a profondément divisé la communauté nationale. Face à la réalité du conflit, l'État a d'abord imposé une amnésie officielle avant de le reconnaître en 1999. Lionel Jospin souligne alors la nécessité pour l'État d'encourager la recherche historique.

[Critique du document] L'intérêt de ce document est de retracer l'évolution de l'attitude de l'État face à la guerre d'Algérie. Cependant, il passe sous silence les obstacles à cette évolution, comme les revendications communautaires.

SUJET

6

Antilles, Guyane • Juin 2016

COMPOSITION

L'historien et les mémoires de la guerre d'Algérie

LES CLÉS DU SUJET

■ Entrer dans le sujet, définir les mots clés

• Le sujet couvre l'ensemble de l'étude effectuée en classe. Il est centré sur **l'évolution des mémoires de la guerre d'Algérie**, c'est-à-dire des souvenirs et représentations collectives des différentes communautés qui y ont participé.

• Les limites temporelles du sujet correspondent à la période s'étendant de la fin de la guerre (accords d'Évian, mars 1962) à nos jours. Ses limites spatiales sont la France et l'Algérie.

■ Dégager la problématique

Votre problématique doit mettre en évidence l'évolution des mémoires de la guerre dans ces deux États, telle que les historiens l'ont retracée.

■ Définir le plan

Compte tenu de l'évolution politique propre à chacun des deux pays, vous pouvez opter pour **un plan « chrono-thématique »** : en France, d'une part, en Algérie, de l'autre, vous présenterez l'évolution des mémoires.

CORRIGÉ 6

POINT MÉTHODE

Définir la problématique d'une composition en histoire

❶ La problématique est **la question qui sert** de **fil conducteur** à votre développement. Elle doit mettre en évidence le problème de fond soulevé par le sujet, à la lumière de vos connaissances.

❷ Elle s'articule autour des **mots clés du sujet** : ici « historien » et « mémoires ». Elle doit aussi rappeler les **bornes spatiales** du sujet (la France et l'Algérie) et ses **bornes temporelles** (des accords d'Évian à nos jours).

❸ Attention, la problématique ne doit pas se confondre avec l'annonce des différentes parties du plan. C'est pourquoi vous devez vous limiter à **une unique question**. Voici une problématique possible pour ce sujet : « Comment, d'après les historiens, les mémoires de la guerre d'Algérie évoluent-elles en France et en Algérie depuis 1962 ? »

Les titres en couleur servent à guider la lecture et ne doivent en aucun cas figurer sur la copie.

Introduction

[Accroche] En 2004, les historiens Benjamin Stora et Mohammed Harbi publient *La Guerre d'Algérie, 1954-2004 : la fin de l'amnésie*. Dans cet ouvrage, ils font la synthèse des connaissances sur le conflit et montrent la façon dont se sont construites ses mémoires.

Info
Benjamin Stora, auteur du livre *La Gangrène et l'Oubli : la mémoire de la guerre d'Algérie* (1991), est un pionnier de l'étude des mémoires de ce conflit.

[Problématique et annonce du plan] Leur démarche soulève la question suivante : comment, en France et en Algérie, les mémoires de la guerre d'Algérie évoluent-elles depuis 1962 ? Pour y répondre, nous présenterons d'abord cette évolution en France puis en Algérie.

I. L'évolution des mémoires de la guerre en France

1. Un conflit occulté (années 1960-1970)

• La guerre d'Algérie a affaibli la puissance de la France, déjà affectée par la perte de l'Indochine en 1954. De plus, se déroulant sur les territoires algérien et métropolitain, elle a touché une partie importante de la population. Enfin, elle a divisé l'opinion publique, entre volonté de défendre l'intérêt national et soutien au droit des peuples à l'autodétermination.

• Au nom de l'unité nationale, le président de Gaulle veut tourner la page : en 1968, une loi d'amnistie permet à des activistes de l'OAS de sortir de prison ou de rentrer d'exil ; le livre de Henri Alleg (*La Question*) dénonçant l'usage de la torture par l'armée française est interdit depuis 1958.

> **Info**
> Henri Alleg est un journaliste français et militant communiste engagé aux côtés du FLN durant la guerre d'Algérie.

• Cependant, pieds-noirs et harkis sont en quête de reconnaissance : en 1970, une loi indemnise les rapatriés d'Algérie pour les biens laissés sur leur terre natale ; en 1974-1975, les harkis se soulèvent pour dénoncer leurs conditions de vie dans les cités d'accueil.

2. Le réveil des mémoires (années 1980-1990)

• Les années 1980 sont marquées par la percée électorale du Front national, nostalgique de l'Algérie française et hostile à l'immigration : les tensions liées au conflit algérien sont alors réactivées chez la seconde génération des différentes communautés (pieds-noirs, harkis, immigrés algériens).

• La guerre d'Algérie fait l'objet d'un regain d'intérêt : en 1983, la question entre dans les programmes de lycée ; la même année, le roman policier de Didier Daeninckx, *Meurtres pour mémoire*, devient un best-seller.

3. Un conflit reconnu (depuis 1999)

• L'État met fin à 37 ans d'« amnésie officielle » : en 1999, une loi reconnaît l'existence d'une guerre d'Algérie ; en 2003, une journée d'hommage national aux morts pour la France en Afrique du Nord est fixée au 5 décembre.

• Les mémoires de la guerre entrent dans le débat public : en 2000, l'interview du général Aussaresses dans le journal *Le Monde* relance les polémiques sur l'usage de la torture ; en 2010, le film *Hors-la-loi* de Rachid Bouchareb qui évoque les émeutes de Sétif (8 mai 1945) suscite la colère des pieds-noirs.

• Grâce à un accès plus facile aux archives depuis 2001, des historiens comme Guy Pervillé et Raphaëlle Branche renouvellent l'histoire de la guerre.

> **Info**
> Depuis 1979, la loi sur les archives publiques impose un délai de 60 ans pour la consultation des documents classés « secret défense ».

II. L'évolution des mémoires de la guerre en Algérie

1. La construction d'une mémoire officielle

• À partir de juillet 1962, le FLN, parti unique, impose au pays une mémoire officielle de la guerre. Ainsi, la Constitution de 1963 présente le conflit comme la lutte du peuple algérien, guidé par le FLN, pour son indépendance ; « plus d'un million de martyrs » auraient péri pour cette juste cause.

• Le drapeau du FLN devient celui de la République ; le chant révolutionnaire Kassaman devient l'hymne national. Les dates du 1er novembre (Toussaint rouge) et du 5 juillet (indépendance) sont choisies pour les fêtes nationales.

Gagnez des points !
Citez des exemples concrets pour rendre votre copie plus vivante.

• L'État contrôle l'écriture de l'histoire de la guerre : le Centre national d'études historiques est rattaché au ministère de l'Intérieur ; les manuels scolaires diffusent la mémoire officielle.

2. Une mémoire qui résiste

• De 1962 à 1988, la mémoire officielle n'est pas remise en cause. Elle sert de ciment à l'unité du pays : en 1982, est érigé à Alger le *Flambeau du martyr*, monument qui célèbre les combattants morts pour l'indépendance.

• Entre 1988 et 1991, le pays s'ouvre au multipartisme : la mémoire officielle est alors débattue et critiquée par d'anciens protagonistes de la guerre et une partie de la jeunesse.

• De 1991 à 2002, le pays plonge dans la guerre civile qui rappelle aux habitants les violences de la guerre d'Algérie. La paix revenue, l'État réactive la mémoire officielle pour mettre en œuvre sa politique de réconciliation nationale.

Info
La guerre civile oppose l'armée régulière algérienne aux combattants du GIA (Groupe islamique armé).

Conclusion

[Réponse à la problématique] Ainsi, les mémoires de la guerre d'Algérie suivent une évolution propre à chaque pays : en France, après deux décennies d'oubli officiel, les mémoires communautaires se réveillent, ce qui pousse l'État à reconnaître les faits. En Algérie, la mémoire officielle construite dès l'indépendance reste la seule autorisée afin de sauvegarder l'unité nationale.

[Ouverture] Lors de son voyage officiel en Algérie de décembre 2012, le président de la République française François Hollande appelait à « la paix des mémoires » fondée sur « la connaissance et la divulgation de l'histoire » : c'est sans doute une perspective d'avenir pour continuer à écrire une histoire partagée par les deux États.

Polynésie française • Septembre 2015
ANALYSE DE DOCUMENTS

Les États-Unis et le monde depuis 1945

▸ Après avoir situé les deux documents dans leur contexte, présentez les modalités de l'intervention des États-Unis en Europe et leurs justifications.

DOCUMENT 1 **Dessin satirique de 1947**

Ce dessin du 18 juin 1947, réalisé par Ernest Howard Shepard pour le magazine satirique britannique *Punch,* montre Truman et Staline comme deux chauffeurs de taxi essayant d'obtenir des clients.

DOCUMENT 2 **Discours du général G. C. Marshall**

« Je n'ai pas besoin de vous dire, Messieurs, que la situation mondiale est très grave. [...] De plus, la population de ce pays [les États-Unis] se trouve très loin des régions troublées de la Terre, et elle a beaucoup de peine à imaginer la misère, les réactions qui la suivent chez les peuples qui ont longtemps souffert, et l'effet que ces réactions ont sur leurs gouvernements au cours de nos tentatives pour établir la paix dans le monde.

Lorsqu'on a étudié les besoins de la reconstruction de l'Europe, les pertes en vies humaines, les destructions de villages, d'usines, de mines et de voies ferrées ont été estimées de façon assez exacte, mais il est devenu évident au cours des mois qui viennent de s'écouler que ces destructions visibles sont probablement moins graves que la dislocation de toute la structure de l'économie européenne. [...] La vérité, c'est que les besoins de l'Europe pendant les trois ou quatre prochaines années en vivres et en autres produits essentiels importés de l'étranger – notamment d'Amérique – sont tellement plus grands que sa capacité actuelle de paiement qu'elle devra recevoir une aide supplémentaire très importante ou s'exposer à une dislocation économique, sociale et politique très grave. Le remède consiste à briser le cercle vicieux et à restaurer la confiance des habitants de l'Europe tout entière. [...]

Il est logique que les États-Unis doivent faire tout ce qu'ils peuvent pour aider à rétablir la santé économique du monde, sans laquelle la stabilité politique et la paix assurée sont impossibles. Notre politique n'est dirigée contre aucun pays, aucune doctrine, mais contre la famine, la pauvreté, le désespoir et le chaos. Son but doit être la renaissance d'une économie active dans le monde, afin que soient créées les conditions politiques et sociales où de libres institutions puissent exister. Cette aide, j'en suis convaincu, ne doit pas être accordée chichement, chaque fois que surviennent les crises. [...] »

Extrait du discours du général George C. Marshall,
secrétaire d'État américain,
prononcé à l'université de Harvard, Massachusetts, le 5 juin 1947.

HISTOIRE

LES CLÉS DU SUJET

Lire la consigne

La consigne vous invite à préciser le contexte historique permettant de comprendre la signification des documents. Datant de 1947, ils s'inscrivent dans **le début de la guerre froide.** Elle est centrée sur **la politique menée par les États-Unis dans le continent européen** à ce moment-là.

Observer les documents

- Le document 1, postérieur au second, est **un dessin satirique** montrant la rivalité entre les États-Unis et l'URSS pour dominer les États des Balkans.
- Le document 2 est **un discours** du général Marshall, secrétaire d'État américain, annonçant un plan d'aide économique et financière pour les pays européens.
- Ces deux documents sont donc complémentaires.

Définir les axes de l'analyse

Le libellé de la consigne vous invite à présenter d'abord **le contexte historique** en cette année 1947, puis **les formes de l'intervention des États-Unis** en Europe, en déterminant enfin ses justifications.

CORRIGÉ 7

POINT MÉTHODE

Analyser un dessin satirique

❶ **Identifiez d'abord le document** : précisez sa source (ici un journal britannique), son auteur, sa date et son contexte historique, son destinataire. Comme tout document historique, il exprime **un point de vue.**

❷ **Observez** attentivement le document en déterminant le lieu (la sortie d'une gare), les personnages (Truman, Staline, les passagers représentant des États européens), leurs actions.

Les titres en couleur servent à guider la lecture mais ne doivent en aucun cas figurer sur la copie.

Introduction

[Présentation du document] Deux documents nous sont proposés : le premier est un dessin satirique réalisé par Ernest Howard Shepard pour le magazine satirique britannique *Punch* du 18 juin 1947, au début de la guerre froide : il dénonce la rivalité américano-soviétique en Europe. Le second est un extrait du discours du général Marshall, secrétaire d'État américain, prononcé le 5 juin 1947, qui offre aux États européens une aide financière pour leur reconstruction économique.

[Problématique et annonce du plan] L'analyse de ces documents nous permettra de décrire l'intervention des États-Unis en Europe. En premier lieu, nous en préciserons le contexte, avant d'en présenter les modalités puis les justifications.

I. Le contexte de la guerre froide

1. Une Europe bipolaire

- En 1947, l'Europe est divisée de part et d'autre du rideau de fer : à l'ouest, des démocraties libérales, sous influence américaine (taxi de gauche sur le document 1) ; à l'est, des démocraties populaires, sous influence soviétique (taxi de droite).

> **Gagnez des points !**
> Privilégiez l'interprétation du document à sa simple description.

- Cette situation est le résultat de la rivalité entre les États-Unis et l'URSS, respectivement dirigés par Truman et Staline (personnages centraux du document 1).

2. La politique d'endiguement

- Le 12 mars 1947, devant le Congrès, le président Truman affirme sa volonté d'arrêter l'expansion du communisme : c'est la doctrine de l'endiguement.
- Son discours marque l'entrée de l'Europe dans la guerre froide.

II. Les modalités de l'intervention des États-Unis en Europe

1. Une aide économique et financière immédiate (1945-1946)

- L'expression de George Marshall « une aide supplémentaire » nous rappelle que depuis 1945, les États-Unis distribuent gratuitement des vivres aux populations européennes. De plus, certains pays comme le Royaume-Uni et la France bénéficient de crédits américains.

• Ce soutien américain répond aux « besoins de la reconstruction de l'Europe » évoqués au début du deuxième paragraphe du document 2.

2. Le plan Marshall (1947)

• Cette aide d'urgence s'avérant insuffisante, les États-Unis proposent à tous les États européens un soutien beaucoup plus important (« cette aide [...] ne doit pas être accordée chichement ») : le plan Marshall.

Gagnez des points !
N'hésitez pas à utiliser des connaissances du cours pour préciser votre analyse.

• Il s'agit d'une aide financière de plus de 10 milliards de dollars, étalée sur trois ans (« La vérité [...] grave »).

III. Les justifications de l'intervention des États-Unis

1. Des raisons économiques

• Les États-Unis veulent éviter l'effondrement de l'économie européenne lié au déficit de la balance des paiements (2e paragraphe).

• Les États-Unis, première puissance économique mondiale, veulent aussi s'assurer des débouchés commerciaux en Europe : ce que Marshall dit dans son discours (« autres produits [...] d'Amérique ») est illustré par Shepard avec des États européens présentés comme des clients pour les Américains.

2. Des raisons politiques

• Pour Marshall, les difficultés économiques de l'Europe sont source d'instabilité sociale et politique (« s'exposer à une dislocation [...] très grave »). Implicitement, il pointe le danger de subversion communiste (« Notre politique n'est dirigée [...] contre aucune doctrine »).

Info
En 1947, la Grèce et la Turquie sont en situation de guerre civile.

• Cette situation, selon les Américains, est une menace pour l'instauration de régimes démocratiques (« *Liberty Hotel* », document 1 ; « où de libres institutions puissent exister », document 2) et la paix.

Conclusion

[Réponse à la problématique] Dans une Europe divisée et ruinée, les États-Unis proposent le plan Marshall pour des raisons économiques et politiques.

[Critique des documents] L'intérêt de ces documents est de souligner les différents enjeux du plan Marshall. Leur limite est qu'ils ne présentent qu'un point de vue occidental.

Antilles, Guyane • Septembre 2016

ANALYSE DE DOCUMENT

Les États-Unis et le monde selon Ronald Reagan

▸ Présentez le document. Indiquez quelle image Ronald Reagan veut donner des États-Unis et quels arguments il emploie. Mettez en évidence les limites de son propos.

DOCUMENT **Discours de Ronald Reagan devant l'Assemblée générale des Nations unies**

Monsieur le Secrétaire général, Monsieur le Président, éminents délégués, Mesdames et Messieurs,

[...] Notre politique étrangère, comme l'a dit un jour le président Eisenhower, « n'est pas difficile à présenter. Nous sommes en faveur de la paix avant tout ». [...] À ceux qui remettaient en cause la véracité de ces paroles, il leur disait, permettez-moi de le signaler, qu'à la fin de la Seconde Guerre mondiale, nous étions la seule puissance industrielle intacte au monde. Notre suprématie militaire était incontestable. Nous maîtrisions l'atome, et nous avions la capacité de déclencher sa puissance destructrice n'importe où dans le monde. En bref, nous aurions pu parvenir à une domination mondiale, mais cela était contraire au caractère de notre peuple. Au lieu de cela, nous avons écrit un nouveau chapitre de l'histoire de l'humanité.

Nous avons utilisé notre puissance et notre richesse pour reconstruire les économies du monde ravagées par la guerre, aussi bien de l'Est que de l'Ouest, y compris les nations qui avaient été nos ennemies. Nous avons pris l'initiative de créer des institutions internationales telles que ces Nations unies, où des dirigeants de bonne volonté pourraient se rassembler pour construire des ponts pour la paix et la prospérité.

L'Amérique n'a pas d'ambitions territoriales. Nous n'occupons pas de pays, et nous n'avons pas bâti de murs pour enfermer notre peuple. [...]

Les États-Unis ont pris part à quatre guerres au cours de ma vie. Dans chacune, nous avons lutté pour défendre la liberté et la démocratie. Nous n'avons jamais été les agresseurs. La force de l'Amérique et, oui, sa puissance militaire ont été une force pour la paix, non pour la conquête ; pour la démocratie, non pour le despotisme ; pour la liberté, non pour la tyrannie. [...]

À l'ère nucléaire, les principales puissances portent une responsabilité particulière pour apaiser ces sources de conflits, et pour s'abstenir de toute agression. Et c'est pourquoi nous sommes si profondément préoccupés par la conduite de l'URSS. [...] Les guérillas et les terroristes soutenus par l'URSS sont à l'œuvre en Amérique centrale et du Sud, en Afrique, au Moyen-Orient, dans les Caraïbes et en Europe, violant les droits de l'homme et déstabilisant le monde par la violence. [...]

La décennie de la soi-disant Détente a vu l'URSS accroître sa puissance militaire comme jamais dans l'histoire. [...] Mon pays a appris une dure leçon durant ce siècle : qu'à elles seules, des paroles ne peuvent enrayer le fléau de la tyrannie. C'est pourquoi nous nous sommes lancés dans un effort de renouveau de notre force, qui s'était dangereusement affaiblie. Nous refusons de devenir plus faibles pendant que des adversaires potentiels restent engagés dans leurs aventures impérialistes.

Extraits du discours de Ronald Reagan devant l'Assemblée générale des Nations unies, à l'occasion d'une session spéciale consacrée au désarmement, 17 juin 1982.
Source : Ronald Reagan Presidential Library.

LES CLÉS DU SUJET

■ Lire la consigne

- La consigne vous invite d'abord à **présenter le document**, ce que vous ferez en introduction en soulignant l'importance du contexte historique.
- Elle vous demande ensuite de préciser l'image que l'auteur veut donner de son pays en indiquant les arguments qu'il utilise. À cette occasion, vous mettrez en évidence **l'objectif du discours de Ronald Reagan.**
- Enfin, elle vous invite à faire preuve d'esprit critique en soulignant **les limites de son argumentation.**

■ Observer le document

• Le document est **un discours du président des États-Unis** Ronald Reagan, peu de temps après son entrée en fonctions, prononcé devant l'Assemblée générale des États-Unis le 17 juin 1982.

• Dans un contexte de reprise des tensions entre les États-Unis et l'URSS, il aborde **la question du désarmement.** À cette occasion, il rappelle le rôle international des États-Unis depuis 1945.

■ Définir les axes de l'analyse

Pour construire votre plan d'analyse, vous devez prendre en compte la logique de **l'argumentation de l'auteur** : pourquoi, au début des années 1980, les États-Unis doivent-ils se réarmer ? Pourquoi, cependant, ne menacent-ils pas la paix mondiale ?

CORRIGÉ 8

Les titres en couleur servent à guider la lecture et ne doivent en aucun cas figurer sur la copie.

Introduction

[Présentation du document] Le document proposé est un discours du Président américain Ronald Reagan prononcé devant l'Assemblée générale des Nations unies le 17 juin 1982, au début de son mandat et durant la « guerre fraîche ». Lors d'une session consacrée au désarmement, il défend la nécessité pour les États-Unis de se réarmer.

Définition
La « guerre fraîche » désigne la reprise des tensions entre les États-Unis et l'URSS entre 1975 et 1985.

[Problématique et annonce du plan] Comment le Président des États-Unis justifie-t-il le réarmement de son pays ? Pour répondre à cette question, nous présenterons d'abord l'affaiblissement relatif de la puissance américaine au début des années 1980 puis son rôle dans les relations internationales à partir de 1945.

I. L'affaiblissement de la puissance américaine au début des années 1980

1. L'expansion soviétique dans le monde

• Dans les années 1970, la puissance américaine est affaiblie par la défaite au Vietnam, le choc pétrolier de 1973 et la perte d'un allié précieux, le shah d'Iran, renversé par la révolution islamique de 1979.

• L'Union soviétique profite de ce recul américain pour étendre son influence dans le monde (« Les guérillas… la violence. ») : au Nicaragua, une guérilla marxiste renverse le dictateur Somoza soutenu par les États-Unis en 1976 ; à partir de 1975, des régimes communistes s'implantent en Afrique, comme en Angola et au Mozambique ; en 1979, l'Armée rouge envahit l'Afghanistan.

Info
Confrontés à une forte résistance soutenue par les États-Unis, les Soviétiques évacuent l'Afghanistan en 1988.

2. Le repli américain

• Selon l'auteur, la puissance militaire des États-Unis s'est affaiblie au cours des années 1970 (« notre force… affaiblie »). Implicitement, il remet en cause les traités de limitation des armements signés avec l'URSS (SALT I en 1972, SALT II en 1979).

• D'après lui, les États-Unis seraient restés passifs face au renforcement de la puissance soviétique (« Mon pays… tyrannie. »). Il vise sans doute l'administration de son prédécesseur Jimmy Carter, attaché à la défense des droits humains.

Info
En raison de la reprise des tensions entre les deux superpuissances, les accords SALT II ne sont pas ratifiés par le Congrès américain.

II. Les États-Unis, garants de la stabilité internationale

1. Des valeurs universelles…

• Pour Ronald Reagan, le monde n'a pas à s'inquiéter d'un réarmement américain, car la politique étrangère des États-Unis est guidée par la défense de valeurs universelles : la paix, la démocratie, la liberté (« La force de l'Amérique… la tyrannie. »).

• Il s'agit d'une vision manichéenne des relations internationales durant la guerre froide : le bien serait incarné par les États-Unis ; le mal par l'URSS (« L'Empire du mal »).

Gagnez des points !
Cette remarque vous permet de souligner une limite idéologique du propos de l'auteur.

2. …défendues par la puissance américaine

• Dans les deux premiers paragraphes, Ronald Reagan rappelle le rôle majeur des États-Unis dans la reconstruction politique (la fondation de l'ONU) et économique du monde (le plan Marshall) après 1945.

• Il rappelle également leur participation aux conflits du XXe siècle (guerres mondiales, guerre de Corée, guerre du Vietnam) « pour défendre la liberté et la démocratie ». Pour les guerres de Corée et du Vietnam, cette affirmation est sujette à caution puisqu'il s'agissait surtout d'endiguer l'expansion communiste.

• Il dénonce aussi l'impérialisme soviétique en évoquant la construction du mur de Berlin (« nous n'avons pas bâti… notre peuple ») et l'invasion de l'Afghanistan (« nous n'occupons pas de pays »). Il passe sous silence l'impérialisme américain en Amérique latine caractérisé par le soutien aux dictatures militaires.

Conclusion

[Réponse à la problématique] Ainsi, Ronald Reagan justifie le réarmement des États-Unis en soulignant l'affaiblissement de la puissance américaine au début des années 1980 et le rôle essentiel des États-Unis dans la paix mondiale depuis 1945.

[Critique du document] L'intérêt de ce document est de nous rappeler les objectifs de la politique extérieure américaine durant la seconde moitié du XXe siècle. Cependant, en diabolisant l'adversaire soviétique, il nous donne une vision biaisée de cette politique.

SUJET 9

Pondichéry • Avril 2016

COMPOSITION

La puissance américaine dans le monde depuis 1945

LES CLÉS DU SUJET

• Le sujet s'inscrit dans la première question du thème 2 du programme intitulée *Les chemins de la puissance*. Il invite à **analyser la puissance** des États-Unis, c'est-à-dire leur capacité d'action, ici à l'échelle mondiale. Les limites chronologiques couvrent la période allant du lendemain du second conflit mondial à nos jours.

• La problématique doit mettre en évidence l'**évolution** et les **manifestations** de la puissance états-unienne depuis 1945 (**superpuissance** puis **hyperpuissance**).

• Par souci d'équilibre, votre plan, **chronologique**, pourra s'organiser autour de deux parties, séparées par la **date charnière** de 1991. Cette année marque en effet à la fois la fin de la guerre froide et l'entrée dans une période où les États-Unis apparaissent comme l'unique puissance mondiale, néanmoins contestée.

CORRIGÉ 9

POINT MÉTHODE

Construire un plan de composition

❶ Il existe trois grands types de plans : le **plan chronologique** (par étapes d'une évolution d'ensemble) ; le **plan thématique** (par thème ou domaine) ; le **plan analytique** (caractéristiques, facteurs, conséquences ou limites d'un phénomène).

❷ **Le choix du plan dépend donc du sujet** qu'il faut soigneusement analyser : s'agit-il de retracer une évolution ? de décrire une situation ? d'analyser un phénomène ? Ici, le **plan chronologique** s'impose car il faut présenter l'évolution de la puissance des États-Unis de 1945 à nos jours.

Les titres en couleur servent à guider la lecture et ne doivent en aucun cas figurer sur la copie.

Introduction

[Accroche] Après avoir, entre 1941 et 1945, mobilisé toutes leurs ressources au service des Alliés contre les forces de l'Axe, les États-Unis auréolés de leur victoire affirment dans le monde une puissance sans équivalent. Cependant, dès 1945, s'amorce une intense rivalité avec l'URSS, autre puissance victorieuse.

Définition
La puissance est la capacité d'action d'un État par des moyens coercitifs *(hard power)* ou non *(soft power)*.

[Problématique et annonce du plan] Comment se transforme la puissance des États-Unis dans le monde du lendemain de la Seconde Guerre mondiale à nos jours ? Pour répondre à cette question, nous distinguerons deux périodes : la guerre froide (1947-1991), marquée par l'opposition entre les superpuissances états-unienne et soviétique ; l'après-1991, caractérisé par l'affirmation de l'hyperpuissance états-unienne.

I. L'affirmation d'une superpuissance (1945-1991)

1. En 1945 : une puissance sans égale

• À l'issue de la Seconde Guerre mondiale, les États-Unis sont la première puissance militaire au monde et le seul pays à détenir l'arme atomique. Ils sont aussi une puissance géopolitique : cofondateurs de l'ONU, ils sont membre permanent du Conseil de sécurité. À ce titre, ils contribuent largement à façonner la nouvelle organisation du monde.

• Leur statut de première puissance économique et financière se renforce : depuis la conférence de Bretton Woods (1944), le dollar est la seule monnaie étalon. Ils sont aussi une puissance culturelle (production cinématographique d'Hollywood).

2. Les leaders du monde libre (1947-1963)

• Pour le monde entier, les États-Unis incarnent un modèle antagoniste du modèle communiste : il repose sur la démocratie, l'économie capitaliste et la société de consommation, indissociable de l'*American way of life*.

HISTOIRE

• À partir de 1947, les États-Unis luttent contre l'expansion du communisme en se présentant comme les leaders du « monde libre » (politique d'« endiguement »). Le plan Marshall (juin 1947) propose ainsi aux États européens une aide financière pour leur reconstruction. L'URSS prend alors la tête de la lutte contre l'« impérialisme américain ». C'est le début de la guerre froide qui oppose les deux superpuissances et divise le monde en deux blocs (bloc occidental et bloc communiste).

Gagnez des points !
Plutôt que de chercher à raconter toutes les crises de la guerre froide, il est préférable de présenter un exemple significatif.

• Lors des premières crises, les États-Unis prennent l'avantage. Ainsi, en 1962, ils dissuadent l'URSS d'installer des missiles à Cuba en organisant le blocus de l'île.

3. Une puissance contestée puis victorieuse (1964-1991)

• Durant les années 1960-1970, la puissance des États-Unis est fragilisée : engagement militaire au Vietnam (1964-1973) ; graves difficultés économiques (dévaluation du dollar en 1971). À la fin des années 1970, l'URSS en profite pour étendre son influence dans le monde (invasion de l'Afghanistan en 1979).

• Sous la présidence de Ronald Reagan (1981-1989), les États-Unis décident de stopper cette expansion en relançant la course aux armements (programme IDS) ; l'URSS, essoufflée économiquement, est contrainte au dialogue.

• Lorsque l'URSS disparaît en décembre 1991, les États-Unis restent l'unique puissance mondiale.

II. Forces et faiblesses d'une hyperpuissance (depuis 1991)

1. L'apogée de l'hyperpuissance (1991-2001)

• À la suite de la guerre du Golfe (janvier-février 1991) et de la disparition de l'URSS, les États-Unis entendent instaurer un « nouvel ordre mondial » fondé sur la coopération et le respect du droit international, garanti par l'ONU. Ils se posent en « gendarmes du monde » ; ils favorisent aussi la diffusion de la démocratie et du capitalisme.

Définition
L'expression « nouvel ordre mondial » a été employée par le président George Bush (père) au début de l'offensive armée contre l'Irak en janvier 1991, pour désigner la vision américaine de l'après-guerre froide.

• Leurs interventions diplomatiques et militaires sont couronnées de succès : amorce du processus de paix au Proche-Orient (accords d'Oslo, 1993) ; cessez-le-feu dans le conflit yougoslave (accords de Dayton, 1995).

• Cependant, les États-Unis dérogent parfois au multilatéralisme pour défendre leurs intérêts (refus de ratifier la convention sur la Cour pénale internationale en 1998).

2. Les difficultés de l'hyperpuissance (depuis 2001)

• Les attentats du 11 septembre 2001 à New York et Washington révèlent la vulnérabilité de l'hyperpuissance américaine. Ils conduisent le président George W. Bush (2001-2009) à se lancer dans une « guerre contre le terrorisme » : intervention militaire en Afghanistan en 2001 (avec mandat de l'ONU) et en Irak en 2003 (unilatérale).

• Cette politique suscite les critiques des alliés des États-Unis (France, Allemagne) et un fort antiaméricanisme dans le monde arabe, sans déboucher sur des succès militaires (enlisement et lourdes pertes humaines). Barack Obama, qui succède à George W. Bush en 2009, décide l'évacuation de l'Irak (achevée en 2011) et de l'Afghanistan (pour 2014). Cependant, les États-Unis poursuivent leur lutte contre le terrorisme (exécution de Ben Laden en 2011) et restent vigilants à l'égard d'États menaçants pour la paix (Corée du Nord, Iran).

• Par ailleurs, depuis le début du XXIe siècle, s'esquisse un monde multipolaire dans lequel les États-Unis doivent composer avec des puissances émergentes (BRICS). Dans le domaine économique, la Chine, deuxième puissance mondiale depuis 2010, devient un redoutable concurrent (1er exportateur mondial de produits industriels). Dans le domaine géopolitique, la Russie et la Chine font obstacle aux initiatives américaines (ex. : refus d'une intervention militaire en Syrie en 2013).

Attention !
Utilisez des notions précises et synthétiques qui valorisent vos connaissances et évitent des longueurs.

• Enfin, les États-Unis doivent faire face à de graves problèmes financiers (ex. : endettement vis-à-vis de la Chine) et économiques (depuis la crise des *subprimes* qui débute en 2007).

Conclusion

[Réponse à la problématique] De 1945 à nos jours, les États-Unis réussissent à consolider leur puissance dans différents contextes : durant la guerre froide, en véritable superpuissance, ils résistent et triomphent face à l'URSS ; depuis 1991, après la disparition de leur rival, ils s'affirment rapidement comme une hyperpuissance ; mais dans un monde multipolaire, celle-ci se heurte à de nombreux obstacles.

[Ouverture] Actuellement, les États-Unis sont confrontés à un dilemme : ils sont conscients qu'ils ne peuvent plus être les seuls « gendarmes du monde » ; mais, la relève n'étant pas assurée, ils doivent encore assumer de lourdes responsabilités internationales.

SUJET

10

Liban • Mai 2016

ANALYSE DE DOCUMENT

La Chine et le monde depuis 1949 : les relations franco-chinoises

▸ Présentez le contexte dans lequel ce discours a été prononcé. Indiquez l'image que le président de la République donne de la Chine en expliquant les arguments qu'il emploie.

DOCUMENT

Extraits du discours prononcé par le président de la République François Hollande à l'occasion de la visite d'État du président chinois Xi Jinping, le 27 mars 2014

Aujourd'hui, c'est la Chine et la France qui se retrouvent une fois encore.

Les liens qui unissent nos deux pays s'inscrivent loin dans notre histoire. […] Et dans ce long récit, un acte plus important que tout autre a été posé le 27 janvier 1964. […] Là, le général de Gaulle avait raccourci pour mieux forcer sa pensée et il avait ainsi écrit : « Le gouvernement de la République française et le gouvernement de la République populaire de Chine ont décidé, d'un commun accord, d'établir des relations diplomatiques ». […]

50 ans plus tard, nous pouvons aussi mesurer le chemin parcouru. La Chine, sous l'impulsion de Deng Xiaoping, a pris la voie de la réforme et de l'ouverture. Elle est devenue en 30 ans la deuxième puissance économique du monde, un grand pays scientifique avec plus d'un tiers des ingénieurs formés chaque année dans le monde. […]

La Chine, c'est également la troisième nation à avoir conquis la Lune. La Chine, elle est portée par la dynamique d'abord de son émergence, ensuite de son influence. Et elle poursuit un développement à un rythme très rapide. […]

Alors, la France, elle veut encore renforcer sa relation avec la Chine. […]

Aujourd'hui, 1 500 000 Chinois visitent la France chaque année. […] Nous avons aussi une chance qui est de partager une communauté chinoise ici, en France, et je la salue. Plus de 600 000 personnes qui sont particulièrement dynamiques et qui vous ont réservé un très bon accueil. Et puis il y a ces Français qui se sont installés en Chine soit pour y faire leurs études – de plus en plus nombreux –, soit pour y créer une activité, y investir, y commercer et qui sont nos meilleurs vecteurs pour prolonger, promouvoir nos relations et notre amitié.

Alors, 50 ans après cette décision historique, qu'est-ce que nous avons à faire ensemble ? Quels défis pouvons-nous relever ?

Le premier, c'est la paix. C'était d'ailleurs ce que voulait le général de Gaulle, ce que voulait aussi le président Mao Zedong à ce moment-là où la guerre froide avait saisi le monde. […] Nous sommes attachées, la Chine et la France, à l'indépendance, à la souveraineté. Nous avons aussi, vis-à-vis des organisations internationales, à commencer par l'ONU, le plus grand respect parce que nous sommes membres permanents du Conseil de sécurité et que nous ne nous opposons pas aux résolutions quand elles permettent de trouver une issue à des conflits qui, depuis trop longtemps, bouleversent les équilibres du monde […].

La Chine et la France regardent au-delà de leurs propres continents et c'est pourquoi nous sommes solidaires de l'Afrique. La Chine y investit depuis longtemps, y travaille, y construit […].

Le second défi, c'est la croissance. J'allais dire, le vôtre, c'est de la maîtriser, parce que vous êtes sur des rythmes considérables de progression de l'activité : 7 % par an, ce sont les mauvaises années, 10 % par an, ce sont les moyennes. […]

Je rappelle ici que d'ici 2020, plus de 200 villes chinoises dépasseront le million d'habitants. Et là, il y a des besoins considérables que nos entreprises ici présentes peuvent satisfaire. […]

Il y a 17 ans, la Chine représentait 3 % de l'économie mondiale, aujourd'hui elle en représente 12 %. Il y a 17 ans, l'euro n'existait pas, aujourd'hui c'est la monnaie unique de 18 pays européens et la première devise en circulation dans le monde.

Source : http://www.elysee.fr/declarations/article/discours-de-commemoration-du-50eme-anniversaire-des-relations-diplomatiques-franco-chinoises/

HISTOIRE

LES CLÉS DU SUJET

Lire la consigne

• La consigne vous invite à préciser le contexte historique de ce document. Vous le ferez dans l'introduction sans en consacrer toute une partie.

• Votre analyse devra porter sur l'image de la Chine, en particulier de sa **puissance**, donnée par l'auteur. Ce dernier la valorise pour servir des intérêts qu'il conviendra de souligner.

Observer le document

• Le document est un discours prononcé par François Hollande, président de la République française à l'occasion de la visite officielle en France du président chinois Xi Jinping. Il date du 27 mars 2014, soit cinquante ans après la reconnaissance de la Chine par la France du général de Gaulle.

• L'objectif de l'auteur est d'**intensifier la coopération économique franco-chinoise**. Ses propos sont donc intéressés.

Définir les axes de l'analyse

• Un **plan thématique** est le plus approprié pour répondre à la consigne dans la mesure où la notion centrale est celle de puissance.

• Vous pouvez l'organiser en **trois parties** : la Chine, une grande puissance économique ; une grande puissance géopolitique ; une grande puissance culturelle. Vous prendrez soin de ne pas être trop descriptif et d'insister sur la coopération franco-chinoise défendue par l'auteur.

CORRIGÉ 10

Introduction

[Présentation du document] Le document proposé est un extrait du discours prononcé par le président de la République française François Hollande le 27 mars 2014, à l'occasion de la visite d'État du président chinois Xi Jinping, cinquante après l'établissement de relations diplomatiques entre les deux pays.

Info
Xi Jinping est président de la République populaire de Chine depuis mars 2013.

Dans ce texte, l'auteur décrit la puissance chinoise pour justifier le renforcement de la coopération franco-chinoise.

[Problématique et annonce du plan] Nous analyserons ce document pour présenter l'image que l'auteur donne de la Chine. Il en souligne la puissance économique, géopolitique et culturelle.

I. Une grande puissance économique

1. Une puissance émergente

• Depuis le début des années 1980, la Chine connaît une croissance économique rapide, souvent supérieure à 10 % (paragraphe 9).

• Son poids dans l'économie mondiale s'est accru (« il y a 17 ans [...] 3 % [...] aujourd'hui [...] 12 % »). Depuis 2013, elle est la deuxième puissance économique mondiale.

• Ces performances s'expliquent par le choix de l'ouverture économique effectué par Deng Xiaoping à partir de 1979 (« La Chine... ouverture »).

2. Un partenaire commercial et financier privilégié

• La croissance économique a entraîné une urbanisation rapide qui constitue une opportunité pour les entreprises françaises (« Je rappelle... satisfaire »), d'autant plus que le nombre d'expatriés français en Chine augmente (« soit pour y créer... commercer »).

Gagnez des points !
Mettre en relation différentes parties du texte valorise votre copie.

• Avec l'essor d'une classe moyenne, le nombre de touristes chinois en France augmente (« Aujourd'hui... chaque année »), contribuant à la croissance des recettes touristiques.

HISTOIRE

II. Une grande puissance géopolitique

1. La sortie de l'isolement diplomatique

• Le début du texte rappelle que la France a été le premier pays occidental à reconnaître la République populaire de Chine en 1964. Il s'agissait d'un choix stratégique du général de Gaulle destiné à sortir de la logique bipolaire de la guerre froide.

• L'auteur insiste sur la solidité des relations franco-chinoises (« Les liens... notre histoire »). Cet argument sert à légitimer la coopération entre les deux pays.

2. Des responsabilités internationales

• La Chine, comme la France, est un des cinq membres permanents du Conseil de sécurité de l'ONU. Cette instance est garante de la paix dans le monde.

Info
La Chine devient membre du Conseil de sécurité en 1971, à la place de Taïwan.

• Selon François Hollande, elle partage de grandes valeurs avec la France : la défense de la paix, de la souveraineté et de l'indépendance nationale. Il évoque des positions souvent communes sur certains conflits (« nous ne nous opposons… du monde »). On peut penser à la crise coréenne, dans laquelle l'influence diplomatique de Pékin est déterminante.

III. Une grande puissance culturelle

1. Le rayonnement de la culture chinoise

• La présence d'une importante diaspora (600 000 personnes) diffuse la culture chinoise en France. Le Nouvel An chinois est un temps fort de sa visibilité.

• La présence de nombreux étudiants français en Chine témoigne de l'attractivité de la culture chinoise.

Définition
Une diaspora désigne la dispersion d'une communauté humaine dans le monde entier.

2. Le dynamisme scientifique

• Depuis 2003, après les États-Unis et l'URSS, la Chine est devenue une puissance spatiale (« la troisième nation à avoir conquis la Lune »).

• Elle le doit au nombre et à la qualité de ses ingénieurs qui fréquentent les universités du monde entier (« un grand pays scientifique… dans le monde»).

Conclusion

[Réponse à la problématique] Ainsi François Hollande présente la Chine comme une grande puissance économique, géopolitique et culturelle pour justifier le renforcement des relations économiques franco-chinoises.

[Critique du document] L'intérêt de son discours est de préciser toutes les dimensions de la puissance chinoise. Néanmoins, soucieux de ménager la susceptibilité de son interlocuteur, il n'évoque pas les limites de la puissance chinoise comme l'absence de démocratie ou la forte dégradation de l'environnement.

Polynésie française • Juin 2017

ANALYSE DE DOCUMENTS

La Chine et le monde des années 1950 aux années 1970

▶ Après avoir présenté les documents, montrez qu'ils témoignent d'une évolution de la place de la République populaire de Chine dans les relations internationales entre les années 1950 et les années 1970.

DOCUMENT 1 « Construisons une nouvelle Chine ! »

Traduction : « Étudions avec ardeur le marxisme-léninisme et la pensée de Mao Zedong – Construisons une nouvelle Chine, prospère, riche et puissante ! »

Affiche d'août 1952 réalisée par Duan Weijun à l'occasion de la publication du premier volume des *Œuvres complètes* de Mao Zedong.

DOCUMENT 2 **Pékin à l'ONU**

Assumant le leadership du tiers-monde, il est probable que la Chine infléchira notablement les relations des divers pays ou groupes de pays, y compris leurs rapports au sein de l'Organisation des Nations unies. [...] Les hégémonies « verticales » (États-Unis, URSS, Grande-Bretagne, France) sont contestées. Les pays en voie de développement multiplient leurs « contacts horizontaux » ; ils font preuve d'une plus grande solidarité et tendent à pratiquer une diplomatie non engagée.

Mais, dira-t-on, ne vont-ils pas tomber de l'emprise américano-soviétique sous la coupe de Pékin ? Il est certain que la Chine pèsera de tout son poids et usera de son droit de veto pour soutenir les justes revendications du tiers-monde. Elle saisira l'ONU de toutes les questions touchant à l'indépendance et au développement, appuyée sur la majorité numérique des pays pauvres. De ce fait, elle acquerra une puissance inégalée.

Cela dit, il est peu probable que l'on puisse assister à une emprise chinoise du type de celle qu'ont exercée les Américains et les Soviétiques. Car, d'une part, la Chine ne possède pas les formidables moyens de ces deux pays ; d'autre part, on peut penser que l'entrée de la Chine va mettre fin à la politique des « blocs », à l'antagonisme bipolaire et exclusif.

Léon Trivière, « Pékin à l'ONU, Taipei exclu »,
Études, janvier 1972, p. 76-77.

LES CLÉS DU SUJET

■ Lire la consigne

• La consigne est centrée sur une notion implicite du libellé du sujet : celle de puissance. En effet, vous devez montrer **comment évolue l'influence de la Chine dans le monde.**

• Les **limites chronologiques** du sujet sont précisées : des années 1950, soit des débuts de la Chine communiste, aux années 1970, marquées par l'affirmation de la puissance chinoise dans le monde.

■ Observer les documents

• Le document 1, daté de 1952, porte sur le début de la période considérée. Il s'agit d'une **affiche de propagande officielle** vantant la mise en œuvre d'une économie socialiste garante de la puissance nationale.

• Le document 2 est **un article géopolitique** paru en 1972. Il questionne le nouveau rôle que pourrait jouer la Chine dans le monde en tant que membre permanent du Conseil de sécurité de l'ONU (1971).

■ Définir les axes de l'analyse

• Un **plan chronologique** est le plus adapté pour répondre à la consigne : vous présenterez d'abord la place de la Chine dans le monde dans les années 1950, puis celle qu'elle occupe dans les années 1970.
• Vous ne pouvez éviter ici de **dissocier les deux documents** car ils portent sur deux époques radicalement différentes.

CORRIGÉ 11

POINT MÉTHODE

Identifier un document en histoire

❶ Après une première lecture du document et de ses références, commencez par déterminer sa **nature** exacte. Il peut s'agir d'un texte, d'un document iconographique ou de tout autre type de document (tableau statistique, graphique…). Sa **source** doit être indiquée.

❷ Précisez ensuite son ou ses **auteurs** (nom, fonction), sa **date** de réalisation et le **contexte** historique dans lequel il s'inscrit.

❸ Enfin, identifiez le ou les **destinataires** (s'il y a lieu), ainsi que la ou les informations principales fournies par le document (son **thème**).

Les titres en couleur servent à guider la lecture et ne doivent en aucun cas figurer sur la copie.

Introduction

[Présentation des documents] Deux documents nous sont proposés : le premier est une affiche de propagande du gouvernement chinois de 1952, soit trois ans après la fondation de la République populaire de Chine par Mao et deux ans après la signature du traité de coopération sino-soviétique. S'adressant à la population chinoise, elle vante les mérites de l'économie socialiste. Le second document est un article géopolitique extrait de la revue *Études*, écrit par Léon Trivière en janvier 1972, peu après l'obtention par la Chine d'un siège de membre permanent du Conseil de sécurité de l'ONU, à la place de Taïwan. L'auteur envisage le futur rôle de la Chine dans les relations internationales.

[Problématique et annonce du plan] Nous analyserons ces documents pour retracer l'évolution de la place de la Chine dans les relations internationales des années 1950 aux années 1970. Nous présenterons d'abord la construction d'une puissance communiste dans les années 1950, puis les ambitions d'une puissance mondiale dans les années 1970.

I. Dans les années 1950, la construction d'une puissance communiste

1. Un satellite de l'Union soviétique

• Le traité d'amitié, d'alliance et d'assistance mutuelle signé en 1950 entre Mao et Staline place la Chine sous la tutelle soviétique. Comme le montrent le slogan et l'image, la Chine adopte le modèle soviétique : du point de vue idéologique (marxisme-léninisme), politique (toute-puissance du parti communiste) et économique (collectivisation).

• Cependant, la Chine a des ambitions nationales comme l'exprime le slogan : sous la houlette du président Mao, elle doit devenir une grande puissance économique (« une nouvelle Chine ») à la fois agricole et industrielle (moissonneuses-batteuses). Mais en réalité, la Chine reste un pays peu développé.

Attention
N'évoquez pas le Grand Bond en avant, qui n'est lancé qu'en 1958.

2. Un isolement international

• Jusqu'au début des années 1960, la Chine n'est reconnue que par les États du camp socialiste. Elle est exclusivement au service des intérêts soviétiques, comme en témoigne l'envoi des volontaires chinois lors de la guerre de Corée (1950-1953).

Info
La France est le premier pays occidental à reconnaître la République populaire de Chine en 1964.

• Cependant, dès le milieu des années 1950, la Chine entend devenir le leader des pays du tiers-monde, rôle évoqué au début du document 2. Ainsi, le Premier ministre chinois Zhou Enlai participe à la conférence de Bandung (1955).

II. Dans les années 1970, l'affirmation d'une puissance mondiale

1. Ses manifestations

• Après avoir rompu avec son allié soviétique en 1960, la Chine se retrouve isolée diplomatiquement. Au début des années 1970, elle se rapproche des États-Unis. En 1971, comme le rappelle le texte, elle obtient, à la place de Taïwan, un siège de membre permanent au Conseil de sécurité de l'ONU.

> **Info**
> Depuis 1945, seul le gouvernement nationaliste de Taïwan était jugé légitime par l'ONU.

• Forte de cette reconnaissance internationale, la Chine se présente comme le leader du tiers-monde en rejetant la logique du monde bipolaire (premier et troisième paragraphes). En 1974, dans son discours des « trois mondes », Deng Xiaoping défend cette vision à la tribune de l'ONU.

> **Gagnez des points !**
> L'évocation de ce discours vous permet de corroborer le point de vue de l'auteur.

2. Ses limites

• Comme l'indique l'auteur, la Chine ne détient pas une puissance géopolitique et militaire comparable à celle des États-Unis et de l'URSS ; elle ne peut, à elle seule, peser sur les relations internationales.

• Par ailleurs, contrairement à ce qu'il annonce, elle ne réussira pas à mettre fin à l'antagonisme Est-Ouest. La guerre froide ne s'achèvera qu'avec la chute de l'Union soviétique en 1991.

Conclusion

[Réponse à la problématique] Ainsi, des années 1950 aux années 1970, la Chine, d'abord simple puissance communiste, a développé des ambitions mondiales. [Critique des documents] L'intérêt de ces documents est leur diversité de points de vue (communiste et occidental). Leur limite, quant à la consigne donnée, est qu'ils ne couvrent pas la période des années 1960, marquée par la Révolution culturelle qui fait de la Chine un modèle idéologique international.

SUJET

12

France métropolitaine • Juin 2016

COMPOSITION

Le Proche et le Moyen-Orient, un foyer de conflits depuis 1945

LES CLÉS DU SUJET

• Le sujet porte sur un ensemble géographique allant **de l'Égypte à l'Iran** d'est en ouest, et **du sud du Caucase à la péninsule Arabique**, du nord au sud. Il couvre la période qui va de la fin de la Seconde Guerre mondiale à nos jours.

• Comme vous y invite l'intitulé du programme (thème 2, question 2), la problématique que vous dégagerez doit montrer **en quoi cet ensemble est un foyer majeur de conflits** durant cette période.

• Trois solutions s'offrent à vous : opter pour un plan thématique, un plan chronologique ou combiner les deux (**plan chrono-thématique**). Compte tenu de l'ampleur du sujet, vous ne chercherez pas à être exhaustif ; au contraire, **vous vous limiterez à l'essentiel.**

CORRIGÉ 12

POINT MÉTHODE

Construire un plan chronologique

❶ Un plan chronologique est particulièrement adapté pour rendre compte d'une **évolution sur une période de longue durée** (ici de 70 ans environ).

❷ Déterminez d'abord la ou les **dates charnières** de cette évolution, c'est-à-dire celles qui constituent des moments de rupture. Dans le cas présent, **l'année 1991**, caractérisée par la fin de la guerre froide et la victoire de la coalition internationale dans la guerre du Golfe, peut être retenue. C'est en fonction de cette date que vous construirez chacune de vos grandes parties (de 1945 à 1991 ; de 1991 à nos jours).

❸ Ensuite, à l'intérieur de chaque partie, vous ferez la liste des **informations que vous aurez à développer**. Suivant les cas, vous pourrez procéder chronologiquement ou thématiquement.

Les titres en couleur servent à guider la lecture et ne doivent en aucun cas figurer sur la copie.

Introduction

[Accroche et présentation du sujet] Les frappes de la coalition internationale contre l'État islamique en Syrie depuis 2014 nous rappellent que le Proche et le Moyen-Orient restent un foyer de conflits majeur à l'échelle mondiale. Ainsi la région est d'abord dominée par les Britanniques et les Français dans les années 1920-1930, ce qui est source de nombreuses tensions. À partir de 1945, période marquée par le déclin des puissances européennes au profit des États-Unis, crises et guerres se multiplient.

[Problématique et annonce du plan] En quoi les Proche et Moyen-Orient sont-ils un foyer de conflits majeur de 1945 à nos jours ? Nous présenterons d'abord les enjeux qui caractérisent cet ensemble géographique, puis l'évolution des conflits dans la région pendant et après la guerre froide.

I. Une région aux multiples enjeux

1. Des enjeux économiques

• La région est une zone de passage et un carrefour entre l'Europe et l'Asie. Le percement du canal de Suez au XIXe siècle a renforcé son importance stratégique aux yeux des puissances occidentales.

• Le Moyen-Orient est la première région pétrolière du monde (deux tiers des réserves mondiales). À partir de 1945, la sécurisation de l'approvisionnement pétrolier devient un enjeu majeur pour les puissances occidentales.

• La forte croissance démographique de la région pèse sur le développement économique et sur les ressources en eau, limitées en raison de l'aridité.

2. Des enjeux culturels

• La région est caractérisée par une grande diversité ethnique et culturelle. Trois grands peuples dominent : les Arabes, les Turcs et les Perses. De plus, si l'islam est la religion majoritaire, deux grands courants s'opposent : le sunnisme et le chiisme. La présence de minorités chrétiennes et juives, parfois persécutées, accentue cette diversité religieuse.

HISTOIRE

• Au Proche et au Moyen-Orient se trouvent des lieux saints des trois religions monothéistes : l'islam, le christianisme et le judaïsme. Jérusalem est l'enjeu de tensions entre Juifs et Arabes ; La Mecque et Médine, principaux lieux saints de l'islam, sont contrôlés par la dynastie saoudienne, ce que l'Iran remet en cause.

Info
Jérusalem abrite notamment le mur des Lamentations, le Saint-Sépulcre et le dôme du Rocher.

II. Un des théâtres de la guerre froide (1945-1991)

1. L'enjeu de la lutte d'influence américano-soviétique

• Dès la fin des années 1940, la région entre dans la logique des blocs : l'Arabie Saoudite, la Turquie, la Jordanie et Israël deviennent les alliés des États-Unis ; l'Égypte, la Syrie et l'Irak ceux de l'URSS. Cependant, le mouvement panarabe, porté par la Ligue arabe et Nasser en Égypte, tente, sans succès, d'échapper au monde bipolaire.

Définition
Le mouvement panarabe ou panarabisme est un mouvement politique qui prône l'unité de tous les peuples arabes.

• À partir de la fin des années 1970, les deux superpuissances voient leur influence reculer : en 1979, une révolution islamique en Iran rejette dos à dos modèle américain et modèle communiste ; de 1980 à 1988, la guerre Iran-Irak échappe en partie à leur contrôle.

2. Les guerres israélo-arabes

• La naissance de l'État d'Israël en 1948, suite à l'échec du plan de partage de l'ONU et au retrait britannique, provoque une série de guerres entre l'État hébreu et ses voisins arabes (Égypte, Syrie, Jordanie) : guerre de 1948-1949 ; guerre des Six Jours (1967) ; guerre du Kippour (1973).

• En 1979, sous l'impulsion des États-Unis, un traité de paix est signé entre Israël et l'Égypte. Il est rejeté par les autres pays arabes.

3. Le problème palestinien

• Les Palestiniens sont un peuple sans État : ils émigrent massivement d'Israël vers les États voisins en 1948. À la suite des conquêtes israéliennes de 1967, 1,5 million d'entre eux vivent sous l'autorité de l'État hébreu.

• Dans ce contexte se développe un nationalisme palestinien qui aboutit à la création de l'Organisation de libération de la Palestine (OLP) en 1964, bientôt dirigée par Yasser Arafat. Ayant fait le choix de la lutte armée puis du terrorisme, cette organisation se retrouve en guerre contre Israël. En 1987 débute la première intifada.

• De plus, l'activisme palestinien participe à la déstabilisation du Liban qui entre dans quinze années de guerre civile (1975-1990).

III. Une région au cœur des nouveaux enjeux mondiaux (depuis 1991)

1. L'espoir d'un « nouvel ordre mondial » (années 1990)

• La victoire de la coalition internationale contre l'Irak dans la guerre du Golfe en 1991 fait naître l'espoir d'un « nouvel ordre mondial » fondé sur le respect du droit international, dont les États-Unis, bientôt unique hyperpuissance, seraient les garants.

• Au Proche-Orient, sous l'égide des États-Unis, les accords d'Oslo sont signés en 1993 entre l'OLP et Israël : ils amorcent un processus de paix devant aboutir à la création d'un État palestinien. Dès 1995 cependant, l'assassinat du Premier ministre israélien Yitzhak Rabin le remet en cause.

2. Une région stratégique (depuis 2001)

• Les attentats du 11 septembre 2001 poussent les États-Unis et leurs alliés à intervenir militairement en Irak à partir de 2003 au nom de la lutte contre le terrorisme et de l'instauration de la démocratie. Cette initiative attise le sentiment anti-occidental et les tensions communautaires (sunnites, chiites).

> **Info**
> Contrairement à l'intervention militaire menée en Afghanistan, celle contre l'Irak a été décidée sans le mandat de l'ONU.

• À partir de 2000, le processus de paix israélo-palestinien s'enlise : les colonies juives se développent en territoire palestinien tandis que débute la seconde intifada, soutenue par le Hamas, mouvement islamiste rival de l'OLP.

• En 2011, des révolutions arabes, fondées sur l'aspiration à la démocratie, touchent l'ensemble de la région. Sauf en Tunisie, ces mouvements aboutissent au renforcement des dictatures (Égypte) ou à des guerres civiles (Libye, Syrie).

• Depuis 2014, l'État islamique, une organisation djihadiste recourant au terrorisme, contrôle de vastes zones en Syrie et en Irak. Commanditant des attentats dans le monde entier (comme ceux de novembre 2015 à Paris), l'EI est la cible de frappes aériennes d'une coalition internationale menée par les États-Unis.

Conclusion

[Réponse à la problématique] Depuis 1945, le Proche et le Moyen-Orient constituent une région aux forts enjeux économiques et culturels. C'est pourquoi ils sont un des théâtres d'affrontement de la guerre froide, de 1945 à 1991, puis l'épicentre de l'« arc des crises » après 1991.

SUJET

13

Pondichéry • Avril 2017

ANALYSE DE DOCUMENT

Le Moyen-Orient à l'ère nucléaire

▸ En analysant le document, identifiez et expliquez les facteurs qui font du Proche et Moyen-Orient un foyer de conflits.

DOCUMENT

Introduction d'un rapport du Sénat français le 22 septembre 2008

Si l'Iran arrivait à se doter de l'arme nucléaire, comme l'Occident lui en prête l'ambition, une nucléarisation de l'ensemble de la région, qui n'a pas été déclenchée par la nucléarisation d'Israël, serait cette fois-ci à redouter.

Il y a ensuite, dans le temps long, un retour du religieux dans toute la région. […] La réislamisation est vraisemblablement une mutation du « panarabisme », ce rêve de l'unité du monde arabe porté avec panache par Gamal Abdel Nasser, qui s'est fracassé sur les défaites de l'Égypte et de ses alliés arabes face à Israël. […]

Vu de près, le tableau est plus nuancé. D'abord, parce que le fait nucléaire n'est pas une nouveauté au Moyen-Orient. Israël posséderait la bombe atomique depuis la fin des années 1960. […] Ensuite parce que l'Islam ne désigne pas un camp, mais une religion qui divise autant qu'elle unit les pays musulmans de la région.

[…] En quoi la partie qui est en train de se jouer au Moyen-Orient concerne-t-elle l'Europe ? Il y a, bien sûr, l'énergie et les intérêts commerciaux. L'Europe dépend du Moyen-Orient pour ses importations de pétrole et de gaz. Inversement, l'Europe exporte quantité de biens et de services vers cette région. […]

Il y a ensuite la sécurité. Le terrorisme inquiète de la même façon Européens, Américains et gouvernements du Moyen-Orient. De jeunes Européens prennent le chemin des madrasas, au Yémen ou ailleurs, tandis que d'autres meurent dans des attentats au Caire, à Londres ou à Madrid.

Le Moyen-Orient à l'ère nucléaire, rapport de la commission des Affaires étrangères, de la Défense et des Forces armées du Sénat français, p. 9

LES CLÉS DU SUJET

Lire la consigne

• La consigne de cette analyse de document vous invite à **présenter les raisons** qui font du Proche et Moyen-Orient un **foyer de conflits.**
• Les termes « identifiez » et « expliquez » vous enjoignent à faire preuve de **précision** lors de cette présentation. Vos **connaissances de cours** vous permettront d'expliciter le propos de l'auteur de façon judicieuse.

Observer le document

• Le document qui vous est proposé est un **extrait de rapport officiel** de la commission des Affaires étrangères, de la Défense et des Forces armées du Sénat français, publié le 22 septembre 2008. Il s'inscrit dans le contexte de la **crise du programme nucléaire iranien** qui oppose l'Iran du président Ahmadinejad aux pays occidentaux.
• Ce texte présente de façon très claire les **différents facteurs** qui font du Proche et Moyen-Orient une **région conflictuelle**, notamment à l'échelle mondiale.

Définir les axes de l'analyse

• Pour répondre à la consigne, il est plus pertinent d'adopter un **plan thématique**, d'autant plus qu'il est suggéré par la structure du texte.
• Vous présenterez ainsi les **facteurs géopolitiques, culturels** puis **économiques** de conflits au Proche et Moyen-Orient.

HISTOIRE

CORRIGÉ 13

Les titres en couleur servent à guider la lecture et ne doivent en aucun cas figurer sur la copie.

Introduction

[Présentation du document] Le document soumis à notre étude est un extrait d'un rapport du Sénat français intitulé *Le Moyen-Orient à l'ère nucléaire,* rédigé par la commission des Affaires étrangères. Il date du 22 septembre 2008, en pleine crise du nucléaire iranien qui oppose le président iranien Ahmadinejad aux pays occidentaux membres de l'AIEA

Info
L'AIEA est une organisation internationale onusienne chargée de limiter les programmes nucléaires militaires.

(Agence internationale de l'énergie atomique). Ce texte présente notamment les dangers de nucléarisation de la région.

[Problématique et annonce du plan] Nous l'analyserons pour répondre à la question suivante : quels facteurs font du Proche et Moyen-Orient un foyer de conflits ? Ainsi, nous présenterons d'abord les facteurs géopolitiques, les facteurs culturels puis les facteurs économiques.

I. Les facteurs géopolitiques

1. La question du nucléaire iranien

• Selon les auteurs du rapport, le développement du programme nucléaire militaire de l'Iran menace l'équilibre régional, car il risque d'inciter d'autres pays à suivre cette voie (1re phrase).

• Cependant, le rapport relativise ce risque en rappelant que la nucléarisation d'Israël à la fin des années 1960 n'a pas eu cet effet (3e paragraphe).

2. L'essor du terrorisme

• Depuis les attentats du 11 septembre 2001, le terrorisme est une préoccupation internationale autant que régionale (« Le terrorisme [...] Moyen-Orient »). En effet, il menace les intérêts occidentaux et les États qui les relaient, comme l'Égypte.

• Comme le rappelle la dernière phrase, la région est un lieu de formation pour des apprentis djihadistes européens, formés dans des écoles coraniques (les madrasas) et pilotés par l'organisation Al-Qaïda qui a revendiqué de nombreux attentats au début des années 2000.

Attention !
En 2008, l'organisation État islamique n'est pas encore un acteur géopolitique majeur.

II. Les facteurs culturels

1. « Un retour du religieux »...

• Le texte évoque une « réislamisation » du Proche et Moyen-Orient. En effet, depuis la fin des années 1970, on assiste à l'essor des mouvements islamistes.

• C'est le cas en Égypte, évoquée à plusieurs reprises, où les Frères musulmans défendent le modèle d'une société fondée sur les préceptes coraniques contre les valeurs occidentales.

2. ... fruit de l'échec du panarabisme ?

• L'essor de l'islamisme est présenté comme le substitut du panarabisme porté par Nasser, qui n'a pas résisté aux défaites des pays arabes face à Israël.

• Ce mouvement serait ainsi source de confrontation entre les pays musulmans et l'État hébreu, soutenu par ses alliés occidentaux. Cependant, comme l'indique le troisième paragraphe, le monde musulman n'est pas un ensemble politique homogène : la division entre États à majorité sunnite, comme l'Arabie Saoudite, et États à majorité chiite, comme l'Iran, le montre.

Gagnez des points !
Vous devez expliquer clairement la division entre pays musulmans à laquelle le texte fait allusion.

III. Les facteurs économiques

1. Les richesses énergétiques

• Le Moyen-Orient recèle deux tiers des réserves pétrolières mondiales et d'importantes réserves gazières. Comme le rappelle le quatrième paragraphe, les pays occidentaux restent très dépendants de cette région pour leur approvisionnement en hydrocarbures.

• La sécurisation de cet approvisionnement passe donc par la nécessaire stabilité régionale. Même s'il apparaît à la fin du texte, cet enjeu est primordial.

2. Les intérêts commerciaux européens

• Comme le souligne l'avant-dernier paragraphe, le Moyen-Orient est un partenaire commercial important pour les États européens : exportatrice d'hydrocarbures, la région est importatrice de produits industriels (ex. : avions, armes) et de services (ex. : ingénierie).

• En revanche, le texte ne mentionne pas le rôle de carrefour commercial mondial joué par l'ensemble du Proche et Moyen-Orient, particulièrement avec le canal de Suez.

Gagnez des points !
N'hésitez pas à utiliser vos connaissances pour montrer les limites du texte.

Conclusion

[Réponse à la problématique] Ainsi, ce document montre que les conflits au Proche et Moyen-Orient s'expliquent par des facteurs très divers, à la fois géopolitiques, culturels et économiques.

[Critique du document] Son principal intérêt est de situer le problème du nucléaire iranien dans un contexte global. Cependant, en raison de son origine, il élude les responsabilités des pays occidentaux.

SUJET

14

Sujet inédit

ANALYSE DE DOCUMENTS

La question palestinienne

▸ Analysez ces documents pour mettre en évidence les origines et les manifestations du mouvement nationaliste palestinien.

DOCUMENT 1 **Du plan de partage à la guerre**

DOCUMENT 2 **La charte nationale palestinienne**

Première version (1964)

1. La Palestine est une terre arabe, unie par des liens nationaux étroits aux autres pays arabes. Ensemble, ils forment la grande nation arabe.
2. La Palestine, avec ses frontières de l'époque du mandat britannique, constitue une entité régionale indivisible. [...]
3. Le peuple arabe de Palestine a [droit] à sa patrie. [...]
15. La libération de la Palestine est un devoir national afin de refouler l'invasion sioniste et impérialiste du sol de la patrie arabe, et dans le but de purifier la Palestine de l'existence sioniste. La responsabilité intégrale en incombe à la nation arabe, aux peuples comme aux gouvernements, et à leur tête le peuple palestinien arabe. [...]
17. Le partage de la Palestine de 1947 et la création d'Israël sont des décisions illégales et artificielles quel que soit le temps écoulé, parce qu'elles ont été contraires à la volonté du peuple de Palestine et à son droit naturel sur sa patrie. Elles ont été prises en violation des principes fondamentaux contenus dans la charte des Nations unies, parmi lesquels figure au premier plan le droit à l'autodétermination.
18. La déclaration Balfour, le mandat et tout ce qui en a résulté sont des impostures.

Modifications de 1968

9. La lutte armée est la seule voie pour la libération de la Palestine. [...] Le peuple arabe palestinien affirme son droit à mener une vie normale en Palestine et à y exercer [...] sa souveraineté.
10. L'action des commandos constitue le noyau de la guerre populaire palestinienne de libération.

LES CLÉS DU SUJET

• La consigne vous invite à **étudier le mouvement nationaliste palestinien,** c'est-à-dire la lutte des Palestiniens pour se doter d'un État au Proche-Orient. Les documents vous permettent de déterminer les limites temporelles du sujet : ils couvrent la période allant du plan de partage de la Palestine proposé par l'ONU (1947) au lendemain de la guerre des Six Jours (1967).

• Votre analyse vous amènera à montrer que **la question palestinienne est au cœur des conflits** qui opposent Israël aux États arabes voisins.

• Le plan de votre étude est suggéré par le libellé du sujet : dans un premier temps, vous montrerez que l'essor du nationalisme palestinien est lié à la naissance de l'État hébreu ; ensuite, vous présenterez son développement en lien avec les conflits de cette région.

CORRIGÉ 14

Les titres en couleur servent à guider la lecture et ne doivent en aucun cas figurer sur la copie.

Introduction

[Présentation des documents] Deux documents relatifs à la question palestinienne nous sont proposés. Le premier est une carte du plan de partage de la Palestine élaboré par l'ONU en 1947 ; le second regroupe deux extraits de la charte nationale palestinienne datant respectivement de 1964 et de 1968 (soit un an après la guerre des Six Jours). Appelé également « charte de l'OLP », ce texte précise les objectifs politiques des nationalistes palestiniens.

[Problématique et annonce du plan] L'analyse de ces documents nous permettra de montrer en quoi l'essor d'un mouvement nationaliste palestinien est indissociable des conflits du Proche-Orient. Pour ce faire, nous présenterons d'abord les origines de ce mouvement, avant d'en décrire les manifestations jusqu'en 1968.

I. Les origines du nationalisme palestinien

1. Des tensions nationalistes antérieures à 1947

• Comme le rappellent les articles 2 et 18, la Palestine est sous mandat britannique dans l'entre-deux-guerres. Elle constitue un foyer de tensions entre Arabes et Juifs qui immigrent massivement d'Europe.

• Ces tensions exacerbent deux nationalismes opposés : le nationalisme arabe qui préconise l'union de tous les Arabes (de Palestine et des autres régions du Proche-Orient) dans un même État ; le sionisme, soutenu par le Royaume-Uni (déclaration Balfour en 1917, évoquée dans l'article 18), qui vise à créer un État juif en Palestine.

Définition
Un mandat est un territoire confié par la SDN à un État européen à l'issue de la Première Guerre mondiale, avec pour mission de le conduire à l'indépendance.

2. Le plan de partage de 1947 (document 2)

• En 1945, le mandat britannique sur la Palestine prend fin. L'année suivante, le Royaume-Uni soumet la question palestinienne à l'ONU. En 1947, l'ONU propose un plan de partage de la Palestine en deux États : un État juif et un État arabe, la ville de Jérusalem bénéficiant d'un statut international. Ce plan est refusé par les Arabes.

Attention !
Ne retenez de la carte que les informations nécessaires à la justification de votre propos.

• En 1948 est proclamé l'État d'Israël ; les États arabes voisins l'attaquent alors : c'est la première guerre israélo-arabe. À son terme, en 1949, Israël (à 80 %), l'Égypte et la Jordanie annexent une grande partie des territoires dévolus à l'État arabe selon le plan de partage.

• Des centaines de milliers de Palestiniens se réfugient alors à l'extérieur des frontières de l'État hébreu, notamment en Cisjordanie (annexée par la Jordanie) et dans la bande de Gaza (contrôlée par l'Égypte).

II. Les manifestations du nationalisme palestinien

1. L'émergence de revendications nationalistes

• Les réfugiés palestiniens souffrent du déracinement et de la misère. C'est pourquoi leurs camps constituent des foyers d'agitation politique.

• Ainsi, en 1964 est fondée l'OLP (Organisation de libération de la Palestine). C'est la principale organisation de résistance palestinienne.

• L'OLP revendique un État palestinien (article 3) dans les limites du mandat britannique (article 2), au nom du droit à l'autodétermination des peuples qui figure dans la charte des Nations unies (article 17). En vertu de ce principe, elle refuse l'existence de l'État d'Israël (article 17).

2. Une lutte qui se radicalise

• Dans sa version initiale, la charte de l'OLP appelle les Palestiniens à la lutte politique et armée contre Israël, principal obstacle à la création d'un État palestinien (article 15).

• Au nom de l'unité arabe (articles 1 et 15), ce texte fait appel à l'aide des États arabes. Dès 1964, l'OLP est en effet subventionnée par la Ligue arabe.

Info
Fondée en 1945, la Ligue arabe vise à favoriser la coopération entre États arabes.

• En 1967, la guerre des Six Jours oppose de nouveau Israël à ses voisins arabes. Elle se solde par une large victoire de l'État hébreu qui annexe notamment la Cisjordanie et la bande de Gaza où vivent de nombreux réfugiés palestiniens.

• La défaite des États arabes entraîne la radicalisation de l'OLP. En 1968, celle-ci préconise explicitement le recours à la lutte armée (article 9) et le terrorisme (article 10) comme seuls moyens de parvenir à ses fins. À partir de 1969, sous la direction de Yasser Arafat, elle multiplie les attaques terroristes contre Israël.

Conclusion

[Réponse à la problématique] L'analyse de ces documents nous montre que les origines du problème palestinien remontent à l'époque du mandat britannique et à l'échec du plan de partage de l'ONU. Le nationalisme palestinien émerge puis se radicalise dans le contexte des premières guerres israélo-arabes (guerre de 1948-1949 ; guerre des Six Jours).

[Critique des documents] L'intérêt de ces documents est de mettre en évidence les dimensions spatio-temporelles de la question palestinienne. Cependant, ils n'en donnent qu'une vision partielle : en effet, ils n'abordent pas l'évolution politique de l'OLP qui, dès les années 1970, s'oriente vers la voie diplomatique.

Sujet inédit

ANALYSE DE DOCUMENT

L'opinion publique sous la Ve République

▸ Analysez ce document pour mettre en évidence les caractéristiques et les facteurs de la défiance de l'opinion publique à l'égard de la classe politique sous la Ve République.

DOCUMENT **La défiance à l'égard de l'offre politique**

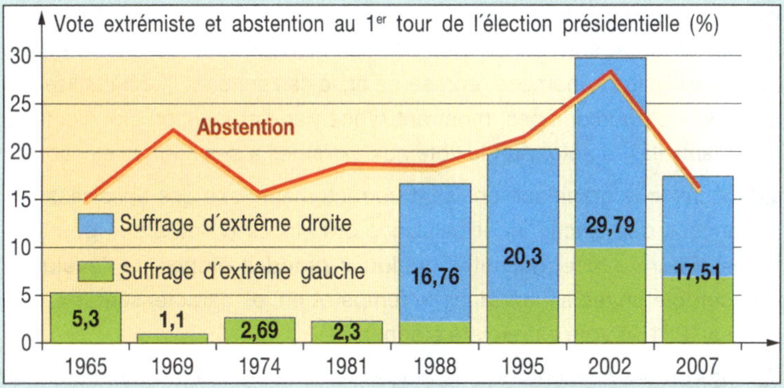

LES CLÉS DU SUJET

• Le sujet s'organise autour de **deux notions** : celle d'**opinion publique**, qui désigne le jugement collectif de l'ensemble des citoyens ; celle de **classe politique** qui correspond au groupe de dirigeants issus des partis au pouvoir et dans l'opposition. Il porte sur la Ve République, vue au travers des élections présidentielles de 1965 à 2007.

• Votre analyse devra montrer les **modalités de la défiance des citoyens** vis-à-vis de la classe politique.

• Le plan de votre étude est suggéré dans le libellé du sujet. Selon une **logique analytique**, vous présenterez d'abord les aspects de cette défiance, visibles sur le document ; ensuite, à l'aide de vos connaissances, vous en rappellerez les causes.

CORRIGÉ 15

POINT MÉTHODE

Analyser un graphique en histoire

❶ Commencez par **identifier** le graphique : précisez sa source, son auteur, sa date, son thème. Déterminez soigneusement le critère retenu pour illustrer le phénomène représenté et, le cas échéant, l'unité utilisée : il s'agit ici de pourcentages, montrant d'une part l'abstention aux élections présidentielles, d'autre part le vote aux extrêmes à ces mêmes élections.

❷ **Décrivez** le graphique en lisant correctement l'axe des abscisses (ici, les années des élections) et celui des ordonnées (valeurs des pourcentages). Pour ce faire, **délimitez quelques grandes étapes de l'évolution d'ensemble** en les situant dans le temps et en les caractérisant (ex. : de 1965 à 1981, le vote extrémiste stagne).

❸ **Interprétez** chacune de ces étapes en les reliant à la problématique. Dans le cas présent, vous nuancerez la défiance de l'opinion publique à l'égard de la classe politique.

Les titres en couleur servent à guider la lecture et ne doivent en aucun cas figurer sur la copie.

Introduction

[Présentation du document] Le document proposé illustre la défiance, c'est-à-dire la perte de confiance de l'opinion publique à l'égard des hommes politiques sous la Vᵉ République. Il juxtapose deux graphiques : une courbe montrant l'évolution de l'abstention lors des différentes élections présidentielles ; un histogramme présentant l'évolution des suffrages extrémistes aux mêmes moments.

[Problématique et annonce du plan] Nous analyserons ce document afin de déterminer dans quelle mesure nous pouvons parler d'un rejet de la classe politique par les citoyens sous la Ve République. Pour ce faire, nous nous intéresserons d'abord aux manifestations de ce phénomène, puis à ses facteurs.

I. Les signes d'un rejet

1. La montée de l'abstention

• Traditionnellement, les citoyens français se mobilisent fortement pour élire le chef de l'État. Cependant, de 1965 (1re élection au suffrage universel direct) à 2007 (avant-dernière élection présidentielle), on observe une abstention « incompressible » d'au moins 15 %.

> **Info**
> De Charles de Gaulle à Nicolas Sarkozy, la fonction présidentielle a été très personnalisée.

• Le document permet de distinguer deux phases : jusqu'en 1988, mis à part un pic de 22 % en 1969, le taux d'abstention reste stable (entre 15 et 20 %) ; après 1988, il augmente avec un pic en 2002 (28 %), avant de retomber à un niveau encore élevé (17,5 %) en 2007.

2. La montée des suffrages extrémistes

• Il s'agit du vote en faveur des candidats des partis qui proposent des mesures radicales et remettent en question le régime. Ils peuvent être d'extrême gauche (ex. : Lutte ouvrière) ou d'extrême droite (ex. : Front national).

• Deux périodes peuvent être identifiées : de 1965 à 1988, ces suffrages (exclusivement pour l'extrême gauche) sont marginaux (moins de 6 % des votants) ; à partir de 1988, ils deviennent massifs, surtout en faveur de l'extrême droite (ex. : près de 30 % en 2002).

II. Des facteurs divers

1. Le contexte socio-économique

• Jusque dans les années 1970, la France connaît une forte croissance économique et une situation de plein-emploi. Les Français font confiance à leurs dirigeants et votent en masse pour les partis de gouvernement (ex. : parti gaulliste).

• À partir des années 1980, le pays s'enfonce dans la crise économique et connaît un chômage de masse. Les électeurs sont déçus de l'action des hommes politiques (de gauche ou de droite), qui leur paraissent incapables de répondre à leurs difficultés, et se tournent vers des formations qui captent leur mécontentement par des propositions radicales.

2. Le contexte politique

• Jusqu'au début des années 1980, les différents présidents de la République incarnent volontarisme et probité. Ils suscitent l'adhésion de la majorité des citoyens.

• À partir du milieu des années 1980, les « affaires » (ex. : scandales politico-financiers éclaboussant l'entourage de François Mitterand) et la gestion difficile des cohabitations nuisent à leur crédit : de nombreux électeurs renoncent à choisir (abstention) ou optent pour un « vote protestataire ». À cet égard, le scrutin de 2002 (avec une forte abstention et un candidat d'extrême droite présent au second tour) est emblématique.

Info
Les périodes de cohabitation ont tendance à brouiller le clivage gauche/droite aux yeux des électeurs.

Conclusion

[Réponse à la problématique] Ainsi, la défiance des citoyens à l'égard de la classe politique se manifeste à partir des années 1980 par l'essor de l'abstention et du vote extrémiste. Elle peut s'expliquer par la dégradation du contexte économique et politique.

[Critique du document] L'intérêt de ce document est de permettre de relier les deux phénomènes. Cependant, une comparaison entre premier et second tour électoral aurait permis d'affiner notre analyse : en effet, le vote protestataire est traditionnellement plus important lors du premier tour.

Sujet inédit
COMPOSITION

Le rôle de l'État en France depuis 1946

LES CLÉS DU SUJET

■ Entrer dans le sujet

Le sujet ne reprend que partiellement l'intitulé de la première question du thème 3 (*Gouverner la France depuis 1946 : État, gouvernement, administration et opinion publique*). Vous devez donc **centrer votre devoir sur l'État**, en tant qu'acteur de la vie politique, économique et sociale de la France. La période retenue couvre la IVe République (1946-1958) et la Ve République (depuis 1958).

■ Dégager la problématique

La problématique est largement suggérée par le sujet. Il s'agit de **montrer le caractère central de l'action de l'État en France** sous ces deux régimes politiques.

■ Définir un plan

Compte tenu de la longueur de la période (plus de 70 ans), un plan chronologique semble convenir. Cependant, il ne rendrait pas suffisamment compte de la permanence du rôle central de l'État. Un **plan thématique** est donc plus pertinent.

CORRIGÉ 16

POINT MÉTHODE

Construire un plan thématique

❶ Un plan thématique permet de **décrire une situation ou un phénomène** dans ses différents aspects.

❷ Après avoir mobilisé vos **connaissances** permettant de répondre à la problématique, vous devez les regrouper en **deux ou trois thèmes**. Ces derniers correspondent à des domaines (ici, par exemple, politique, économique et culturel) ou aux différentes caractéristiques de la situation ou du phénomène étudié.

❸ À l'intérieur de chacune des parties ainsi mises en évidence, les informations doivent être **ordonnées logiquement et regroupées en plusieurs sous-parties**. À ce niveau, il vous est possible d'adopter une démarche chronologique. Le présent sujet s'y prête bien car le rôle de l'État, sur cette longue durée, a connu quelques changements.

Les titres en couleur servent à guider la lecture et ne doivent en aucun cas figurer sur la copie.

Introduction

[Accroche et présentation du sujet] La France est l'un des plus anciens États-nations du monde. En effet, depuis le XIIIe siècle, l'histoire nationale se confond avec la progressive construction de l'État ; à partir de la fin du XIXe siècle, celui-ci s'identifie peu à peu à la République. Ce processus se poursuit après 1946, sous les IVe et Ve Républiques, marquées par un renforcement et une diversification du rôle de l'État.

[Problématique et annonce du plan] C'est pourquoi nous nous interrogerons : en quoi l'État exerce-t-il un rôle central en France depuis 1946 ? Pour répondre à cette problématique, nous nous intéresserons tour à tour aux rôles politique, socio-économique et culturel de l'État.

I. Un État fort et centralisé

La République française s'inscrit dans une tradition centralisatrice : l'État central est le principal centre de décision politique, les échelons régionaux et locaux ayant peu de pouvoir.

1. La stabilité du régime républicain

• Depuis 1946, la France conserve le même type de régime politique. Celui-ci est démocratique (la souveraineté nationale est garantie et les pouvoirs sont séparés), républicain (le chef de l'État est désigné pour une durée limitée) et parlementaire (le gouvernement est responsable devant l'Assemblée nationale).

• Cependant, les institutions ont évolué : celles de la IVe République n'ont pas survécu à la crise algérienne qui a débouché sur la mise en place d'une nouvelle constitution en 1958 ; en revanche, la Ve République a résisté à l'expérience des cohabitations.

Définition
Une cohabitation est une situation dans laquelle le président de la République doit diriger le pays avec un Premier ministre issu d'une majorité parlementaire du camp adverse.

2. La stabilité du personnel politique et administratif

• Malgré une forte instabilité ministérielle (25 gouvernements entre 1946 et 1958), la IVe République repose sur un personnel politique stable : de nombreux ministres, à l'instar de François Mitterrand, participent à plusieurs gouvernements.

• Sous la Ve République, les grandes écoles (École nationale d'administration, Sciences Po) fournissent une partie notable du personnel politique et administratif. Quatre présidents de la République (Valéry Giscard d'Estaing, Jacques Chirac, François Hollande et Emmanuel Macron) sont énarques.

Info
Avant d'être président sous la Ve République, François Mitterrand a occupé six postes ministériels différents sous la IVe République.

3. Aux commandes, le président de la République

• La Constitution de 1958, révisée en 1962, confère au président de la République une forte légitimité (élection au suffrage universel direct) et de larges pouvoirs (ex. : possibilité d'organiser un référendum).

• Placé au centre des institutions, le président arbitre et fixe les grandes orientations politiques et économiques du pays, mises en œuvre par le gouvernement. Dans la pratique, il se réserve certains domaines : la défense, la politique extérieure puis la culture.

II. L'État, pilote de la vie économique et sociale

1. L'État, acteur économique majeur

• À partir de 1945, l'État oriente le développement économique dans le cadre d'une planification indicative. De plus, les nationalisations lui permettent de contrôler les secteurs clés (banque, énergie, transports).

• Dès les années 1960, l'État initie de grands projets industriels (ex. : Concorde, train à grande vitesse) et, avec la DATAR, entreprend l'aménagement du territoire (ex. : villes nouvelles, aménagements touristiques).

> **Définition**
> La DATAR (Délégation à l'aménagement du territoire et à l'action régionale) est un organisme interministériel créé en 1963.

2. L'État-providence

• En 1945 est créée la Sécurité sociale qui assure une protection des salariés contre les risques de la vie (maladie, chômage, vieillesse). Cette protection est financée par des cotisations salariales et patronales.

• D'autres mesures de justice sociale complètent ce dispositif : création d'un salaire minimum (SMIC) en 1970, d'un revenu minimum d'insertion (RMI) en 1988.

3. La remise en cause du rôle de l'État

• L'influence du libéralisme économique à l'heure de la mondialisation entraîne, à partir de 1986, des vagues de privatisations.

> **Définition**
> À l'inverse d'une nationalisation, une privatisation est la vente par l'État d'une entreprise publique.

• La construction européenne, qui connaît une nouvelle impulsion avec le traité de Maastricht (1992), conduit l'État à abandonner une partie de sa souveraineté (ex. : abandon du franc pour l'euro).

• Le processus de décentralisation, amorcé par les lois Defferre de 1982-1983, génère un transfert de compétences de l'État vers les collectivités territoriales.

III. L'État, acteur culturel

1. La volonté des présidents de la Ve République

• En 1959, de Gaulle crée un ministère des Affaires culturelles qu'il confie à l'écrivain André Malraux, titulaire du poste jusqu'en 1969. L'objectif est de démocratiser et de diversifier les pratiques culturelles des Français. Dans cet esprit, des centaines de maisons de la culture ouvrent leurs portes sur l'ensemble du territoire et la création artistique est soutenue (ex. : festival d'Avignon).

• Durant ses deux septennats (1981-1995), François Mitterrand fait de la culture, confiée à Jack Lang, une priorité : lancement de grands travaux à Paris (Grand Louvre, opéra Bastille) ; soutien à la création artistique (ex. : festival de la bande dessinée à Angoulême) ; organisation de grandes manifestations (ex. : fête de la Musique).

Info
Le budget du ministère de la Culture est alors doublé.

2. Un recul de l'État culturel ?

• À partir des années 2000, le coût des grands projets culturels, l'accroissement du déficit budgétaire et la décentralisation amènent l'État à revoir ses ambitions à la baisse : depuis 2006, année de l'inauguration du musée du Quai Branly, voulu par Jacques Chirac, il n'y a plus de grand chantier présidentiel.

• D'autres acteurs s'affirment : des mécènes privés (grandes entreprises, riches industriels et collectionneurs) ; les collectivités territoriales (régions, départements).

Info
Les collectivités locales ont bénéficié des transferts de fonds et de compétences liés à la décentralisation.

Conclusion

[Réponse à la problématique] Ainsi, depuis 1946, l'État joue un rôle crucial dans l'organisation institutionnelle et dans la vie économique, sociale et culturelle de la France. Cependant, le changement de conjoncture économique contraint aujourd'hui à reconsidérer sa place et certaines de ses prérogatives.

[Ouverture] Toutefois, à l'heure de la crise économique mondiale, l'État reste l'ultime recours : ainsi, la recapitalisation de banques en difficulté en 2011 a sans doute évité de nombreuses faillites.

SUJET

17

France métropolitaine • Juin 2016

COMPOSITION

La gouvernance européenne depuis le traité de Maastricht

LES CLÉS DU SUJET

■ Entrer dans le sujet

• Le sujet est centré sur la **notion de gouvernance** : il s'agit d'une démarche consistant à impliquer dans une prise de décision l'ensemble des acteurs concernés.

• Elle est à envisager ici à l'échelle de l'Union européenne. Le point de départ à prendre en compte est le traité européen de Maastricht signé en 1992.

■ Dégager la problématique

La **question** à laquelle vous devez répondre peut être ainsi formulée : dans quelle mesure peut-on parler de gouvernance européenne depuis le traité de Maastricht ?

■ Définir le plan

Pour répondre, un **plan thématique** est sans doute le plus adapté :

– une première partie présentera les principales dispositions de ce traité ;

– une seconde partie abordera la mise en œuvre d'une gouvernance européenne ;

– une troisième partie évoquera les obstacles à celle-ci.

CORRIGÉ 17

POINT MÉTHODE

Rédiger une introduction

1. L'introduction d'un devoir doit répondre à **trois objectifs** : présenter les **termes** et les **limites** spatio-temporelles du sujet ; annoncer votre **problématique** ; présenter les grands axes du **plan** que vous adoptez. Par souci de fluidité, une idée d'**accroche** peut servir de préambule.
2. Comme il s'agit du début de votre devoir, il faut soigner l'introduction tant dans la forme (**expression écrite**) que dans le contenu (**précision des informations**).
3. Une introduction est une **entrée en matière** : elle n'a donc **pas à être très longue** (une dizaine de lignes peut suffire).

HISTOIRE

Les titres en couleur servent à guider la lecture et ne doivent en aucun cas figurer sur la copie.

Introduction

[Accroche et présentation du sujet] En 1992, par le traité de Maastricht, la CEE (Communauté économique européenne), créée en 1957 par le traité de Rome, devient l'UE (Union européenne). Cette décision répond entre autres à la volonté de mettre en œuvre des processus de décision impliquant davantage l'ensemble des acteurs concernés, c'est-à-dire une véritable gouvernance.

[Problématique et annonce du plan] C'est pourquoi nous tenterons de répondre à la problématique suivante : dans quelle mesure peut-on parler de gouvernance européenne depuis le traité de Maastricht ? Pour la traiter, nous présenterons d'abord les principales dispositions de cet accord, puis ses modalités de mise en œuvre avant de mettre en évidence les obstacles que celle-ci a rencontrés.

I. Le traité de Maastricht, un traité fondateur (1992)

1. Les raisons d'un nouveau traité européen

• La chute des régimes communistes d'Europe de l'Est (1989-1990) et la réunification de l'Allemagne (1990) laissent entrevoir la perspective de nouveaux élargissements d'une communauté jusque-là limitée à l'Europe occidentale.

• L'achèvement du marché unique prévu en 1993 pousse les États membres à poursuivre le processus d'approfondissement de la construction européenne. Dès 1987, le président de la Commission européenne, Jacques Delors, fait des propositions en ce sens.

Info
Jacques Delors, socialiste français, est président de la Commission européenne de 1985 à 1995.

• En décembre 1991, le sommet de Maastricht décide l'adoption d'un nouveau traité. Celui-ci est signé en février 1992 par les chefs d'État et de gouvernement des 12 États membres, puis ratifié par chacun des États. Il entre en vigueur le 1er novembre 1993 : la CEE devient alors l'UE.

2. Une union plus démocratique

• Le Parlement européen, qui représente les peuples, voit ses pouvoirs renforcés : il partage désormais le pouvoir législatif avec le Conseil des ministres et doit approuver la composition de la Commission européenne.

• Avec la naissance d'une citoyenneté européenne, les citoyens européens obtiennent le droit de vote et d'éligibilité aux élections municipales et européennes. En outre, ils disposent d'un droit de pétition.

Attention !
Retenez tout ce qui est en lien avec la notion de gouvernance.

3. Des compétences élargies, de nouvelles politiques

• L'UE est dotée de compétences nouvelles : santé publique, politique industrielle, réseaux de transport, etc.

• La mise en œuvre d'une politique étrangère et de sécurité commune (PESC) est prévue : il s'agit de relancer le projet de défense commune. Dès 1992 est créé un corps d'armée, l'Eurocorps.

• L'UE prévoit également l'Union économique et monétaire (UEM) : il s'agit de faire converger les politiques économiques et de mettre en place une politique monétaire unique avec une monnaie unique (l'euro) émise par une banque centrale indépendante des États.

II. La mise en œuvre d'une gouvernance européenne

1. La mise en place des politiques communes

• En 1995, l'entrée en vigueur de la convention de Schengen crée un espace de libre circulation des personnes à l'intérieur de l'UE.

• En 1995, l'Eurocorps est opérationnel : il fournit jusqu'à 60 000 soldats de cinq nationalités.

• En 1998, la création de la Banque centrale européenne siégeant à Francfort marque la première étape de l'union monétaire. En 2002, la monnaie unique est mise en circulation dans 12 États de l'UE.

2. De nouveaux élargissements

• En 1995, l'Autriche, la Suède et la Finlande intègrent l'UE.

• En 2004, l'UE s'ouvre à 8 anciens pays communistes (Estonie, Lettonie, Lituanie, Pologne, République tchèque, Slovaquie, Hongrie, Slovénie) ainsi qu'à Chypre et Malte.

• En 2007, la Roumanie et la Bulgarie entrent dans l'UE ; en 2013, la Croatie.

3. Vers une nouvelle gouvernance

• Pour éviter les blocages liés au vote à l'unanimité, l'UE étend le vote à la majorité qualifiée (traités d'Amsterdam en 1997 et de Nice en 2000).

• Afin de tenir compte de l'augmentation du nombre d'États membres, l'UE prévoit de se doter d'une constitution (traité de Rome, 2004). Après le rejet d'un premier projet, le traité de Lisbonne (2007) réorganise les institutions. Le rôle du Parlement est renforcé ; un président du Conseil européen et un haut représentant de l'Union pour les Affaires étrangères apparaissent, afin notamment de conférer à l'UE une plus grande visibilité internationale.

Définition
La majorité qualifiée est un vote où chaque État dispose d'un nombre de voix proportionnel à sa population.

III. Les obstacles à une véritable gouvernance européenne

1. Une union à géométrie variable

• Les États membres de l'UE ne mettent pas tous en œuvre les politiques dites communes. Les dérogations qui sont accordées à certains d'entre eux fragilisent la cohésion communautaire.

• Ainsi, le Royaume-Uni et l'Irlande n'ont pas ratifié la convention de Schengen. De même, le Royaume-Uni, la Suède et le Danemark conservent leur monnaie nationale et pratiquent leur propre politique monétaire.

2. Les divisions entre États

• L'UE peine à adopter une position commune face aux défis qu'elle doit affronter.

• En 2003, la question de l'intervention américaine en Irak divise les États européens : la France et l'Allemagne la condamnent alors que le Royaume-Uni et l'Espagne la soutiennent.

> **Info**
> Cette intervention fut décidée unilatéralement par George W. Bush dans le cadre de sa « guerre contre le terrorisme ».

• À partir de 2008, la réponse à apporter à la crise financière oppose les partisans d'une politique d'austérité (ex. : l'Allemagne) à ceux qui préconisent une politique de relance (ex. : la France).

3. La montée de l'euroscepticisme

• La défiance des citoyens vis-à-vis de la construction européenne se renforce. Cet euroscepticisme met à mal le principe de la gouvernance, censé associer les populations aux prises de décision.

> **Info**
> Les premiers mouvements eurosceptiques se développent à la fin des années 1970.

• En 2005, le projet de Constitution européenne est rejeté par référendum en France et aux Pays-Bas, pays à l'origine de la CEE. En 2008 et 2009, il faut deux référendums pour que l'Irlande ratifie le traité de Lisbonne.

• Les effets de la crise de 2008 (augmentation du chômage, mise en place de politiques d'austérité) dressent les populations contre l'UE : cela se traduit par la multiplication des mouvements sociaux (ex. : Espagne, Italie, Grèce) et l'essor de partis nationalistes et antieuropéens (ex. : Grèce, Hongrie, France).

• En 2016, les citoyens du Royaume-Uni se prononcent pour la sortie de l'Union européenne (Brexit).

Conclusion

[Réponse à la problématique] Ainsi, le traité de Maastricht témoigne de la volonté de l'UE de mettre en place une véritable gouvernance européenne tout en poursuivant son approfondissement et ses élargissements. Cependant, l'UE ne parvient pas à faire face de façon collective aux nombreux défis du début du XXIe siècle.

[Ouverture] En fait, comme l'analysent certains intellectuels, l'Europe est apparue trop longtemps comme une entité lointaine et technocratique aux yeux des citoyens. Comme lors de sa création, elle doit leur proposer un véritable projet d'avenir.

Sujet inédit
ANALYSE DE DOCUMENT

La difficile gouvernance européenne

▶ Analysez ce document en montrant les difficultés auxquelles se heurte le principe de gouvernance européenne.

DOCUMENT **SOS Europe**

L'Europe, disait François Mitterand, protégera les citoyens des soubresauts de l'économie internationale. Mais, sous la férule d'une classe dirigeante décidée à tout ouvrir à tout vent, les vagues de la crise financière ont déferlé sans obstacle sur le continent, balayant emploi, pouvoir d'achat, sécurité et espoir pour la jeunesse. Cette union qui devait servir de rempart aux peuples laisse plus de 20 millions de ses travailleurs au chômage, rogne sans cesse les avantages acquis, englue ses forces vives dans le marécage de la stagnation. L'Europe, disait-on, illustre à l'échelle d'un continent la vivacité des principes démocratiques. Elle est une terre de liberté et de défense des droits de l'homme. Mais l'Union s'est progressivement coupée des peuples, incarnée par des comités anonymes, animée par des technocrates consanguins, parlant un volapük[1] compris des seuls initiés, barricadée dans la tour d'ivoire de ses certitudes. Dans la plupart des pays de l'Union, un référendum portant sur l'Europe se solderait par un échec cuisant. Seul le filtre de la démocratie représentative, qui préserve le pouvoir des partis de gouvernement, permet à l'Union de survivre. S'ils étaient directement consultés, les peuples la rejetteraient. Or que vaut, à la fin des fins, une construction citoyenne dont les citoyens se défient ?

Laurent Joffrin, *Le Nouvel Observateur*, 9 mai 2013.

1. Langage incompréhensible.

LES CLÉS DU SUJET

• La notion clé du sujet est celle de **gouvernance**. Elle désigne un mode de prise de décision collectif qui associe l'ensemble des acteurs concernés. Son étude s'applique ici à l'Union européenne.

• La problématique à laquelle doit répondre votre analyse est explicite. Elle doit mettre en évidence les **obstacles** à la mise en œuvre d'une véritable gouvernance européenne.

• Un **plan thématique** est le plus adapté : en suivant la logique du texte, il abordera les différents types de difficultés qui empêchent l'Union européenne d'être fidèle à sa vocation démocratique.

CORRIGÉ 18

POINT MÉTHODE

Organiser une analyse de document

❶ Comme une composition, une analyse de document est un **devoir rédigé et construit** comprenant une introduction, un court développement et une conclusion.

❷ Vous devez **structurer votre développement** en fonction de la **problématique** retenue. Vous y répondrez de façon progressive et cohérente, en deux ou trois paragraphes. Vous pourrez porter un regard critique sur le document.

❸ Le **plan** de votre développement doit s'inspirer de la **logique du document**. Dans le cas d'un texte, il peut suivre les thèmes abordés de façon linéaire ou en les réorganisant. Ici, vous pouvez reprendre l'ordre dans lequel l'auteur aborde les différents problèmes.

Les titres en couleur servent à guider la lecture et ne doivent en aucun cas figurer sur la copie.

Introduction

[Présentation du document] Le document qui nous est proposé est un article de l'hebdomadaire *Le Nouvel Observateur* rédigé par l'éditorialiste Laurent Joffrin le 9 mai 2013, alors que l'Union européenne subit les effets de la crise financière de 2008. Il souligne la contradiction entre le modèle qu'elle prétend incarner et l'attitude de ses dirigeants.

[Problématique et annonce du plan] L'analyse de ce texte nous permettra de répondre à la question suivante : à quels obstacles se heurte la mise en œuvre d'une véritable gouvernance européenne ? Pour y répondre, en suivant l'argumentation de l'auteur, nous présenterons les obstacles économiques puis les obstacles politiques.

I. Les difficultés d'une gouvernance économique

1. Un modèle protecteur (1re phrase)

• L'auteur cite François Mitterrand, président de la République française de 1981 à 1995 et artisan majeur de la construction européenne.

• Selon Mitterand, l'UE devait être un rempart contre les aléas d'une économie mondialisée. On peut penser au traité de Maastricht (1992) qui prévoyait une politique monétaire commune.

2. Des dirigeants irresponsables

• Pourtant, l'auteur le déplore, c'est une politique économique d'inspiration libérale que les dirigeants européens ont menée (« une classe dirigeante décidée à tout ouvrir à tout vent ») : celle-ci n'a pas permis de protéger les Européens contre la crise financière de 2008 (2e phrase).

• Les effets économiques et sociaux de cette crise sont catastrophiques et amplifiés par des politiques d'austérité : hausse du chômage, réduction des protections sociales, baisse du pouvoir d'achat, récession (3e phrase).

II. Les difficultés d'une gouvernance politique

1. Un modèle démocratique (4e et 5e phrases)

• Laurent Joffrin nous rappelle que l'UE est fondée sur un modèle démocratique, caractérisé par le respect des libertés et la défense des droits de l'homme. Ces principes sont rappelés dans les différents traités européens, de Maastricht (1992) à Lisbonne (2007).

2. Un fonctionnement en vase clos

• Dans la seconde moitié du texte, l'auteur met en évidence le décalage entre les dirigeants européens et les citoyens. Ainsi, il évoque l'euroscepticisme qui pourrait se manifester lors de futurs référendums sur l'Europe.

Info
Cette défiance vis-à-vis de l'UE s'est manifestée en 2005 lorsque les citoyens français et néerlandais ont rejeté le projet de Constitution européenne.

• De plus, L. Joffrin affirme que l'UE ne « survi[t] » que grâce aux partis qui gouvernent les différents États : la ratification des traités par voie parlementaire (« le filtre de la démocratie représentative ») permet aux politiques de se dispenser de l'avis des citoyens.

• Cependant, l'auteur ne mentionne pas l'existence du Parlement européen, institution démocratique élue au suffrage universel direct par l'ensemble des citoyens de l'UE. Le fort taux d'abstention aux élections européennes reste toutefois problématique, comme le montrent les résultats des élections européennes de mai 2014 (ex. : 57,5 % d'abstention en France).

Info
Le Parlement européen a vu ses pouvoirs accrus par le traité de Lisbonne (2007).

Conclusion

[Réponse à la problématique] La mise en œuvre d'une véritable gouvernance européenne se heurte aux choix économiques des dirigeants de l'Union et au déficit démocratique de celle-ci.

[Critique du document] Cet article est un véritable signal d'alarme (« SOS Europe ») qui veut susciter une prise de conscience sur l'absence de perspectives pour l'UE (« que vaut [...] une construction citoyenne dont les citoyens se défient ? »). Cependant, il fait sans doute preuve d'europessimisme car, depuis 1957, la construction européenne a déjà surmonté d'importantes difficultés.

Amérique du Nord • Mai 2016
ANALYSE DE DOCUMENT

La gouvernance économique mondiale au début du XXIe siècle

▶ Après avoir identifié le document, vous présenterez et expliquerez le point de vue de l'auteur sur les liens entre la mondialisation et la gouvernance économique mondiale.

DOCUMENT **Extraits de l'intervention de Pascal Lamy, ancien président de l'OMC, prononcée le 28 octobre 2013**

La mondialisation est indéniablement la grande transformation à l'œuvre dans le monde actuel. […] Nous n'avons jamais, au cours des dernières décennies, assisté à des changements si radicaux et, peut-être plus important, si rapides. Il en résulte un niveau d'interconnexion et d'interdépendance dont nombre d'implications nous sont encore inconnues. […] Les faits et les chiffres indiquent que la mondialisation s'est traduite à la fois par un recul immense de la pauvreté et un creusement marqué des inégalités. La volatilité[1] est plus forte, la contagion[2] plus fréquente et la nature est endommagée.

Or, ces questions ne sont plus locales mais mondiales, comme l'a montré la crise financière, puis économique et sociale apparue ici, aux États-Unis, en 2007 avant de se propager à de nombreuses régions du monde. La réduction des émissions de carbone et la lutte contre l'épuisement des ressources halieutiques, la volatilité des monnaies, le protectionnisme, la cybercriminalité, l'évasion fiscale ou les migrations contraintes ne sont pas d'abord des affaires locales. Elles ne peuvent pas être conduites dans le seul cadre national ; une forme de gouvernance mondiale s'impose.

Disposons-nous d'un système de gouvernance mondial adéquat pour résoudre ces problèmes ? À mon sens, non. Un coup d'œil aux récentes publications sur le sujet, donc *Gridlock* de David Held, *Divided Nations* de Ian Goldin, *The Great Convergence* de Kishore Mahbubani ou *Le Grand Basculement* de Jean-Michel Severino, conduit à une conclusion préoccupante : nous souffrons d'un déficit de gouvernance globale. Ce n'est pas faute d'avoir un système international. Nous en avons bien un, mais son édification, très difficile, a sérieusement ralenti depuis une dizaine d'années. [...] Le système actuel reste plus international que mondial, ce qui implique qu'il appartient toujours aux États de décider de prendre ou non des engagements contraignants. C'est un phénomène surprenant à l'heure où certaines organisations, entreprises multinationales ou ONG mondiales, sont plus puissantes et influentes que nombre des deux cents États-nations du monde. Elles ont surfé sur la vague de la mondialisation pour devenir des acteurs mondiaux et se faire reconnaître comme tels.

Source : www.institutdelors.eu/media/mondialisationgouvernancelamyne-ijdjan14.pdf

1. La volatilité désigne ici l'instabilité financière.
2. L'auteur évoque la diffusion des crises économiques.

LES CLÉS DU SUJET

■ Lire la consigne

La consigne est centrée sur deux notions : **la mondialisation** et **la gouvernance économique**. Elle vous invite à les mettre en relation en vous appuyant sur le raisonnement de l'auteur. Vous ne devez pas vous contenter de présenter le point de vue de ce dernier ; vous devez aussi l'analyser.

■ Observer le document

Le document proposé est l'extrait d'un discours de Pascal Lamy, ancien président de l'Organisation mondiale du commerce, prononcé en 2013, à l'occasion d'un colloque organisé par l'Institut Delors. S'adressant à des experts, l'auteur défend l'idée d'une nouvelle gouvernance économique mondiale, adaptée à la mondialisation actuelle.

■ Définir les axes de l'analyse

• Une première possibilité s'offre à vous : consacrer une partie à chacun des paragraphes du texte. En effet, ce discours est une démonstration dont chacune des étapes correspond à un paragraphe. L'inconvénient de ce choix est de dissocier des informations complémentaires.

• La seconde consiste à consacrer une première partie aux manifestations d'une mondialisation qui s'accélère ; une seconde à la nécessité d'une gouvernance économique mondiale.

CORRIGÉ 19

Introduction

[Présentation du document] Le document proposé est un extrait du discours de Pascal Lamy, ancien président de l'OMC (Organisation mondiale du commerce) prononcé à l'occasion d'un colloque organisé par l'Institut Delors, le 28 octobre 2013. Quelques années après le début de la crise financière mondiale de 2007, l'auteur souligne la nécessité d'instaurer une véritable gouvernance économique mondiale.

> **Attention !**
> Développez toujours les sigles liés au sujet.

[Problématique et annonce du plan] Nous l'analyserons pour répondre à la question suivante : quels sont, d'après Pascal Lamy, les liens entre la mondialisation et la gouvernance mondiale ? Pour ce faire, nous préciserons les signes de l'accélération de la mondialisation au début du XXIe siècle, puis les raisons d'une nécessaire gouvernance économique mondiale que ce phénomène entraîne.

HISTOIRE

I. L'accélération de la mondialisation au début du XXIe siècle

1. L'intensification des flux

• Pascal Lamy parle d'« interconnexion » et d'« interdépendance » pour évoquer l'intensification des flux entre les territoires.

• Il cite les flux de capitaux, en particulier illégaux (« évasion fiscale ») et les flux migratoires, comme les flux de réfugiés (« migrations contraintes »).

2. La multiplication des acteurs

• Les firmes transnationales sont des acteurs majeurs : par leur stratégie de division internationale du travail, elles génèrent des flux de toutes natures à l'échelle planétaire.

> **Gagnez des points**
> Utilisez vos connaissances pour expliquer le texte.

• Les « organisations » évoquées désignent aussi bien les diasporas (chinoise, indienne) que les organisations clandestines fondées sur des trafics (drogue, armes).

• Les ONG (organisations non gouvernementales) participent également à l'accélération des flux.

3. Un monde multipolaire

• L'auteur souligne l'émergence économique de nombreux États grâce au « recul immense de la pauvreté » (ex. : Chine, Inde, Brésil).

• Il évoque aussi le « creusement marqué des inégalités » entre des territoires intégrés à l'espace mondialisé et des territoires marginaux.

II. La nécessité d'une gouvernance économique mondiale

1. Des défis planétaires

• Selon l'auteur, l'interdépendance croissante des territoires explique la diffusion rapide et planétaire des crises financières (« comme l'a montré […] nombreuses régions du monde »).

• De plus, la multiplication des échanges contribue à dégrader l'environnement (« la nature est endommagée »).

• Enfin, la mondialisation des flux entraîne la mondialisation de la criminalité (ex. : la « cybercriminalité »).

> **Définition**
> La cybercriminalité désigne les infractions pénales commises sur les réseaux de télécommunication comme Internet.

2. Des réponses nécessairement planétaires

• L'auteur souligne la nécessité pour les États d'agir à l'échelle planétaire (2e paragraphe).

• De plus, la complexité des problèmes à résoudre nécessite une action collective. Le livre de Jean-Michel Severino, *Le Grand Basculement*, cité par Pascal Lamy, souligne l'imbrication des enjeux économiques, environnementaux et sociaux.

3. Une gouvernance mondiale en panne

• Selon l'auteur, il y a plus une gouvernance internationale que mondiale : les États restent souverains dans la prise de décision.

• Par ailleurs, il évoque le ralentissement de la gouvernance économique mondiale depuis le début du XXIe siècle (« Nous en avons […] années »). Ainsi, les États n'ont pas véritablement trouvé de réponse collective à la crise financière de 2008.

> **Gagnez des points !**
> Utilisez un vocabulaire précis pour valoriser votre copie.

Conclusion

[Réponse à la problématique] Ce texte montre bien que l'accélération de la mondialisation, par les défis qu'elle génère, nécessite une redéfinition de la gouvernance économique mondiale.

[Critique du document] Son intérêt est de mettre en évidence la complexité de la mondialisation pour justifier son propos. Cependant, l'auteur reste tributaire d'une vision libérale de la gouvernance économique.

SUJET

20

Afrique • Juin 2016

ANALYSE DE DOCUMENTS

La gouvernance économique mondiale depuis le sommet du G6 de 1975

▸ En analysant les deux documents, dégagez les acteurs de la gouvernance économique mondiale puis montrez que cette gouvernance est remise en cause.

HISTOIRE

DOCUMENT 1 Caricature du dessinateur de presse Plantu parue en 2002

Journal *Le Monde*, 20 janvier 2002, www.lemonde.fr, site consulté le 5 septembre 2015.

DOCUMENT 2 **Les BRICS ont lancé leur banque de développement**

Cette fois, ça y est. Réunis pour leur 6e sommet annuel à Fortaleza, au Brésil, les cinq grands pays émergents, Brésil, Russie, Inde, Chine et Afrique du Sud (les « BRICS »), ont signé, mardi 15 juillet, un accord actant la création d'une banque de développement et d'une réserve de change commune. « C'est une contribution importante pour la reconfiguration de la gouvernance économique mondiale », s'est félicitée la présidente brésilienne, Dilma Rousseff. [...] La banque de développement, qui sera basée à Shanghai, aura pour objectif de financer de grands projets d'infrastructures dans les pays concernés et, à terme, dans d'autres émergents. [...] Surtout, elle n'assortira pas ses prêts de conditionnalités contraignantes. « En cela, elle différerait du FMI, qui exige des réformes structurelles et une ingérence politique intolérable en échange de son aide », a expliqué Anton Silouanov, le ministre des Finances russes. Une option qui pourrait séduire nombre de pays émergents qui, comme l'Argentine, estiment que les conditionnalités du FMI ont causé de sérieux dommages à leurs économies [...].

Marie Charrel, *Le Monde*, 16 juillet 2014,
www.lemonde.fr, site consulté le 20 septembre 2015.

LES CLÉS DU SUJET

■ Lire la consigne

• La consigne est centrée sur la **notion de gouvernance économique mondiale** : celle-ci désigne la façon dont sont élaborées des règles communes destinées à résoudre les problèmes économiques à l'échelle planétaire.

• Cette gouvernance **remonte à la fin de la Seconde Guerre mondiale.** Elle est le fait d'acteurs nationaux, comme les États-Unis, et d'acteurs internationaux comme le FMI (Fonds monétaire international). **Depuis le début du XXIe siècle, elle est contestée** par de nouveaux acteurs.

■ Observer les documents

• Les deux documents ont la **même source** : le site du quotidien *Le Monde*, consulté en septembre 2015.

• Le premier est un dessin satirique du dessinateur Plantu, paru le 20 janvier 2002, peu avant la réunion du Forum économique mondial à New York et celle du Forum social mondial à Porto Alegre (Brésil). Il souligne **l'opposition entre deux modes de gouvernance économique mondiale.**

• Le second est un article de la journaliste Marie Charrel, paru le 16 juillet 2014, au moment de la réunion du sommet des BRICS à Fortaleza (Brésil). Elle y présente la **création d'institutions propres aux pays émergents.**

■ Définir les axes de l'analyse

La consigne vous suggère un **plan en deux parties** : dans la première, vous présenterez les acteurs de la gouvernance économique mondiale traditionnelle ; dans la seconde, la remise en cause de cette gouvernance.

CORRIGÉ 20

Introduction

[Présentation des documents] Les deux documents qui sont proposés ont la même source : le site Internet du journal *Le Monde*. Le premier est une caricature du dessinateur Plantu parue le 20 janvier 2002, au moment de la réunion du Forum économique mondial à New York et du Forum social mondial à Porto Alegre, au Brésil. Le second est un article de la journaliste Marie Charrel paru le 16 juillet 2014, lors du sommet des BRICS. Ils abordent tous deux les critiques à l'égard de la gouvernance économique mondiale actuelle.

[Problématique et annonce du plan] Comment cette dernière est-elle remise en cause ? Pour répondre à cette question en analysant ces documents, nous présenterons d'abord les acteurs de cette gouvernance puis sa contestation.

I. Les acteurs de la gouvernance économique mondiale

1. Les pays industrialisés

• Le document 1 évoque la réunion du Forum économique mondial à New York. Organisation à but non lucratif financée par des firmes transnationales du Nord, il regroupe notamment des responsables politiques, des dirigeants d'entreprise et des intellectuels. Son objectif est de débattre des grandes questions planétaires.

• Le Forum économique mondial préconise une mondialisation libérale. Il est dominé par les États-Unis, comme le suggère l'image du drapeau américain dont les étoiles ont été remplacées par le symbole du dollar.

Info
Fondée en 1971, cette organisation se réunit habituellement à Davos (Suisse).

2. Le FMI (Fonds monétaire international)

• Le document 2 fait référence à un autre acteur : le FMI. Il s'agit d'une institution internationale siégeant à Washington dont le but est de veiller à la stabilité monétaire et d'aider les États en difficulté financière.

• Comme l'évoque la citation d'Anton Silouanov, le FMI conditionne l'obtention de prêts à la mise en place de réformes économiques destinées à assainir la situation financière du pays aidé. Durant les années 1990, l'Argentine est soutenue par le FMI.

Info
Les réformes économiques consistent en des plans d'ajustement structurel.

II. La remise en cause de la gouvernance économique mondiale

1. L'essor de l'altermondialisme

• Le document 1 fait référence au Forum social mondial qui réunit l'ensemble des organisations altermondialistes. Plantu a représenté ses participants sous la table du Forum économique mondial pour souligner l'influence modeste des altermondialistes mais aussi l'alternative sociale qu'ils incarnent.

• L'altermondialisme préconise une gouvernance économique fondée sur la participation citoyenne (symbolisée par le nombre de personnages) et l'implication des pays du Sud.

Gagnez des points !
Privilégiez l'interprétation du document à sa simple description.

2. L'affirmation des pays émergents

• Comme le rappelle le document 2, les BRICS (Brésil, Russie, Inde, Chine et Afrique du Sud) entendent œuvrer pour « reconfigurer la gouvernance économique mondiale ». C'est pourquoi ils organisent des sommets annuels depuis 2009.

• Lors du sommet de Fortaleza (2014), ils fondent leur propre banque de développement. Destinée à financer de grands projets d'infrastructures, celle-ci n'impose pas de conditions contraignantes aux pays créanciers.

Conclusion

[Réponse à la problématique] Ainsi, ces deux documents présentent deux acteurs majeurs de la gouvernance économique mondiale actuelle : les pays industrialisés et le FMI. Ils nous rappellent également que cette gouvernance est contestée par le mouvement altermondialiste et les pays émergents.

[Critique des documents] L'intérêt de ces documents est de nous montrer qu'en ce début de XXIe siècle, la gouvernance économique mondiale doit s'adapter à un monde multipolaire. Cependant, extraits de la même source, ils n'en donnent qu'une vision négative.

SUJET 21

Amérique du Nord • Mai 2017

COMPOSITION

La gouvernance économique mondiale depuis 1975

LES CLÉS DU SUJET

■ Entrer dans le sujet

Le sujet est centré sur la notion de **gouvernance économique**, c'est-à-dire un mode de gestion des **relations internationales** fondé sur l'élaboration de **normes communes** pour régler les problèmes économiques. La période retenue va de 1975, date qui correspond à la création du G6 lors du sommet de Rambouillet, jusqu'à nos jours.

■ Dégager la problématique

La problématique doit donc faire apparaître les **modalités** de mise en œuvre d'une gouvernance économique mondiale durant cette période.

■ Définir un plan

Le **plan** le plus pertinent est **chronologique**. En effet, suite à l'effondrement du système de Bretton Woods au milieu des années 1970, la coopération économique mondiale peine à s'instaurer jusqu'au milieu des années 1990. Puis, à partir du milieu des années 1990, on assiste à des tentatives de relance d'une véritable gouvernance.

CORRIGÉ 21

Les titres en couleur servent à guider la lecture et ne doivent en aucun cas figurer sur la copie.

Introduction

[Accroche et présentation du sujet] Au cours des années 1970, on assiste à la fin de l'ordre économique mis en place au lendemain de la Seconde Guerre mondiale (conférence de Bretton Woods, 1944). Ce système, qui s'appuyait sur la création d'institutions internationales comme le FMI et sur le rôle pivot des États-Unis, est en effet remis en cause en raison des difficultés de l'économie américaine, des chocs pétroliers et de l'accélération de la mondialisation. Il semble alors urgent d'instaurer de nouvelles normes internationales pour régler les problèmes économiques, c'est-à-dire une gouvernance internationale. C'est un des objectifs du sommet de Rambouillet de 1975.

[Problématique et annonce du plan] Nous tenterons de répondre à la question suivante : comment une gouvernance économique mondiale est-elle mise en œuvre depuis 1975 ? Pour ce faire, nous distinguerons deux périodes : de 1975 au milieu des années 1990, la gouvernance économique issue de l'après-guerre est remise en cause ; depuis le milieu des années 1990 s'affirme la volonté d'une véritable gouvernance mondiale.

I. À la recherche d'une gouvernance économique mondiale (1975-années 1990)

1. L'effondrement du système de Bretton Woods

- Dès 1971, les États-Unis mettent fin à la convertibilité du dollar en or puis le dévaluent, ce qui désorganise le système monétaire international.
- En 1976, les accords de Kingston (Jamaïque) officialisent l'abandon des parités fixes et la fin du contrôle des changes.

2. Les limites des institutions internationales héritées de l'après-guerre

- Le GATT, censé favoriser les échanges commerciaux internationaux, ne réussit pas à empêcher les pratiques protectionnistes.
- Le FMI et la Banque mondiale, fondés pour favoriser la stabilité monétaire et le développement, imposent aux pays du Sud, très endettés, des politiques de rigueur qui aggravent leurs difficultés.

Définition
Le GATT désigne l'Accord général sur les tarifs douaniers et le commerce, signé en 1947.

3. La crise économique et ses réponses

• Dans les années 1970, les pays industrialisés sont touchés par la concurrence des pays en développement d'Asie du Sud-Est et les chocs pétroliers (1973 et 1979). Ils doivent alors faire face à de nombreuses difficultés (forte inflation, chute de la production, chômage).

• À partir des années 1980, les réponses libérales à la crise l'emportent : les entreprises publiques sont privatisées ; le secteur financier est déréglementé.

Info
C'est le cas aux États-Unis présidés par Ronald Reagan et au Royaume-Uni gouverné par Margaret Thatcher.

4. Vers une nouvelle forme de gouvernance ?

• En 1975, lors du sommet de Rambouillet, les chefs d'État et de gouvernement de six pays industrialisés (États-Unis, Japon, RFA, France, Royaume-Uni, Italie) se réunissent en un « Groupe des six » (G6). Il s'agit de relancer une coopération économique internationale mise à mal par la crise économique. En 1976, ils sont rejoints par le Canada (G7).

• Cependant, cette organisation ne débouche sur aucun résultat concret ; de plus, elle est perçue de l'extérieur comme un « club de riches ».

II. Une gouvernance économique mondiale en marche (depuis les années 1990)

1. Un contexte nouveau

• L'effondrement du bloc communiste (1989-1991) permet l'apparition de nouveaux partenaires économiques et entraîne une redéfinition des règles de gouvernance. En 1998, la Russie rejoint le G7, qui devient alors G8.

• L'affirmation des pays émergents à partir des années 1990 (Chine, Inde, Brésil) remet en cause le leadership des pays industrialisés.

• L'essor des mouvements altermondialistes à partir de la fin des années 1990 provoque une remise en cause de la mondialisation libérale et pose la question de sa régulation.

2. La réorganisation du commerce mondial

• En 1995, le GATT est remplacé par l'OMC (Organisation mondiale du commerce) : les négociations commerciales sont élargies à l'agriculture et aux services et la prise de décision est démocratisée (une voix par État).

• Cependant, le fonctionnement de l'OMC est paralysé par les oppositions entre États (échec du sommet de Cancun en 2003) et reste dominé par les pays riches.

3. Du G8 au G20

• En1999, le G8 s'élargit à un certain nombre de puissances émergentes en se transformant en G20. Il reflète ainsi mieux l'organisation polycentrique du monde.

• Cependant, le G20 peine à trouver des solutions concrètes aux problèmes économiques : confronté à la crise mondiale qui débute en 2008, il ne parvient pas à impulser une réforme du système financier international, malgré plusieurs réunions de ses chefs d'État. Par ailleurs, le G8 continue à se réunir en parallèle.

Définition
Le G20 comprend des pays tels que la Chine, l'Inde et le Brésil, mais aussi l'Afrique du Sud, la Turquie, l'Arabie Saoudite ou encore l'Indonésie.

4. Les obstacles à une réelle gouvernance mondiale

• La crise économique mondiale actuelle n'a pas encore reçu de réponse collective. Malgré la réhabilitation du rôle des États (aide au renflouement des banques), le modèle libéral n'est pas remis en question.

• Aucun leader mondial ne paraît susceptible de coordonner une véritable coopération internationale comme le firent États-Unis à partir de 1944.

Conclusion

[Réponse à la problématique] Ainsi, depuis 1975, la mise en œuvre d'une gouvernance économique mondiale est chaotique : d'abord confrontés à de graves difficultés économiques, les États ne parviennent plus à faire fonctionner les institutions internationales de l'après-guerre ; puis, à partir de 1995, ils tentent de mettre en place de nouvelles formes de gouvernance, qui doivent désormais surmonter une crise économique de grande ampleur.

[Ouverture] Dans un monde désormais multipolaire, une nouvelle forme de gouvernance économique reste à inventer.

SUJET
22

Sujet inédit
ANALYSE DE DOCUMENT

Une lecture géoéconomique de la mondialisation

▸ En analysant cette carte de façon critique, vous montrerez la place centrale de la Chine dans la mondialisation.

DOCUMENT **La Chine au centre de la mondialisation**

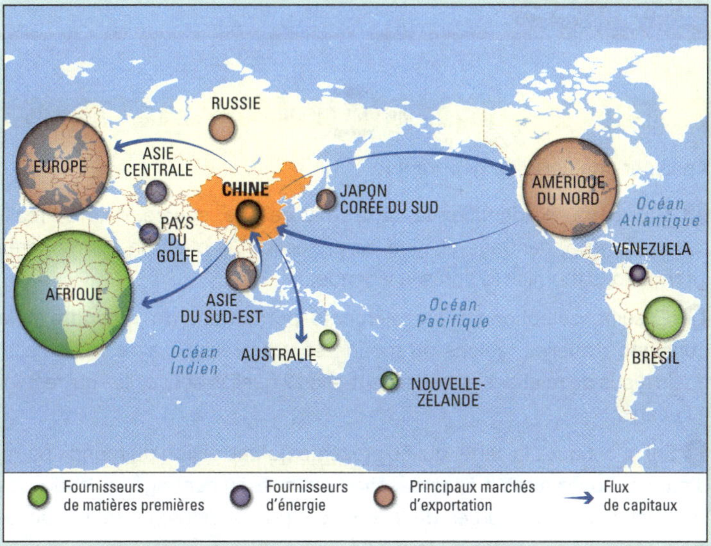

Manière de voir – Le Monde diplomatique, juin-juillet 2012.

GÉOGRAPHIE

LES CLÉS DU SUJET

• La consigne vous invite à mettre en évidence, d'après une carte, le **rôle moteur de la Chine dans la mondialisation**. Deux aspects majeurs en sont présentés : commercial et financier.

• La problématique que vous choisirez doit vous permettre de **présenter** mais également de **nuancer** ce rôle. En effet, en cours, vous avez étudié d'autres planisphères qui proposent des lectures géoéconomiques du monde différentes.

• Le plan retenu doit ainsi faire la place à la **critique du document** proposé, à la lumière de vos connaissances personnelles.

CORRIGÉ 22

POINT MÉTHODE

Analyser une carte de géographie

❶ Tout d'abord, **identifiez la carte** : nature titre, source, date de réalisation, échelle, centrage et type de projection (si c'est un planisphère), informations fournies (d'après la légende).

❷ Ensuite, **sélectionnez les éléments permettant de répondre à la consigne** : quelles régions du monde sont en relation avec la Chine et quels types de relations entretiennent-elles ? quelles sont celles qui restent à l'écart ?

❸ Enfin, critiquez la carte, qui ne présente **qu'une vision du monde** parmi d'autres. Soyez attentif à la projection retenue, au centrage, au choix des informations et des figurés de la légende, pour indiquer ce que le document montre peu ou pas du tout.

Les titres en couleur servent à guider la lecture et ne doivent en aucun cas figurer sur la copie.

Introduction

[Présentation du document] Le document proposé est un planisphère selon la projection de Mercator, centré sur la Chine, élaboré par *Le Monde diplomatique* à partir de diverses sources en 2012. Il met en valeur le rôle moteur de la Chine dans la mondialisation.

[Problématique] L'analyse critique de ce document soulève la question suivante : dans quelle mesure la Chine est-elle au cœur de la mondialisation ?

[Annonce du plan] Pour y répondre, nous présenterons d'abord la place centrale de la Chine dans le fonctionnement de celle-ci, avant d'en souligner les limites.

I. La Chine au centre de la mondialisation

1. La mondialisation commerciale

• La carte montre que la Chine, première puissance exportatrice mondiale, exporte ses marchandises (produits industriels) dans le monde entier. La Chine est en effet l'« atelier du monde ». Les principaux marchés d'exportation sont l'Europe et l'Amérique du Nord.

Attention !
Dans une analyse de document, vous devez aussi utiliser vos connaissances personnelles.

• Inversement, la Chine importe des matières premières et des produits énergétiques (métaux, hydrocarbures) auprès de fournisseurs de différents continents (Afrique, Moyen-Orient, Océanie, Amérique du Sud).

2. La mondialisation financière

• Grâce à ses recettes d'exportation, la Chine dégage des excédents financiers. Comme l'indique le planisphère, ils sont investis dans la construction d'infrastructures (autoroutes, oléoducs), principalement en Afrique.

• Ils servent aussi à l'achat de la dette souveraine des États européens et des bons du Trésor américain.

II. Une situation plus complexe

1. Dans le domaine commercial

• Le choix de centrer la carte sur la Chine est discutable. En effet, c'est l'Union européenne qui est le premier pôle commercial mondial, même si, il est vrai, la majorité de ses échanges sont intrazones. De plus, si la Chine est bien l'« atelier du monde », d'autres États d'Asie du Sud-Est, qui ne figurent pas sur la carte, ont aussi une fonction de pays-ateliers (Vietnam, Malaisie, Indonésie).

Info
Les pays-ateliers assurent l'assemblage de produits fabriqués à l'étranger.

• Plus que la force de la Chine, les liens avec ses fournisseurs de matières premières et d'énergie montrent les fragilités d'une puissance, dont le rythme effréné de croissance ne paraît pas soutenable à terme. Or, ils sont mis sur le même plan que ses forces (puissance exportatrice).

2. Dans le domaine financier

• La carte donne une vision réductrice de la mondialisation financière. Elle occulte par exemple l'activité boursière, génératrice de nombreux flux de capitaux. Or, à l'heure actuelle, les bourses de New York, Londres et Tokyo sont plus actives que leurs homologues chinoises (Shanghai, Hong Kong).

• Par ailleurs, les flux financiers liant la Chine et ses partenaires peuvent être interprétés comme un signe de dépendance réciproque (ex. : les investissements chinois en Afrique traduisent une forte dépendance en matières premières).

Conclusion

[Réponse à la problématique] L'intérêt de ce document est de mettre en évidence le rôle crucial de la Chine dans la mondialisation au point de vue commercial et financier.

[Critique du document] Cependant, en se focalisant sur cette puissance émergente, il minimise l'influence des puissances traditionnelles (États-Unis, Union européenne).

SUJET 23

Sujet inédit

ANALYSE DE DOCUMENTS

Une lecture géopolitique et géoculturelle des conflits dans le monde

▶ En confrontant les deux cartes, présentez la lecture des conflits dans le monde proposée par Samuel Huntington et montrez-en les limites.

DOCUMENT 1 **Le découpage civilisationnel de Huntington**

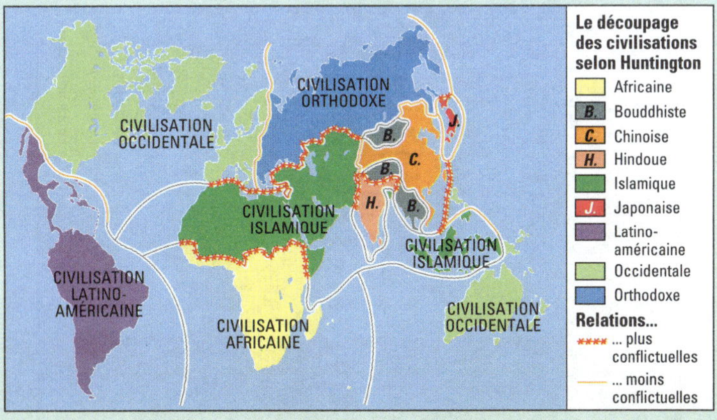

L'Atlas des civilisations, hors-série *Le Monde/La Vie*, 2009-2010.

GÉOGRAPHIE

DOCUMENT 2

Les conflits dans le monde en 2011

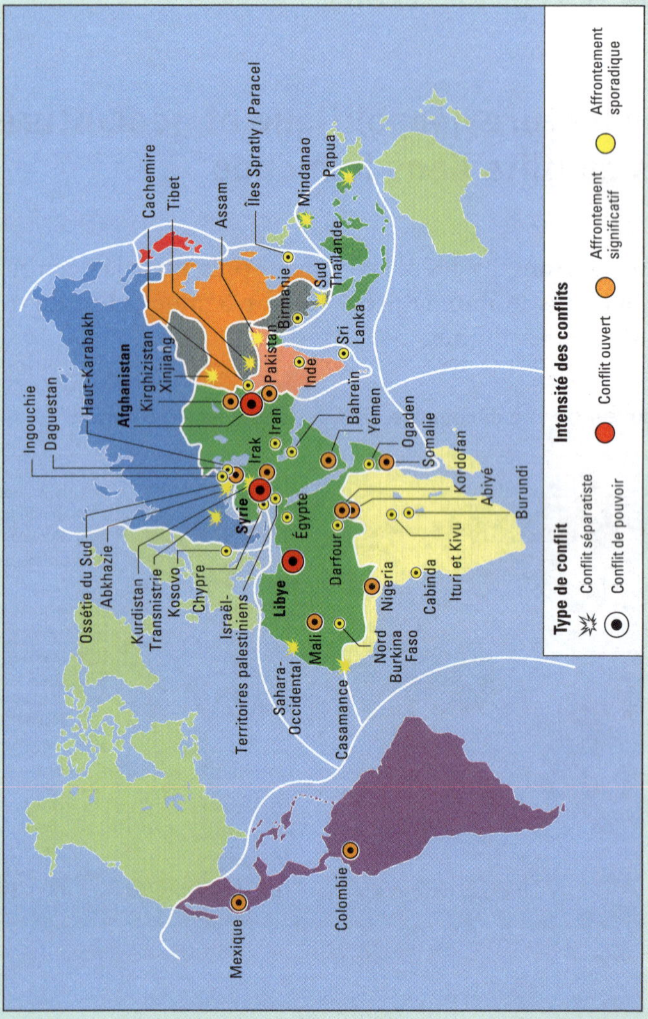

L'Atlas des civilisations, hors-série *Le Monde/La Vie*, 2012.

LES CLÉS DU SUJET

- La consigne vous invite à exposer et à critiquer la **représentation du monde** de Samuel Huntington, fondée sur la mise en relation de données culturelles (les civilisations) et géopolitiques (les conflits).
- La problématique que vous choisirez doit mettre en évidence les **limites de ce type de lecture.**
- Pour répondre à cette problématique, votre plan doit permettre de **comparer les deux planisphères.** Vous devez éviter de les analyser séparément.

CORRIGÉ 23

POINT MÉTHODE

Confronter deux documents en géographie

❶ Vous devez d'abord **identifier chacun des documents** (nature, source, auteur, date, thème). En géographie, vous devez être très attentif à l'échelle retenue : ici, l'échelle mondiale.

❷ Ensuite, déterminez le **type de relation qu'ils entretiennent,** en vous référant à la consigne : se confortent-ils ? se complètent-ils ? s'opposent-ils ? Ici, les deux planisphères s'opposent : le premier défend une certaine vision du monde ; le second la remet en cause.

❸ Enfin, vous devez **comparer les documents en les associant le plus possible.** Dans le cas présent, il s'agit de montrer sur quels points ils se contredisent.

Les titres en couleur servent à guider la lecture et ne doivent en aucun cas figurer sur la copie.

Introduction

[Présentation des documents] Les documents proposés sont deux planisphères : le premier présente la lecture des conflits dans le monde selon Samuel Huntington, d'après son livre *Le Choc des civilisations*, paru en France en 1997. Le second, tiré de

Info
Samuel Huntington (1927-2008) était un professeur américain de sciences politiques à l'université Harvard.

GÉOGRAPHIE

L'Atlas des civilisations, hors-série du journal *Le Monde* paru en 2012, cartographie les conflits dans le monde en 2011.

[Problématique et annonce du plan] La confrontation de ces deux cartes nous permet de soulever la question suivante : en quoi la lecture d'Huntington est-elle discutable? Pour y répondre, nous nous interrogerons sur la pertinence de la notion de civilisation qu'il utilise, puis sur les différents facteurs des conflits.

I. Un monde divisé en civilisations ?

1. La vision d'Huntington

• Le planisphère du document 1 nous présente la lecture géoculturelle du monde à l'aube du XXIe siècle selon Huntington. Cette lecture repose sur l'identification de neuf civilisations distinctes : africaine, bouddhiste, chinoise, hindoue, islamique, japonaise, latino-américaine, occidentale et orthodoxe.

• Une civilisation correspond à une aire culturelle dans laquelle les sociétés auraient une religion, des langues et une histoire communes. Ainsi, la « civilisation islamique » est fondée sur la religion musulmane, la langue arabe et un passé commun.

> **Attention !**
> Dans la mesure où la notion de civilisation est au cœur du sujet, il est indispensable de la définir.

2. Les limites de cette vision

• Les frontières culturelles tracées par la carte sont discutables. L'Indonésie et la Malaisie sont incluses dans la civilisation islamique, alors qu'elles se distinguent des autres États musulmans notamment par la langue. À l'opposé, l'Europe occidentale (intégrée à la civilisation occidentale) et l'Europe orientale (incluse dans la civilisation orthodoxe) paraissent artificiellement séparées.

> **Gagnez des points !**
> Appuyez votre démonstration sur des éléments visibles sur la carte.

• Les aires de civilisation ne sont pas si homogènes que l'affirme Huntington. Ainsi, la civilisation islamique est profondément divisée par l'opposition entre sunnites et chiites. Par ailleurs, la présence de nombreuses minorités culturelles rend la situation bien plus complexe : le Sud des États-Unis est une enclave de la civilisation latino-américaine à l'intérieur de la civilisation occidentale.

II. Un « choc des civilisations » ?

1. Une thèse validée par les faits ?

• Comme nous le montre le planisphère du document 1, la thèse défendue par Samuel Huntington est celle du « choc des civilisations ». Selon lui, les

> **Info**
> Cette interprétation explique le succès de la thèse d'Huntington au début des années 2000.

conflits dans le monde de l'après-guerre froide sont liés à l'antagonisme entre les grandes aires de civilisation. A posteriori, les attentats du 11 septembre 2001 ont été interprétés comme une manifestation du choc entre les civilisations islamique et occidentale.

• La confrontation des deux cartes donne des arguments en faveur ce point de vue. Ainsi, certains conflits ouverts (Syrie, Afghanistan) opposent depuis le début du XXIe siècle les puissances occidentales (États-Unis et leurs alliés) et des mouvements de résistance djihadistes : n'est-on pas au cœur d'un antagonisme entre civilisations occidentale et islamique ?

Définition
Le djihad désigne le combat mené par certains musulmans, au nom de la religion, contre ceux qu'ils considèrent comme « infidèles ».

2. Les multiples facteurs de conflits

• Le planisphère du document 2 invalide partiellement la thèse d'Huntington. Ainsi, les conflits de plus forte intensité (« conflit ouvert », « affrontement significatif ») sont majoritairement internes aux aires de civilisation (ex. : Libye, Somalie, Pakistan) : il s'agit avant tout de conflits intra-étatiques.

• Par ailleurs, d'autres facteurs expliquent les conflits. Le document 2 met en évidence les facteurs politiques : « conflit de pouvoir » opposant le gouvernement en place et des forces d'opposition ; « conflit séparatiste » lié à une revendication autonomiste. Il existe aussi des facteurs socio-économiques comme l'inégale répartition des ressources naturelles entre les différents groupes composant la population (ex. : au Nigeria).

Conclusion

[Réponse à la problématique] La vision des conflits dans le monde élaborée par Samuel Huntington est contestable, tant par le tracé des aires de civilisation que par l'utilisation du concept de « choc des civilisations ». L'intérêt de ces documents est de montrer la complexité de l'interprétation des conflits dans le monde, qui ne peut être réduite à un seul type de facteurs.

[Critique des documents] Cependant, au-delà du croisement entre lecture géopolitique et géoculturelle, d'autres grilles de lecture (géoéconomique, géoenvironnementale) auraient été éclairantes.

SUJET
24

Antilles, Guyane • Septembre 2016

COMPOSITION

Un produit mondialisé : l'iPad

▶ **En vous appuyant sur le cas du produit mondialisé étudié dans l'année, présentez les acteurs et les flux de la mondialisation.**

LES CLÉS DU SUJET

■ Entrer dans le sujet

• Le sujet est centré sur la **notion de mondialisation**, c'est-à-dire la mise en relation progressive des territoires et des sociétés à l'échelle mondiale.

• La consigne vous invite à en préciser les **acteurs**, à savoir tous les protagonistes qui participent à ce processus.

• Elle vous demande également d'en présenter les **flux**, correspondant à la circulation des personnes, des biens, des capitaux et des informations.

• Pour cette présentation, vous vous attacherez à privilégier l'exemple du **produit mondialisé étudié en classe** (ici l'iPad).

■ Dégager la problématique

Vous formulerez la problématique de façon à faire le lien entre l'étude de cas réalisée en classe et le cours général sur la mondialisation. Vous pourrez adopter la formulation suivante : **en quoi l'iPad est-il un produit représentatif de la mondialisation ?**

■ Définir un plan

La consigne vous indique deux axes : les acteurs et les flux de la mondialisation. Cependant, par souci de cohérence, il est indispensable de commencer par une présentation de l'organisation planétaire de la production de l'iPad. Ce **plan en trois parties** vous permettra ainsi de décrire le fonctionnement de la mondialisation.

CORRIGÉ 24

Les titres en couleur servent à guider la lecture et ne doivent en aucun cas figurer sur la copie.

Introduction

[Accroche et présentation du sujet] En 2010, la firme transnationale américaine Apple commercialise la tablette tactile iPad. Très rapidement, l'iPad s'affirme comme un produit phare de la mondialisation, processus caractérisé par la mise en relation progressive des territoires et des sociétés à l'échelle mondiale. Ainsi, dès 2013, au moment du lancement de la cinquième génération d'iPad, 170 millions d'exemplaires de ce produit ont déjà été vendus dans le monde.

[Problématique et annonce du plan] Nous nous demanderons en quoi l'iPad est un produit représentatif de la mondialisation. Pour répondre à cette question, nous présenterons d'abord l'organisation de la production de ce produit mondialisé puis les acteurs qui participent à sa fabrication avant de terminer par les flux que génère la production d'iPad.

I. Une production planétaire

1. Le fruit de la division internationale du travail

• La conception de l'iPad est le monopole d'Apple, firme transnationale américaine. Son siège est situé dans la Silicon Valley, en Californie, où se trouvent la direction de l'entreprise et ses activités de recherche menées par des ingénieurs venus du monde entier.

> **Info**
> Apple a été fondé en 1976 par Steve Jobs, décédé en 2011.

• La fabrication d'iPad mobilise de nombreux États de la planète : des fournisseurs de métaux rares comme le coltan et l'étain (ex. : République démocratique du Congo, Chine, Australie) ; des fournisseurs de composants électroniques (États-Unis, Allemagne, Taïwan) ; un pays-atelier (Chine).

> **Info**
> Le coltan est un minerai composé d'un alliage naturel utilisé dans la fabrication de composants électroniques.

• La production de l'iPad se fait dans une dizaine d'États répartis sur cinq continents : on peut ainsi parler d'un espace productif mondialisé.

2. Les raisons de cette stratégie

• L'objectif principal de la division internationale du travail est la recherche de la rentabilité maximale, sur un marché très concurrentiel.

GÉOGRAPHIE

• La localisation des activités de conception aux États-Unis repose sur la nécessité d'une main-d'œuvre hautement qualifiée (ingénieurs, techniciens supérieurs) et la mobilisation de capitaux considérables.

• Le choix de la Chine comme pays-atelier s'explique par la présence d'une main-d'œuvre abondante et bon marché. Le site de Shenzen, zone franche littorale, permet d'exporter facilement les tablettes dans le monde entier.

II. De multiples acteurs économiques

1. De puissantes firmes transnationales

• Apple, un des leaders mondiaux de l'industrie high-tech, est au centre du dispositif de fabrication de l'iPad, en tant que concepteur et donneur d'ordres ainsi que pour la commercialisation du produit avec le réseau des Apple stores.

> **Remarque**
> Apple est un modèle d'entreprise *fabless*, c'est-à-dire « sans usine ».

• D'autres firmes transnationales interviennent dans la fabrication des composants électroniques de la tablette tactile d'Apple : parmi elles, de prestigieuses entreprises comme l'Américain Texas Instrument, le Japonais Panasonic ou le Sud-Coréen Samsung, par ailleurs principal concurrent d'Apple sur le marché des tablettes.

• De nombreuses entreprises sous-traitantes chinoises assurent l'assemblage du produit fini.

2. Le rôle des États

• Les États contribuent activement au système mis en place par Apple. Ainsi, certains États très industrialisés comme le Japon et la Corée du Sud soutiennent l'activité de leurs entreprises par une politique commerciale avantageuse (ex. : réglementations protectionnistes).

• En Chine, l'État attire les investissements étrangers dans les zones économiques spéciales (ZES) caractérisées par une réglementation et une fiscalité allégées : Shenzen en est l'archétype.

III. Des flux et des réseaux planétaires

1. Des flux internationaux

• Les flux de composants relient les zones productrices (Amérique du Nord, Europe occidentale, Asie orientale) à la zone d'assemblage (Shenzen).

• Les flux de produits finis (les tablettes tactiles) relient le littoral chinois aux États-Unis. Ils s'effectuent majoritairement par voie maritime, à l'aide de

> **Gagnez des points !**
> Lorsque vous mentionnez la voie maritime, rappelez que celle-ci supporte 80 % des échanges commerciaux mondiaux.

porte-conteneurs. Enfin, une partie des iPad sont exportés des États-Unis vers le reste du monde.

• De plus, des flux d'informations et de capitaux sont générés par les accords entre Apple, entreprise mère, ses fournisseurs et les assembleurs.

2. Un réseau de commercialisation mondial

• Le marché de l'iPad est un marché mondial. Apple répond à cette demande en s'appuyant sur un réseau de points de vente spécialisés : les Apple stores. Leur implantation est planétaire : on en trouve en Amérique du Nord, en Europe occidentale, en Asie orientale et en Australie.

• Néanmoins, ce réseau est peu développé en Amérique latine, en Afrique et dans le reste de l'Asie. En effet, le marché de consommation est plus restreint dans ces régions du monde, en raison d'un niveau de développement plus modeste. Cependant, on y constate des flux illicites avec du trafic d'iPad lié au prix élevé de ce produit.

Conclusion

[Réponse à la problématique] En somme, l'iPad est bien un produit représentatif de la mondialisation : sa production, fruit de la division internationale, est planétaire ; de grands acteurs de la mondialisation comme les firmes transnationales et les États participent à son élaboration ; enfin, le système Apple génère des flux de différentes natures et s'appuie sur un réseau de commercialisation mondial.

[Ouverture] D'autres exemples comme l'automobile ou les produits agroalimentaires sont également emblématiques du processus de mondialisation.

SUJET 25

Sujet inédit

ANALYSE DE DOCUMENTS

La Triade dans la mondialisation

▸ À partir de l'analyse de ces documents, vous présenterez l'évolution du poids de la Triade dans la mondialisation.

DOCUMENT 1 **Vingt ans d'évolution économique mondiale**

	Part du PNB mondial en 1990 (%)	Part du PNB mondial en 2011 (%)	Croissance entre 1990 et 2011 (%)	Part de la croissance mondiale (%)
Monde	**100**	**100**	**108**	**100**
Pays développés	**59,7**	**43**	**50**	**27,4**
États-Unis et Canada	24	19,2	66	14,7
Europe à 30	25,4	17,7	45	10,5
Japon	8,8	4,7	10	0,8
Pays des Suds	**40,3**	**57**	**194**	**72,6**
Asie	18,2	38,2	335	56,7
Amérique latine	8	7,5	96	7,1
Proche et Moyen-Orient	3,3	3,6	127	3,8
Afrique	3,1	3,4	130	3,7
Dont pays émergents	**22,9**	**38,4**	**249**	**52,7**
Chine	6,6	20,2	533	32,7
Inde	4,2	7,8	289	11,2
Brésil	2,8	2,6	90	2,3
Russie	4,4	2,3	12	0,5

Source : GGCD, 2012.

Images économiques du monde 2013, Paris, Armand Colin, 2012.

DOCUMENT 2 **Vingt ans d'évolution du PNB mondial**

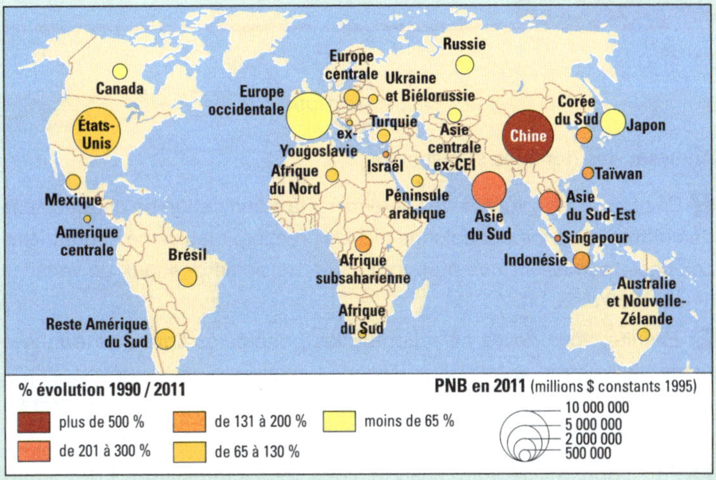

Images économiques du monde 2013, Paris, Armand Colin, 2012.

LES CLÉS DU SUJET

- Deux termes doivent retenir votre attention afin d'éviter le hors-sujet : celui d'**évolution**, qui impose de mettre en évidence un changement d'un moment à un autre ; celui de **Triade** qui désigne l'ensemble constitué par les États-Unis, l'Union européenne et le Japon.
- La problématique de ce sujet ressort clairement à la lecture des documents : elle doit faire apparaître le **déclin de la Triade** dans l'espace mondialisé depuis les années 1990.
- **Différents types de plan sont possibles**, tant qu'ils rendent compte de la dimension spatiale du sujet : un plan chronologique (1. les années 1990 ; 2. la situation actuelle) ; un plan spatial (1. la Triade ; 2. le reste du monde).

CORRIGÉ 25

POINT MÉTHODE

Analyser des données statistiques

❶ En premier lieu, vous devez déterminer la **signification de chaque série de chiffres,** colonne par colonne : ici les première, deuxième et quatrième colonnes fournissent des proportions ; la troisième des taux de variation (entre 1990 et 2011).

❷ Ensuite, vous devez **sélectionner les principales lignes de données** permettant de répondre à la consigne : « monde », « pays développés », « pays des Suds », « pays émergents ». Cela vous permettra de caractériser de grandes tendances.

❸ Enfin, pour affiner votre analyse, **vous vous intéresserez à des lignes secondaires.** Dans le cas présent, elles vous donneront la possibilité de passer de l'échelle mondiale à l'échelle continentale.

Les titres en couleur servent à guider la lecture et ne doivent en aucun cas figurer sur la copie.

Introduction

[Présentation des documents] Les deux documents proposés sont extraits des *Images économiques du monde 2013* : le premier est un tableau statistique présentant différents indicateurs économiques pour les grandes régions du monde ; le second est un planisphère qui met en valeur l'inégal dynamisme de celles-ci, en terme de produit national brut (PNB).

[Problématique et annonce du plan] L'analyse conjointe de ces documents nous permettra de répondre à cette question : comment se manifeste le déclin de la Triade dans l'espace mondialisé depuis une vingtaine d'années ? Pour y répondre, nous reviendrons sur deux moments : les années 1990 et la situation actuelle.

Définition
Le PNB désigne la valeur totale des richesses créées par un pays (y compris à l'étranger) ; le produit intérieur brut (PIB) correspond à la valeur totale des richesses crées par les entreprises nationales et étrangères sur un territoire.

I. Dans les années 1990 : la domination de la Triade

1. Une domination écrasante

• Comme nous le rappelle le document 1, l'opposition Nord-Sud est manifeste : les pays développés réalisent environ 60 % du PNB mondial, alors que les pays du Sud, pourtant beaucoup plus peuplés, en assurent à peu près 40 %.

• Cette suprématie est le fait des pôles de la Triade (Europe, États-Unis et Canada, Japon). Elle résulte d'un héritage historique (précocité de l'industrialisation) et d'une grande avance technologique.

2. Des contrastes régionaux

• Au Nord, le pôle européen, qui bénéficie d'une forte intégration régionale, devance les États-Unis et le Japon.

• Au Sud, déjà très hétérogène, quelques pays émergents assurent déjà la moitié du PNB régional (la Chine, la Russie et l'Inde en particulier).

> **Attention !**
> La marque du pluriel (les Suds) rend compte de la très forte hétérogénéité des pays en développement.

II. Aujourd'hui : un monde multipolaire

1. Le déclin de la Triade

• En 2011, le Nord réalise désormais une part du PNB mondial inférieure à celle du Sud (43 % contre 57 %) : en 20 ans, s'est opéré un basculement majeur. Ainsi, le planisphère (document 2) met en évidence le passage à un monde multipolaire où la Triade est concurrencée par d'autres pôles de richesses.

> **Info**
> Compte tenu de la formation d'un monde multipolaire, la notion de Triade est aujourd'hui remise en cause.

• Cette mutation résulte d'une croissance économique beaucoup plus rapide au Sud (194 %) qu'au Nord (50 %), durant les décennies 1990- 2000 (documents 1 et 2).

2. Une évolution contrastée

• La hiérarchie entre pôles de la Triade est modifiée : en termes de PNB, l'Amérique du Nord supplante désormais l'Europe et creuse l'écart avec le Japon.

• Au Sud, les pays émergents affirment leur dynamisme, en réalisant à eux seuls plus de la moitié de la croissance mondiale. Parmi eux dominent les pays asiatiques (Chine, Inde). Ainsi, la Chine est devenue le premier pôle productif mondial en termes de PNB grâce à la puissance de son industrie (document 2).

> **Info**
> Deuxième puissance économique mondiale derrière les États-Unis (pour le PIB), la Chine cherche à se hisser au premier rang.

Conclusion

[Réponse à la problématique] Ainsi, l'analyse de ces documents nous a permis de mettre en évidence le déclin de la Triade dans l'espace mondialisé : dans les années 1990, elle représentait près des deux tiers du PNB mondial, contre moins de la moitié aujourd'hui. En outre, la croissance économique mondiale est désormais assurée majoritairement par les pays émergents.

[Critique des documents] L'intérêt de ces documents est d'intégrer la dimension spatiale de ce rééquilibrage mondial. Cependant, ils ne présentent pas les faiblesses des pays émergents (problèmes démographiques, inégalités sociales).

Liban • Mai 2017
CROQUIS

Pôles et flux de la mondialisation

LES CLÉS DU SUJET

Entrer dans le sujet

• Le sujet porte sur deux aspects du **fonctionnement** de la mondialisation, c'est-à-dire du processus d'intégration des territoires, des économies et des sociétés à l'échelle mondiale.
• Ce processus s'organise autour de **pôles**, c'est-à-dire d'espaces qui concentrent les richesses et les fonctions décisionnelles ; il se traduit par la multiplication de **flux** de toutes natures.

Mobiliser ses connaissances

• Une connaissance précise de la question du programme *La mondialisation, fonctionnement et territoires* est indispensable.
• Ainsi, même si l'échelle mondiale est privilégiée, vous devez distinguer des pôles à différentes échelles : il s'agit de **continents** (ex. : Amérique du Nord), d'**États** (ex. : les États-Unis) et de **métropoles** (ex. : New York).
• De même, vous retiendrez les **flux** les plus caractéristiques de la mondialisation (de capitaux, de marchandises, de migrants).

Choisir les thèmes et les modes de représentation

• La problématique qui sous-tend le sujet est la suivante : comment l'espace mondialisé s'organise-t-il et fonctionne-t-il ?
• Organisez votre légende en vous appuyant sur le libellé du sujet : en premier lieu, mettez en évidence les **pôles** (principaux et secondaires) de l'espace économique mondial ; puis, retenez quelques **flux caractéristiques** de la mondialisation ; enfin, montrez que ces flux s'appuient sur des **réseaux de transport mondiaux** et la présence de **métropoles mondiales.** Utilisez des **figurés** ponctuels pour représenter les pôles, des figurés linéaires pour les flux et des figurés de surface pour les États.
• Soyez attentif à la **lisibilité** : valorisez les informations les plus représentatives du fonctionnement de la mondialisation (ex. : flux majeurs).

CORRIGÉ 26

Pôles et flux de la mondialisation

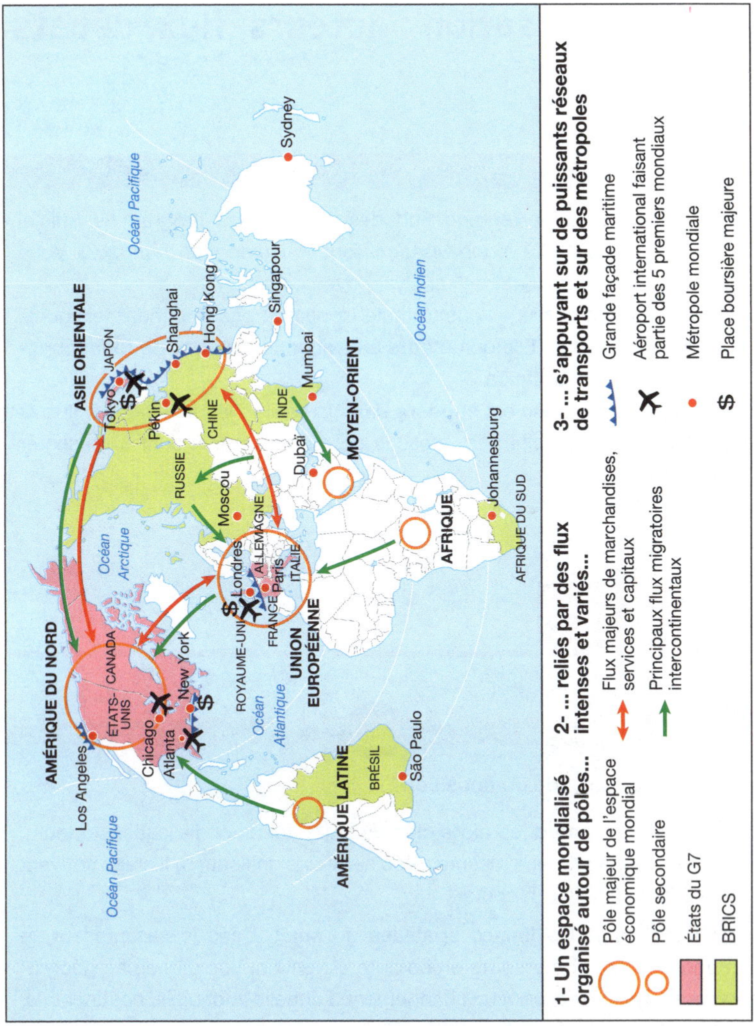

GÉOGRAPHIE

SUJET

27

France métropolitaine • Septembre 2016

COMPOSITION

La mondialisation : acteurs, flux, débats

LES CLÉS DU SUJET

• Le libellé du sujet reprend l'un des énoncés du programme officiel (thème 2, question *La mondialisation, fonctionnement et territoires*). Vous prendrez soin cependant de l'analyser avec précision.

• La **problématique** que vous formulerez ne doit pas reprendre tels quels les termes du sujet. Elle doit mettre en évidence la notion de **fonctionnement** de la mondialisation.

• Le **plan**, quant à lui, est **suggéré** dans le libellé : les acteurs, les flux et les débats que suscite le processus de mondialisation sont à présenter tour à tour.

CORRIGÉ 27

POINT MÉTHODE

Analyser un sujet de composition

❶ **Repérez d'abord les mots clés du sujet**. Ici : mondialisation, acteurs, flux, débats. Au fur et à mesure, précisez leur signification. Il s'agit souvent de notions définies en cours.

❷ **Déterminez les limites spatiales du sujet.** Dans le cas présent, le monde entier est à prendre en compte. Attention, une démarche géographique implique souvent un changement d'échelle (mondiale, continentale, nationale, régionale voire locale).

❸ **Précisez le type de sujet.** Il peut s'agir d'un sujet tableau, comme ici (décrire un phénomène géographique), analytique (décrire et expliquer un phénomène géographique) ou dialectique (discuter une affirmation).

Ces différentes étapes vous permettront de formuler une **problématique** pertinente puis de construire un **plan** adapté.

Les titres en couleur servent à guider la lecture et ne doivent en aucun cas figurer sur la copie.

Introduction

[Accroche et présentation du sujet] La crise financière et économique qui a débuté en 2008 illustre bien l'existence d'un espace mondialisé. En effet, sous sa forme contemporaine, la mondialisation se caractérise par l'intégration progressive des territoires et des sociétés à l'échelle mondiale. Ce processus implique une multiplicité d'acteurs, génère des flux intenses et variés, mais suscite de nombreux débats.

[Problématique et annonce du plan] Comment la mondialisation fonctionne-t-elle ? Pour répondre à cette question, nous présenterons les différents types d'acteurs qui l'animent, puis les principaux flux qu'elle provoque avant d'évoquer les arguments de ses défenseurs et de ses détracteurs.

I. Les acteurs de la mondialisation

1. Les firmes transnationales (FTN)

• Ce sont les acteurs majeurs de la mondialisation : 82 000 FTN réalisent deux tiers du commerce mondial et 25 % du PIB mondial.

• Pour profiter des avantages comparatifs des États (fiscalité, coût de la main-d'œuvre), elles pratiquent la division internationale du travail : au Nord sont localisés les centres de direction et de recherche ; au Sud, les unités de production (ex. : Toyota). Cependant, l'essor des FTN des BRICS atténue ce clivage (ex. : siège social du pétrolier chinois Sinopec à Shanghai, du pétrolier brésilien Petrobras à Rio).

2. Les institutions internationales

• L'OMC (Organisation mondiale du commerce) a pris le relais du GATT en 1995. Elle cherche à libéraliser les échanges commerciaux et veille au respect des règles commerciales.

• Le FMI (Fonds monétaire international), fondé en 1944, a pour objectif d'assurer la stabilité du système monétaire international et de gérer les crises financières. Il peut accorder des prêts aux États en difficulté.

GÉOGRAPHIE

3. Les États

• Ils participent à la mondialisation en ratifiant les traités internationaux et en favorisant les investissements (ex. : création de zones franches).

• Ils régulent la mondialisation par leur politique monétaire, sociale et le contrôle de certains flux (migratoires, commerciaux).

• Les plus riches, réunis au sein du G8 ou du G20, inspirent des décisions internationales (ex. : lutte contre les paradis fiscaux).

> **Info**
> Depuis 1999, le groupe des 8 pays les plus industrialisés (G8) s'est ouvert aux pays émergents pour former le G20.

4. D'autres acteurs

• Les ONG agissent pour des causes internationales comme la lutte contre la faim (Action contre la faim) ou la protection de l'environnement (Greenpeace). Elles contribuent à la formation d'une opinion publique internationale.

• Les organisations clandestines exercent des activités illégales (trafics de drogue, d'armes, de produits de contrefaçon, etc.). Elles génèrent des flux financiers qui transitent par les paradis fiscaux.

II. Des flux de toute nature

1. Les flux commerciaux

• Entre 1980 et 2010, la valeur du commerce mondial a quadruplé. C'est le résultat de la libéralisation des échanges et de la révolution des transports maritimes (ex. : conteneurisation).

> **Définition**
> La conteneurisation désigne le transport de marchandises au moyen de conteneurs, caisses métalliques aux dimensions standardisées.

• Les produits échangés sont d'abord les produits manufacturés (70 % des échanges), suivis par les produits énergétiques et miniers (20 %) et les produits agricoles (10 %).

• Les flux commerciaux s'organisent autour de la Triade et des pays émergents (ex. : Chine).

2. Les flux immatériels

• Les flux de capitaux ont quintuplé entre 1990 et 2010 sous l'effet de la déréglementation financière et de la multinationalisation. Ils sont polarisés par les grandes places boursières de la Triade (Londres, New York, Tokyo).

• Les flux d'information explosent depuis les années 1990 en raison de l'essor d'Internet et de la téléphonie mobile (ex. : tweets).

3. Les flux humains

• Malgré des politiques restrictives, les migrations internationales augmentent rapidement : on est passé de 77 millions de migrants internationaux en 1975 à 220 millions en 2012. Il s'agit surtout de migrants économiques parmi lesquels se distinguent les travailleurs qualifiés (*brain drain* ou « fuite des cerveaux »). Ces flux sont multidirectionnels.

Attention !
Dans une composition de géographie, des valeurs datées doivent étayer votre propos.

• Les flux touristiques connaissent une véritable explosion (de 25 millions de touristes en 1950 à 1 milliard en 2010). La baisse des coûts de transport et la hausse du niveau de vie en sont les principaux facteurs. Quinze États accueillent deux tiers des flux (en premier lieu les États-Unis).

III. La mondialisation en débat

1. Les acteurs du débat

• La mondialisation est défendue par les dirigeants des FTN, les institutions internationales et la majorité des dirigeants politiques acquis au libéralisme. Les réunions de l'OMC ou les sommets du G8 en sont l'illustration.

• Au contraire, elle est combattue sous sa forme actuelle par les mouvements altermondialistes. Ceux-ci dénoncent une mondialisation principalement économique qui creuse les inégalités, et réclament un monde plus solidaire et plus respectueux de l'environnement. Très hétérogènes dans leur composition, ils cherchent à mobiliser l'opinion publique internationale en organisant des manifestations de protestation, en animant des forums sociaux mondiaux et en menant des actions spectaculaires (ex. : Greenpeace, Attac).

Définition
Attac est une ONG militant pour la taxation des transactions financières.

2. Les termes du débat

• Quelques grandes questions opposent défenseurs et détracteurs de la mondialisation libérale. Elles concernent de nombreux domaines.

• Dans le domaine socio-économique : la mondialisation favorise-t-elle le développement du Sud ou aggrave-t-elle les inégalités Nord-Sud ?

Info
Les NPIA (nouveaux pays industrialisés d'Asie), intégrés à la mondialisation, et les PMA (pays les moins avancés), restés en marge, sont des exemples révélateurs.

GÉOGRAPHIE

• Dans le domaine politique : les décisions économiques doivent-elles être prises par les États les plus puissants ou par les citoyens ?

• Dans le domaine culturel : la multiplication des flux favorise-t-elle une véritable ouverture culturelle ou, au contraire, entraîne-t-elle une uniformisation ?

• Dans le domaine environnemental : la mondialisation conduit-elle inévitablement au gaspillage des ressources naturelles et à la dégradation de l'environnement ?

Conclusion

[Réponse à la problématique] Ainsi, le fonctionnement de la mondialisation repose sur de multiples acteurs, institutionnels ou non ; ce processus se traduit par la multiplication de flux de toutes sortes ; ses effets socio-économiques, politiques et culturels suscitent de nombreux débats opposant libéraux et altermondialistes.

[Ouverture] Cependant, la gravité de la crise actuelle ébranle de nombreuses convictions. Ainsi, en 2013, le FMI reconnaît que les politiques d'austérité n'ont pas relancé la croissance économique et ont amplifié les problèmes sociaux.

Asie • Juin 2016

ANALYSE DE DOCUMENTS

Les espaces maritimes, approche géostratégique

▸ En confrontant les deux documents, analysez l'importance des espaces maritimes dans la mondialisation. Puis montrez que le contrôle de ces espaces maritimes est un enjeu majeur pour les grandes puissances.

DOCUMENT 1 Les océans, des espaces convoités

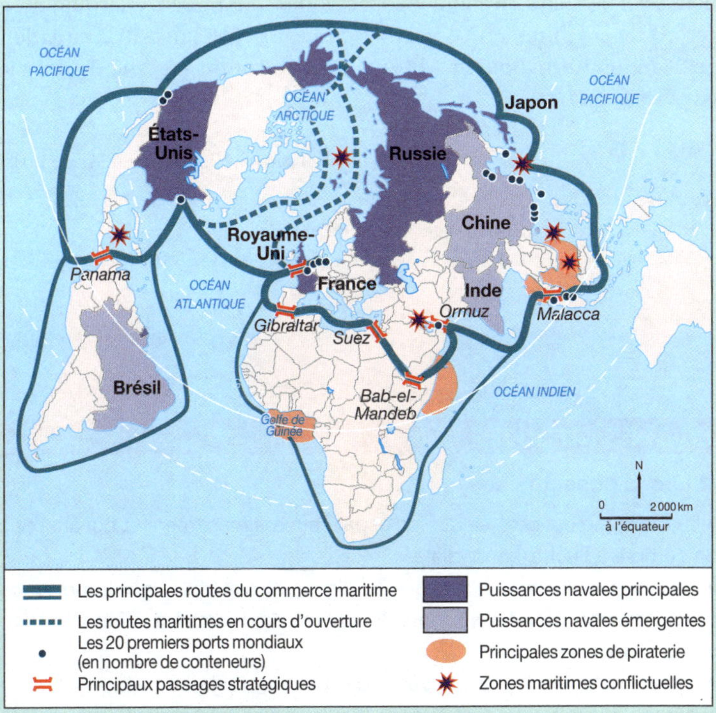

DOCUMENT 2 **3 juillet 2012, une journée ordinaire de l'US Navy**

Cent trente-cinq navires sont en mer, dont cinq porte-avions et deux groupes amphibies :
– à Saint-Pétersbourg, une frégate est en exercice avec la flotte russe ;
– en mer d'Arabie croisent deux porte-avions ; plusieurs frégates participent à la lutte contre la piraterie au large de la Somalie ;
– à Bahreïn, quatre chasseurs de mines accostent ;
– à Hawaii, le commandant de la flotte du Pacifique inaugure l'exercice « RIMPAC 2012 » [1] ;
– en Méditerranée, le porte-avions *Eisenhower* est en exercice ;
– en mer du Japon croise le porte-avions *G. Washington ;*
– en Tanzanie, une frégate, en escale, accueille une conférence sur l'environnement en mer dans le cadre de l'*African Partnership Station* ;
– en mer des Caraïbes, une frégate récupère 200 kg de cocaïne.

Cette activité reflète les priorités de la diplomatie américaine : l'Iran, où elle anticipe un possible minage du détroit d'Ormuz, les liens avec les pays riverains du Pacifique, une présence au Japon en regard de la Chine, un contact avec la Russie, le suivi de la situation en Syrie, la formation en Afrique, la lutte contre le trafic de drogue dans les Caraïbes.

Géopolitique des mers et des océans, « Les Grands Dossiers »,
Diplomatie nº 10, août-septembre 2012

1. RIMPAC : exercice maritime militaire international qui a lieu tous les deux ans.

LES CLÉS DU SUJET

■ Lire la consigne

• La consigne est centrée sur les espaces maritimes (mers et océans) pris en compte à l'échelle mondiale.

• Elle vous invite tout d'abord à souligner et expliquer leur **importance dans l'espace mondialisé**, dans lequel les flux entre les différents territoires s'intensifient.

• Elle vous demande ensuite de préciser **ce qui en fait des espaces stratégiques**, c'est-à-dire dont le contrôle est essentiel pour les États, ici les grandes puissances.

Observer les documents

- Le premier document est un **planisphère** dont ni la source ni la date ne sont indiquées. Il nous fournit différentes informations économiques et géopolitiques montrant que les océans sont des espaces convoités par les puissances navales.
- Le second document est un **article de la revue géopolitique** *Diplomatie* d'août-septembre 2012 consacré à l'activité aéronavale de la marine américaine dans le monde. Il nous donne de précieuses informations sur les diverses missions de l'US Navy.

Définir les axes de l'analyse

- Les axes de l'analyse sont **indiqués dans la consigne** : dans un premier temps, vous analyserez l'importance des espaces maritimes dans la mondialisation ; dans un second temps, vous montrerez que leur contrôle est un enjeu majeur pour les grandes puissances.
- Veillez, comme le précise la consigne, à **confronter les deux documents**, c'est-à-dire à les mettre en relation dans chacune de vos parties.

CORRIGÉ 28

Les titres en couleur servent à guider la lecture et ne doivent en aucun cas figurer sur la copie.

Introduction

[Présentation des documents] Deux documents nous sont proposés. Le premier est un planisphère à projection polaire montrant que les océans sont des espaces convoités par les puissances navales. Le second est un article de la revue géopolitique *Diplomatie* d'août-septembre 2012 consacré aux missions de la marine américaine dans le monde.

[Problématique et annonce du plan] Nous analyserons ces deux documents pour montrer en quoi les espaces maritimes sont des espaces géostratégiques. Pour ce faire, nous analyserons d'abord leur importance dans la mondialisation puis nous montrerons que leur contrôle est un enjeu majeur pour les grandes puissances.

I. Des espaces au cœur de la mondialisation

1. Des espaces vitaux pour le commerce mondial

• 80 % des échanges commerciaux s'effectuent par voie maritime. Ils se font majoritairement entre les États-Unis, l'Asie orientale et l'Union européenne. Leurs façades maritimes avec de nombreux ports à conteneurs jouent le rôle d'interfaces (document 1).

> **Gagnez des points !**
> Citer ce chiffre vous permet de souligner l'importance des routes maritimes.

• De grandes routes du commerce maritime relient ces pôles à travers l'océan Pacifique, l'océan Indien, la mer Méditerranée et l'Atlantique nord (document 1).

2. Des espaces aux ressources abondantes

• Certains espaces recèlent d'importants gisements d'hydrocarbures et des ressources halieutiques.

• Cela génère des conflits entre États pour leur appropriation, comme en mer de Chine (document 1).

> **Définition**
> Les ressources halieutiques désignent les ressources vivantes aquatiques.

3. Les lieux des activités illicites

• La piraterie menace les navires de commerce qui empruntent les grandes routes maritimes. Les principales zones de piraterie sont la corne de l'Afrique, au large de la Somalie (principal foyer de pirates), les environs du détroit de Malacca et le golfe de Guinée (documents 1 et 2).

• Le trafic de drogue (ex. : cocaïne) transite par les espaces maritimes comme le golfe du Mexique traversé par les flux en provenance d'Amérique du Sud en direction des États-Unis (document 2).

II. Des espaces stratégiques pour les grandes puissances

1. Sécuriser les routes commerciales

• Sécuriser l'approvisionnement en hydrocarbures demeure une priorité pour les grandes puissances, d'où un renforcement de leur présence militaire autour des passages stratégiques (document 1).

• La surveillance du détroit d'Ormuz, qui commande l'accès au pétrole du Moyen-Orient, est ainsi une des priorités de la diplomatie américaine (document 2).

> **Info**
> Le détroit d'Ormuz voit transiter plus de 30 % du trafic pétrolier mondial.

2. Affirmer sa puissance

• Une hiérarchie des puissances navales se dessine, en fonction de leur potentiel militaire : à côté des grandes puissances traditionnelles comme les États-Unis, la France et la Russie, des puissances émergentes s'affirment, comme la Chine, l'Inde et le Brésil (document 1).

• Les espaces maritimes sont souvent des lieux de tensions géopolitiques entre puissances. Ainsi, la mer de Chine où s'opposent la Chine et les États-Unis, alliés du Japon (document 2).

3. Coopérer

• Les espaces maritimes sont aussi des lieux de coopération militaire entre puissances. L'organisation de l'exercice RIMPAC regroupe ainsi les flottes des États riverains du Pacifique (document 2).

• La coopération peut aussi prendre d'autres formes, par exemple l'organisation d'une conférence sur l'environnement en mer en Tanzanie (document 2).

Conclusion

[Réponse à la problématique] Les documents soulignent bien l'importance géostratégique des espaces maritimes : au cœur de la mondialisation, leur contrôle est vital pour les grandes puissances.

[Critique des documents] Leur intérêt réside dans le fait qu'ils montrent la diversité des enjeux de ces espaces. Toutefois, ils n'abordent pas certaines questions comme l'immigration clandestine ou les litiges liés aux ZEE (zones économiques exclusives).

SUJET **29**

Afrique • Juin 2016

COMPOSITION

L'inégale intégration des territoires dans la mondialisation

LES CLÉS DU SUJET

■ Entrer dans le sujet

• Le sujet porte sur une des entrées du programme consacrées à la mondialisation.

• Votre devoir doit montrer que la mondialisation, c'est-à-dire la mise en relation progressive des territoires et des sociétés à l'échelle mondiale, est **un phénomène sélectif**. Ainsi, il intègre par les flux certains territoires mais en laisse d'autres en marge.

• Vous penserez à **prendre en compte les différentes échelles** : mondiale, continentale, nationale, régionale et locale.

■ Dégager la problématique

Votre composition doit mettre en évidence **une typologie des territoires** selon leur degré d'intégration à la mondialisation. La problématique doit en rendre compte. Elle peut prendre cette forme : « Quels types de territoires se distinguent en fonction de leur intégration à la mondialisation ? »

■ Définir le plan

• Le plan convenant pour ce type de sujet est **un plan typologique.** Il vous permet de distinguer différentes catégories de territoires en utilisant les notions de centre et de périphérie.

• Une première partie sera consacrée aux centres de la mondialisation ; une deuxième aux périphéries intégrées ; une dernière aux périphéries en marge de l'espace mondialisé.

CORRIGÉ 29

Les titres en couleur servent à guider la lecture et ne doivent en aucun cas figurer sur la copie.

Introduction

[Accroche et présentation du sujet] Dans son ouvrage *Géographie de la mondialisation* (2004) Laurent Carroué parle de la mondialisation comme un « processus producteur de profondes inégalités ». En effet, s'il s'agit de la progressive mise en relation des territoires à l'échelle mondiale, ces derniers y sont plus ou moins intégrés par les flux.

Gagnez des points !
Une référence bibliographique précise portant sur le cœur du sujet constitue une accroche convaincante.

[Problématique et annonce du plan] C'est pourquoi nous tenterons de répondre à la question suivante : quels types de territoires peut-on distinguer selon leur inégale intégration à la mondialisation ? Nous présenterons d'abord les centres de l'espace mondialisé, puis ses périphéries intégrées avant de décrire les territoires qui restent en marge.

I. Les centres de la mondialisation

1. Les pôles de la Triade

• Constituée des États-Unis, de l'Union européenne et de l'Asie orientale, la Triade est le centre de la mondialisation : elle concentre les richesses et les fonctions décisionnelles mondiales.

• Représentant seulement 12 % de la population mondiale, la Triade réalise 70 % du PIB mondial et plus de 85 % du commerce mondial.

• La Triade concentre la quasi-totalité des sièges sociaux des firmes transnationales et des grands centres de recherche (exemple : la Silicon Valley aux États-Unis).

2. Les métropoles mondiales

• Les métropoles mondiales les plus complètes se trouvent dans les pôles de la Triade : New York, Tokyo, Londres, Paris.

• Elles concentrent de nombreuses fonctions décisionnelles d'importance mondiale : des sièges de FTN, des bourses de valeurs, des sièges d'institutions politiques internationales (exemple : l'ONU à New York), des universités et grandes écoles prestigieuses.

GÉOGRAPHIE

• Elles constituent d'importants carrefours de communication aériens et terrestres. Fonctionnant en réseau, elles forment l'archipel métropolitain mondial.

> **Définition**
> L'archipel métropolitain mondial désigne l'ensemble des métropoles mondiales interconnectées.

3. Les grandes façades maritimes

• Trois grandes façades maritimes jouent un rôle majeur dans l'espace mondialisé : l'Asie orientale, du Japon à Singapour, la *Northern Range* et le Nord-Est de l'Amérique du Nord.

• Elles sont des interfaces entre les pôles de la Triade et le reste du monde. Par leurs ports (Shanghai, Rotterdam, Houston) transite une grande partie des échanges commerciaux mondiaux.

II. Les périphéries intégrées à la mondialisation

1. Les pays émergents

• À côté de la Triade s'affirment des pôles qui, depuis le début du XXIe siècle, connaissent une croissance économique rapide : les pays émergents.

• Les BRICS (Brésil, Russie, Inde, Chine, Afrique du Sud) sont les plus dynamiques. Grâce à leurs exportations, ils prennent une part croissante (environ 15 %) dans le commerce mondial. Leurs FTN se hissent dans les premiers rangs mondiaux (exemple : Sinopec, société pétrolière chinoise, 3e FTN mondiale).

> **Attention !**
> Compte tenu de leur niveau de développement, les BRICS, Russie mise à part, restent des pays du Sud.

• Les pays du Golfe (Arabie Saoudite, Qatar) et les autres puissances émergentes (Mexique, Turquie, Nigeria, Indonésie) développent leur puissance économique.

2. Les nouvelles métropoles mondiales

• À côté des métropoles de la Triade, des métropoles du Sud développent des fonctions décisionnelles mondiales : São Paulo (Brésil), Johannesburg (Afrique du Sud), Mumbai (Inde) et Shanghai (Chine) possèdent d'importantes places boursières et d'actifs quartiers d'affaires (exemple : Pudong à Shanghai).

• Cependant, elles restent des métropoles incomplètes. Leurs fonctions politiques et culturelles sont encore marginales.

3. Les paradis fiscaux

• Grâce à leur réglementation souple et leur fiscalité allégée, certains États sont particulièrement attractifs pour les capitaux étrangers : les paradis fiscaux (exemples : les îles Caïmans, la Suisse, l'île Maurice).

• Leurs territoires permettent aux capitaux d'échapper au fisc et à l'argent sale (issu de trafics illégaux) d'être blanchi. Ils participent ainsi aux flux financiers mondialisés.

III. Les périphéries en marge de la mondialisation

1. Les PMA

• Une cinquantaine d'États, les pays les moins avancés (PMA), restent à l'écart des principaux flux de la mondialisation. On les trouve surtout en Afrique subsaharienne (exemple : Niger) et en Asie du Sud (exemple : Pakistan).

• Leur exclusion repose sur différents facteurs : une instabilité politique (guerre civile), une forte dépendance économique (aide internationale, exploitation des ressources naturelles par des sociétés étrangères), une situation d'enclavement géographique.

2. Les régions marginales

• À l'échelle nationale, de nombreuses régions éloignées des aires métropolitaines et des littoraux demeurent à l'écart des flux mondialisés.

Info
La mondialisation favorise la métropolisation et la littoralisation.

• En Chine, première puissance économique mondiale, les régions littorales captent l'essentiel des flux commerciaux et financiers du pays. Les régions intérieures (exemples : Xinjiang, Tibet) restent à l'écart.

3. Les espaces urbains délaissés

• À l'échelle intra-urbaine, les quartiers des métropoles mondiales sont inégalement intégrés à l'espace mondialisé. Les quartiers d'affaires de type *CBD*, situés au centre des agglomérations, s'opposent aux quartiers périphériques.

• Cette opposition, doublée d'une forte ségrégation sociospatiale, est particulièrement visible dans les métropoles du Sud. À Mumbai, le BKC, centre d'affaires international, jouxte le bidonville de Dharavi.

Définition
La ségrégation sociospatiale est le processus de séparation des catégories sociales dans des quartiers distincts.

Conclusion

[Réponse à la problématique] Ainsi, nous pouvons distinguer trois types de territoires selon leur degré d'intégration à la mondialisation : des territoires au centre de l'espace mondialisé, des périphéries bien intégrées et des territoires en marge, ce à différentes échelles.

[Ouverture] Cette fragmentation territoriale est l'une des critiques formulées par les altermondialistes sur la mondialisation telle qu'elle fonctionne aujourd'hui.

GÉOGRAPHIE

SUJET

30

Sujet inédit

CROQUIS

Des territoires inégalement intégrés à la mondialisation

LES CLÉS DU SUJET

■ Entrer dans le sujet

Ce sujet comprend deux notions clés : celle de **territoires**, qui ne se limitent pas aux seuls États ; celle de **mondialisation**, qui désigne le processus d'intégration des territoires et des sociétés à l'échelle mondiale.

■ Mobiliser ses connaissances

Vous devez montrer que **l'intégration des territoires à la mondialisation est un processus inégal** : si certains territoires sont au centre de l'espace mondialisé, d'autres sont en périphérie, plus ou moins intégrée. Vous devez également indiquer quelques éléments représentatifs du processus d'intégration, en particulier les flux (les flux commerciaux et financiers étant les plus simples à représenter).

Choisir les thèmes et les modes de représentation

• Une **légende en trois parties** vous permettra de rendre compte de ces informations : des territoires au cœur de la mondialisation ; des périphéries inégalement intégrées à l'espace mondialisé ; les dynamiques de l'intégration à l'espace mondialisé.

• Dans les deux premières parties, vous utiliserez des figurés **surfaciques et ponctuels** ; dans la troisième des **figurés linéaires et ponctuels**.

CORRIGÉ 30

POINT MÉTHODE

Construire une légende

❶ Vous devez d'abord structurer votre légende en **deux ou trois parties** (comportant chacune un titre). Chacune d'elles correspond à une étape de la réponse (graphique) à la problématique suggérée par le sujet (comment se traduit l'inégale intégration à la mondialisation des territoires ?). Bien entendu, cette dernière n'a pas à être mentionnée sur votre copie.

❷ Ensuite, dans chaque partie, vous retiendrez les **informations essentielles** en choisissant des **figurés adéquats** (ponctuels, de surface et linéaires) et des **couleurs pertinentes** (par exemple, en allant du plus clair au plus foncé pour représenter les différents degrés d'intensité d'un phénomène). Vous prendrez soin de les ordonner logiquement.

❸ Enfin, vous vérifierez la **compatibilité des figurés** avant de réaliser le croquis (en évitant les superpositions de figurés de même nature).

Des territoires inégalement intégrés à la mondialisation

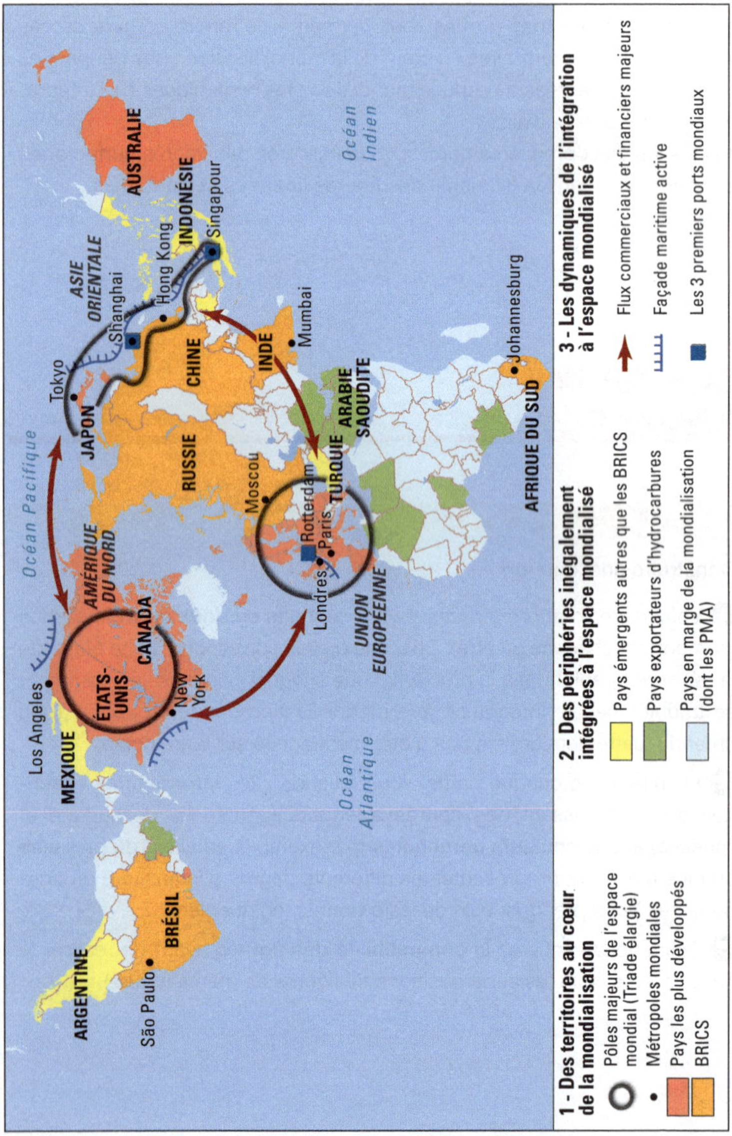

Nouvelle-Calédonie • Novembre 2016

COMPOSITION

Le continent américain : entre tensions et intégrations régionales

LES CLÉS DU SUJET

• Le sujet porte sur le **continent américain dans son ensemble** (Amérique du Nord et Amérique latine). Il vous invite à mettre en évidence deux dynamiques particulières qui l'affectent : les **tensions géopolitiques** et le **processus de rapprochement** entre les différents États.

• **La problématique ne doit pas se confondre avec l'annonce du plan**, en partie suggéré par le libellé du sujet. Vous ne pouvez donc pas vous contenter d'une simple reformulation de ce dernier.

• Un **plan de type analytique** vous permettra de répondre à la problématique : vous présenterez les différents contrastes du continent américain puis les tensions qui en résultent, avant de décrire les initiatives d'intégration régionale qui tendent à les atténuer.

CORRIGÉ 31

POINT MÉTHODE

Définir la problématique d'une composition en géographie

❶ La problématique sert de **fil conducteur** à votre devoir. Elle se présente sous la forme d'une **question** auquel ce dernier répond. Faites en sorte qu'elle soit à la fois claire et concise : évitez les questions composées (du type « Comment… et pourquoi… ? »).

❷ Vous devez la formuler à partir du libellé du sujet et de vos connaissances personnelles. Elle met en évidence le **problème fondamental soulevé**, explicitement ou implicitement, par le sujet. Ici, la notion de dynamiques spatiales est à inclure dans votre question.

❸ Vous intégrerez la problématique dans votre **introduction,** après une brève accroche et la définition du sujet. L'annonce du plan, qui correspond aux différentes étapes de la réponse, la suivra.

Les titres en couleur servent à guider la lecture et ne doivent en aucun cas figurer sur la copie.

Introduction

[Accroche et présentation du sujet] En septembre 2013, la commémoration du quarantième anniversaire du coup d'État du général Pinochet au Chili, soutenu par les États-Unis et les dictatures d'Amérique latine, a rappelé la forte interdépendance entre les États du continent américain. En effet, l'Amérique du Nord et l'Amérique latine sont toujours le théâtre de tensions géopolitiques mais également de tentatives de rapprochements entre États.

Info
En septembre 1973, le président socialiste Salvador Allende est renversé par une junte militaire dirigée par le général Pinochet.

[Problématique et annonce du plan] C'est pourquoi l'on peut se poser la question suivante : quelles dynamiques spatiales affectent le continent américain ? Pour y répondre, nous présenterons d'abord les nombreux contrastes qui le structurent, puis les tensions qui le divisent, avant de montrer les formes d'intégration régionale qui atténuent ces divisions.

I. Un continent aux multiples contrastes

1. Des contrastes de développement

• À l'échelle continentale, la limite Nord-Sud oppose les États d'Amérique du Nord (États-Unis, Canada) aux États d'Amérique latine. Parmi ces derniers, on trouve des pays émergents (comme le Mexique ou le Brésil), des pays intermédiaires et un PMA (Haïti).

Définition
La limite Nord-Sud distingue les pays développés (IDH supérieur à 0,8) des pays en développement (IDH inférieur à 0,8). Elle est aujourd'hui contestée.

• À l'échelle nationale, des espaces bien intégrés à la mondialisation (régions littorales et métropolitaines) contrastent avec des espaces en marge (régions intérieures et rurales). Au Brésil, le Sudeste s'oppose ainsi à des périphéries peu dynamiques (Nordeste, Amazonie).

Gagnez des points !
La prise en compte de différentes échelles permet de montrer les différentes dimensions d'un même phénomène.

• À l'échelle locale, en particulier intra-urbaine, CBD et quartiers résidentiels côtoient des bidonvilles (ex. : São Paulo).

2. Des contrastes culturels

• L'Amérique du Nord est majoritairement anglo-saxonne et protestante ; l'Amérique centrale et du Sud, latine et catholique.

• Cependant la présence de minorités culturelles rend la situation plus complexe (ex. : Hispaniques aux États-Unis, Amérindiens en Amérique latine).

3. Des contrastes politiques et géopolitiques

• L'Amérique du Nord et l'Amérique du Sud comprennent un nombre limité d'États, tandis que l'Amérique centrale est très morcelée.

• De plus, différents types de régimes politiques coexistent : si les démocraties dominent au Nord comme au Sud (Canada, États-Unis, Brésil, Argentine), des régimes autoritaires, pour certains socialistes, subsistent (Cuba, Venezuela, Panama).

II. Un continent sous tension

1. Le rejet de l'impérialisme américain

• Depuis le XIXe siècle (doctrine Monroe), les États-Unis exercent une forte influence économique et géopolitique sur l'Amérique latine. La guerre froide a renforcé cette hégémonie (soutien aux dictatures militaires anticommunistes).

Info
En 1823, le président des États-Unis James Monroe affirme que l'Amérique latine doit rester sous l'influence états-unienne.

• Actuellement, ils sont toujours très présents et actifs sur l'ensemble du continent : IIe flotte dans l'océan Atlantique, base militaire de Guantanamo, aide à la lutte contre les narcotrafiquants en Colombie, etc.

• Cette hégémonie nourrit un fort sentiment anti-américain entretenu par certains dirigeants (feu Hugo Chavez au Venezuela, Evo Morales en Bolivie, Raul Castro à Cuba). Néanmoins, le mode de vie américain reste très attractif pour les populations du continent (ex. : influence des séries télévisées états-uniennes).

2. Des tensions internationales en voie de règlement

• Il n'existe plus de conflits ouverts entre États ; le dernier en date, réglé en 1995, opposait l'Équateur et le Pérou.

• Les contentieux diplomatiques sont souvent liés au contrôle des ressources naturelles (ex. : entre la Bolivie et le Chili pour l'accès à la mer).

3. De fortes tensions internes

• Les conflits politiques se sont estompés depuis les années 1980. La dernière guérilla en date, celle des FARC contre le gouvernement colombien, s'est achevée en 2016.

• En revanche, le trafic de drogue, contrôlé par des cartels, génère de nombreuses violences dans des États touchés par la pauvreté (Mexique, Salvador, Colombie).

III. Un continent en voie d'intégration

1. De nombreuses organisations régionales

• Deux zones de libre-échange dominent : l'ALENA (Accord de libre-échange nord-américain) qui regroupe le Canada, les États-Unis et le Mexique ; le Mercosur (Marché commun du Sud) qui associe le Brésil, l'Argentine, l'Uruguay, le Paraguay et le Venezuela.

Définition
Une zone de libre-échange est un espace de libre circulation des marchandises entre plusieurs États.

• D'autres organisations économiques, moins complètes, existent, comme l'UNASUR (Union des nations sud-américaines) qui réunit les États d'Amérique du Sud autour de projets touchant les transports et l'énergie.

• L'OEA (Organisation des États américains) associe l'ensemble des États du continent mais n'a qu'une vocation politique (promouvoir la démocratie) et sécuritaire (lutter contre les trafics).

2. Des flux de plus en plus intenses

• Au sein des organisations économiques régionales, les flux commerciaux sont de plus en plus importants (multiplication par 10 dans le MERCOSUR entre 1990 et 2010). Cependant, ils profitent surtout aux grandes puissances économiques (États-Unis et Brésil).

• Les flux de capitaux sont largement orientés Nord-Sud (ex. : investissements des FTN états-uniennes au Mexique).

• Les flux migratoires s'organisent autour des États-Unis, principal foyer d'immigration continentale. 50 % de ceux qui migrent vers ce pays proviennent d'Amérique latine (Mexique et Amérique centrale principalement).

3. Les limites de l'intégration régionale

• Des obstacles à la libre circulation des hommes subsistent. La frontière mexaméricaine devient une barrière de plus en plus difficile à franchir (construction de murs surveillés par des patrouilles).

> **Info**
> Cet exemple est représentatif d'une tendance à la fermeture de certaines frontières au début du XXIe siècle.

• L'intégration de l'ensemble du continent semble une perspective lointaine. Ainsi, le projet de ZLEA (Zone de libre-échange des Amériques), soutenu par les États-Unis, a été rejeté par de nombreux États d'Amérique du Sud, comme le Brésil.

• Certains territoires et certaines populations restent en marge, comme les Amérindiens au Guatemala.

Conclusion

[Réponse à la problématique] Le continent américain se caractérise par de forts contrastes économiques, culturels et politiques, qui nourrissent des tensions géopolitiques et sociales aux échelles aussi bien continentale que nationale. Cependant, des dynamiques d'intégration régionale sont à l'œuvre autour des États-Unis et du Brésil.

[Ouverture] Ce processus nourrit une vive rivalité entre ces deux puissances. Chacune d'entre elles, en effet, cherche à conserver ou étendre sa sphère d'influence sur le continent.

SUJET

32

Amérique du Sud • Novembre 2016

CROQUIS

Les dynamiques territoriales des États-Unis

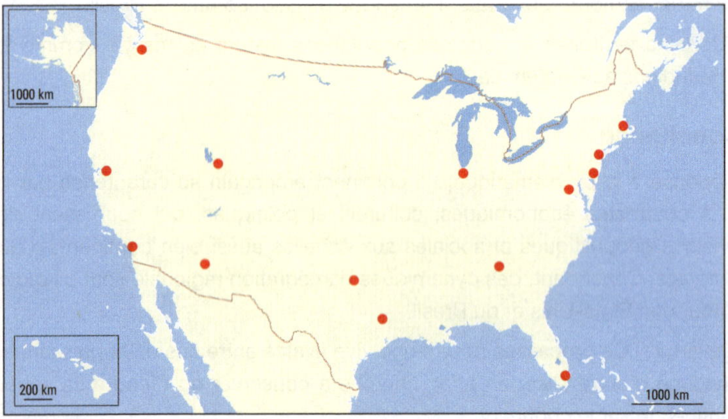

LES CLÉS DU SUJET

■ Entrer dans le sujet

Le sujet est centré sur la notion de dynamiques territoriales : il s'agit des **transformations, en lien avec la mondialisation, d'un territoire.** Le territoire à prendre en compte est ici celui des États-Unis, Alaska comprise.

■ Mobiliser ses connaissances

Le croquis que vous réaliserez doit répondre à la problématique suivante : **comment le territoire de la deuxième puissance économique mondiale se réorganise-t-il ?** Vous retiendrez toutes les informations soulignant la forte intégration des États-Unis à l'espace mondialisé : les interfaces, les flux migratoires, les métropoles mondiales ; vous penserez aussi à distinguer les différents ensembles régionaux selon leur degré d'insertion à la mondialisation. À cet égard, les notions de **centre** et de **périphéries** vous seront particulièrement utiles.

Choisir les thèmes et les modes de représentation

• Le sujet est centré sur la notion de dynamiques territoriales : il s'agit des **transformations, en lien avec la mondialisation, d'un territoire** (ici, les États-Unis). L'intégralité de ce dernier est à prendre en compte, y compris l'Alaska.

• Le croquis que vous réaliserez doit répondre à la question suivante : comment le territoire de la première puissance économique mondiale se réorganise-t-il ?

• Pour traiter le sujet, la légende devra d'abord mettre en évidence l'existence d'**ensembles régionaux concurrents mais complémentaires** : un centre et des périphéries actives. Ensuite, elle mentionnera **les principaux facteurs de transformation** du territoire américain, qui constitue un des pôles de l'espace mondialisé.

CORRIGÉ 32

Les dynamiques territoriales des États-Unis

1 - Un centre, des périphéries

- Le Nord-Est, centre de la puissance
- La Megalopolis
- La Sun Belt, périphérie dynamique
- Région motrice de la Sun Belt
- L'intérieur, périphérie exploitée ou en réserve
- Grenier agricole

2 - Les facteurs de transformation du territoire

- Interface maritime
- Interface terrestre (ALENA)
- Métropole mondiale
- Autre métropole importante
- Migration intérieure
- Immigration

SUJET

33

Sujet inédit

ANALYSE DE DOCUMENT

Le Brésil : quelle diplomatie mondiale pour une puissance émergente ?

▸ À partir de l'analyse du texte, vous rappellerez les ambitions géopolitiques mondiales du Brésil et les défis que sa diplomatie doit relever. À cette occasion, vous porterez un regard critique sur le point de vue de l'auteur.

DOCUMENT **Une diplomatie souverainiste**

À Paris, ce 1er septembre [2011], à la conférence internationale sur la Libye, le Brésil […] essaye de sauver les contrats signés avec Mouammar Kadhafi, sans pouvoir dissimuler le malaise. Les révoltes arabes ont surpris et déstabilisé la diplomatie brésilienne, qui avait beaucoup misé sur ses liens avec le Maghreb et le Moyen-Orient […].

Les premiers pas de Dilma Rousseff sur la scène internationale avaient été accueillis favorablement, à la suite d'un infléchissement au profit des droits de l'homme (prise de distance avec l'Iran) et de l'alliance avec les États-Unis. Cependant, après avoir voté les sanctions contre la Libye aux Nations unies, la représentante brésilienne au Conseil de sécurité a exprimé, par une abstention, son opposition à l'intervention de forces aériennes pour défendre les populations civiles.

De l'abstention pour la Libye, Brasilia est passé à l'obstruction dans le cas de la Syrie. Face à la répression de Bachar el-Assad, les Brésiliens ont fait bloc avec les BRICS, ce regroupement opportuniste fait de bric et de broc, qui réunit le Brésil, la Russie, l'Inde, la Chine et l'Afrique du Sud. Les autocrates russes et chinois sont opposés au principe onusien du devoir de protection des populations civiles, par crainte de le voir invoqué à l'intérieur de leurs empires respectifs. Les trois autres partagent la nostalgie du non-alignement du temps de la guerre froide.

Paulo Paranagua, « Dilma Roussef en porte-à-faux à Paris et Brasilia »,
Le Monde, 3 septembre 2011.

LES CLÉS DU SUJET

• La consigne est centrée sur la notion de **puissance géopolitique** : en effet, le Brésil, qui est actuellement la 6e puissance économique mondiale, ambitionne également d'exercer une influence diplomatique et militaire à l'échelle mondiale. Toutefois, cette aspiration impose à la diplomatie brésilienne de prendre en compte la complexité des grands dossiers internationaux.

• La problématique qui servira de fil conducteur à votre analyse est largement suggérée par le libellé du sujet : quelle **politique extérieure** le Brésil entend-il mener pour s'affirmer comme une puissance géopolitique mondiale ?

• Votre plan peut s'inspirer de la consigne : une première partie peut aborder les **ambitions** de cette puissance, une seconde les **orientations diplomatiques** qu'elles inspirent.

CORRIGÉ 33

POINT MÉTHODE

Analyser un texte polémique

❶ Vous devez d'abord **identifier** soigneusement le texte en étant particulièrement attentif à son **auteur** (quelle est sa fonction ? au nom de qui s'exprime-t-il ?) et au **contexte de rédaction** du document (a-t-il été rédigé « à chaud » ? Y a-t-il, au contraire, un décalage temporel avec les faits relatés ?).

❷ Dans un second temps, après une lecture attentive du texte, vous devez déterminer **le point de vue de l'auteur** par rapport à la consigne. Il faudra justifier votre analyse par des citations précises.

❸ Enfin, à la lumière de vos connaissances, vous devez **critiquer ce point de vue** : en quoi est-il partiel ? En quoi est-il exagéré ? Prenez garde toutefois à ne pas développer une nouvelle polémique.

GÉOGRAPHIE

Les titres en couleur servent à guider la lecture et ne doivent en aucun cas figurer sur la copie.

Introduction

[Présentation du document] Le document proposé est extrait d'un article du journal *Le Monde* rédigé par Paulo Paranagua le 3 septembre 2011, à l'occasion de la conférence internationale de Paris sur la Libye. Il critique la diplomatie brésilienne, trop souverainiste selon lui.

Définition
Le souverainisme consiste à privilégier les intérêts nationaux aux dépens de la solidarité internationale.

[Problématique et annonce du plan] Cette analyse nous permettra de montrer comment la politique extérieure du Brésil vise à conforter sa puissance à l'échelle mondiale. Pour ce faire, nous présenterons d'abord les ambitions géopolitiques de ce pays, puis ses orientations diplomatiques récentes.

I. Des ambitions géopolitiques mondiales

1. Assumer des responsabilités internationales

• Le Brésil est un membre actif de l'ONU : membre (non permanent) du Conseil de sécurité, il se positionne comme une grande puissance qui défend les droits de l'homme ; à ce titre, le pays a pris position, aux côtés des États-Unis, contre la dérive autoritaire du régime iranien (« Les premiers pas […] États-Unis. »). C'est pourquoi il revendique un siège de membre permanent.

• Par ailleurs, il participe aux grandes conférences diplomatiques internationales : le texte cite comme exemple la conférence de Paris de 2011 consacrée à la guerre civile en Libye et à l'opportunité d'une intervention militaire internationale dans ce pays.

2. Être un leader du Sud

• Au nom du multilatéralisme, le Brésil cherche à rééquilibrer les rapports de force internationaux au profit des pays en développement. Ainsi, il est l'un des membres du groupe des BRICS qui regroupe cinq puissances émergentes (le Brésil, la Russie, l'Inde, la Chine et l'Afrique du Sud). Il appartient aussi au G20 (en 2008, lors de la présidence du Brésil, le sommet de São Paulo en a réuni tous les membres).

Attention !
Utiliser des notions précises valorise le contenu de votre devoir.

• De plus, il développe son influence économique et politique au Maghreb et au Moyen-Orient (1er paragraphe) ainsi qu'en Afrique subsaharienne. Il s'affirme ainsi face aux puissances occidentales (États-Unis, France, Royaume-Uni) dont le poids et le prestige déclinent dans cette région du monde.

II. Une diplomatie en débat

1. Une diplomatie opportuniste ?

• D'après l'auteur, le Brésil se serait opposé à une intervention militaire en Libye en 2011 pour préserver les contrats commerciaux (notamment pétroliers) signés avec ce pays, sans tenir compte des aspirations démocratiques de la population (« À Paris […] le malaise. », « son opposition […] civiles »). Sa position contredirait ainsi sa volonté de défense des droits de l'homme.

Info
Comme la Chine et l'Inde, le Brésil investit et échange avec de nombreux États africains.

• Ce point de vue est sans doute critiquable car la diplomatie brésilienne était loin d'être isolée : seuls les États-Unis, la France et le Royaume-Uni, dans le cadre de l'OTAN, sont intervenus militairement en Libye.

2. Une diplomatie souverainiste ?

• Selon l'auteur, le Brésil chercherait avant tout à défendre sa souveraineté en évitant l'alignement sur la diplomatie américaine (« Les trois autres […] guerre froide. »). L'alliance des BRICS, fort hétérogène (« de bric et de broc ») ne serait qu'un moyen de faire contrepoids aux États-Unis et d'empêcher toute ingérence internationale comme durant la crise syrienne (« Face à la répression […] Afrique du Sud. »).

• Ce point de vue est à nuancer : loin d'être un État nostalgique de la guerre froide, le Brésil participe au « basculement du monde » qui profite aux puissances émergentes. De plus, on peut estimer que son opposition à toute intervention militaire en Syrie est guidée par la prudence et la crainte que cela déstabilise l'ensemble du Proche-Orient.

GÉOGRAPHIE

Conclusion

[Réponse à la problématique] L'analyse de ce document nous montre que le Brésil nourrit des ambitions mondiales, mais que sa diplomatie doit composer avec des situations complexes. Celle-ci peut ainsi sembler ambiguë quand les valeurs qu'elle défend sont en contradiction avec ses prises de position sur les grands dossiers internationaux.

[Intérêt et critique du document] Ce texte a l'intérêt de relativiser l'émergence géopolitique des BRICS, parfois exagérée par les médias. Ainsi, contrairement aux États-Unis, puissance affirmée, le Brésil est encore une puissance géopolitique en devenir. Cependant, le point de vue de l'auteur reste très critiquable dans son approche des rapports de force actuels ; en effet, il juge la diplomatie brésilienne à l'aune de la diplomatie états-unienne, en minimisant l'actuel « basculement du monde ».

SUJET

34

Amérique du Nord • Mai 2017

CROQUIS

Les dynamiques territoriales du Brésil

LES CLÉS DU SUJET

■ Entrer dans le sujet

• Le sujet renvoie à *L'Amérique : puissance du Nord, affirmation du Sud*.

• Il porte sur les dynamiques territoriales du Brésil, c'est-à-dire sur l'**organisation du territoire** de cet État et son **évolution.** Si l'échelle retenue est l'**échelle nationale,** les dynamiques territoriales doivent être mises en relation avec le processus de mondialisation (**échelle mondiale**) et l'intégration régionale du Brésil au sein du Mercosur (**échelle continentale**).

• Votre croquis devra répondre graphiquement à la question suivante : comment s'organise le territoire brésilien et comment se transforme-t-il avec l'intégration à l'espace mondialisé et au Mercosur ?

■ Mobiliser ses connaissances

• Le territoire brésilien est organisé en **grands ensembles régionaux** : le Sudeste, le Sud, le Centre-Ouest, le Nordeste et l'Amazonie.

• Les dynamiques qui les affectent sont liées à la proximité d'**interfaces** terrestres ou maritimes ainsi qu'à la présence de **métropoles** ; elles se traduisent notamment par des **migrations** intérieures.

■ Choisir les thèmes et les modes de représentation

• La **légende** de votre croquis peut être structurée en **deux parties.**

• La première mettra en évidence les grands ensembles régionaux qui composent le territoire, en utilisant les notions de **centre** (espace concentrant les richesses et les fonctions décisionnelles) et de **périphérie** (espace moins riche et sous la domination du centre) ; vous utiliserez alors des figurés de surface avec des couleurs contrastées mais de la même gamme.

• La seconde précisera les **facteurs de transformation** du territoire en lien avec la mondialisation (interfaces, métropoles) ; vous utiliserez pour cela des figurés linéaires (interfaces, flux) et ponctuels (agglomérations).

CORRIGÉ 34

Les dynamiques territoriales du Brésil

1- Un centre, des périphéries

- Le centre décisionnel
- La périphérie intégrée dynamique
- L'ancien front pionnier intégré au centre : grande région agricole
- La périphérie en retard de développement
- La périphérie marginale en cours d'exploitation

2- Les facteurs de transformation du territoire

- Interface maritime
- Interface terrestre (Mercosur)
- Front pionner
- Migrations intérieures
- Métropole mondiale
- Autre métropole importante
- Grande agglomération

SUJET

35

Liban • Mai 2016

COMPOSITION

États-Unis - Brésil : les dynamiques territoriales

LES CLÉS DU SUJET

Entrer dans le sujet, définir les mots clés

• Le sujet est centré sur la notion de dynamiques territoriales : vous devez donc mettre en évidence les **transformations qui affectent le territoire** de deux puissances, les États-Unis et le Brésil, en lien avec le processus de **mondialisation**. En effet, ces deux États sont traditionnellement ouverts sur l'extérieur (flux humains, commerciaux, de capitaux et d'informations).

• Vous penserez à prendre en compte **différentes échelles** : l'échelle nationale qui se confond en partie avec l'échelle continentale, s'agissant d'États-continents, mais également l'échelle locale (intra-urbaine).

Dégager la problématique

La formulation de la problématique est largement suggérée par le libellé du sujet : comment les territoires des États-Unis et du Brésil, deux puissances mondiales, se transforment-t-il ?

Définir le plan

• Pour rester dans une **logique comparative**, vous opterez pour un plan thématique mettant en lien en évidence les **points communs** et les **différences** entre les deux États dans chacune des parties.

• Vous rappellerez d'abord qu'il s'agit de pays aux territoires immenses et riches, qui ont fait l'objet d'une mise en valeur pionnière expliquant une maîtrise par ailleurs inégale ; vous préciserez ensuite leurs dynamiques territoriales en lien avec leur forte insertion dans la mondialisation ; vous préciserez enfin les déséquilibres spatiaux que celles-ci entraînent à différentes échelles.

CORRIGÉ 35

POINT MÉTHODE

Intégrer un schéma dans une composition de géographie

❶ Vous pouvez intégrer une ou plusieurs « **productions graphiques** » dans une composition ; ce sujet est propice à la réalisation de schémas d'**organisation spatiale** mettant en valeur l'organisation et les dynamiques territoriales.

❷ Leur intérêt est de remplacer des explications trop descriptives. Vous devez les **intégrer logiquement** dans votre raisonnement. Attention, ils ne peuvent remplacer des parties entières du développement.

❸ Vous serez rigoureux dans leur exécution en pensant à les **titrer**, les **légender** et y intégrer une **nomenclature** minimale. Vous veillerez à les réaliser avec **soin.**

Les titres en couleur servent à guider la lecture et ne doivent en aucun cas figurer sur la copie.

Introduction

[Accroche et présentation du sujet] Actuellement, les États-Unis et le Brésil sont respectivement les 2e et 6e puissances économiques mondiales. Ceci s'explique en partie par la mise en valeur performante de territoires aux ressources immenses. Les transformations qui les affectent sont ainsi comparables.

[Problématique et annonce du plan] C'est pourquoi nous répondrons à la question suivante : quelles dynamiques territoriales sont à l'œuvre aux États-Unis et au Brésil, deux puissances mondiales ? Pour ce faire, nous rappellerons d'abord les atouts de leurs territoires, valorisés par leurs populations ; puis, nous montrerons que leur forte intégration à la mondialisation génère des évolutions similaires ; enfin, nous décrirons les déséquilibres spatiaux que cette insertion engendre.

I. Des territoires immenses et inégalement maîtrisés

1. Des territoires immenses

• Les États-Unis (9,8 millions de km^2) et le Brésil (8,5 millions de km^2) sont des États-continents. De plus, grâce à leurs façades maritimes, ils sont largement ouverts sur l'extérieur.

• Cette immensité présente à la fois des atouts (abondance des ressources naturelles, surfaces cultivables disponibles) et des contraintes (maîtrise des distances, contrôle du territoire par l'État).

2. Une mise en valeur pionnière

• Le territoire des deux États est le fruit d'une conquête pionnière, entamée dès le XVIIe siècle. Elle s'est traduite par une colonisation progressive à partir du littoral atlantique fondée sur les cultures spéculatives (canne à sucre, coton) et sur le recours à l'esclavage.

• Le territoire a été mis en valeur de façon extensive : de vastes espaces de production agricoles (Grandes Plaines aux États-Unis, Mato Grosso au Brésil) ont ainsi été constitués.

> **Info**
> De même, de grandes régions industrielles (Manufacturing Belt, Sudeste brésilien) ont vu le jour.

3. Des territoires inégalement maîtrisés

• Le territoire des États-Unis est bien maîtrisé, même si l'Alaska est en cours d'exploitation. Les transports (aérien, routier, ferroviaire) permettent un maillage territorial très serré.

• Le territoire du Brésil, n'est pas encore totalement maîtrisé. L'Amazonie est encore un espace pionnier (déforestation, mise en culture) ; son exploitation fait débat au regard des exigences du développement durable. Le réseau de transport (aérien, routier, ferroviaire) est déséquilibré.

II. Des dynamiques territoriales similaires

1. Une forte littoralisation

• Dans les deux États, on assiste à la concentration progressive de la population et des activités économiques dans les régions littorales. Ce phénomène est lié à leur ouverture maritime précoce et à leur forte insertion dans l'espace mondialisé.

> **Gagnez des points !**
> Pour un sujet très spatial, ce type de rappel est pertinent.

• Aux États-Unis, 2/3 de la population vit dans les régions côtières ; au Brésil, 4/5e des habitants s'y concentre. De même, les régions littorales sont les plus actives économiquement (Nord-Est et Californie ; Sudeste brésilien).

2. Une intense métropolisation

• Dans les deux États, on constate aussi le renforcement du poids démographique et décisionnel des métropoles, lié à la mondialisation.

• Aux États-Unis, New York, Los Angeles, Washington et Chicago exercent une influence planétaire ; au Brésil, seule São Paulo s'affirme comme une métropole mondiale.

• Cette métropolisation se traduit par d'intenses migrations intérieures au profit des régions métropolitaines (Californie, Sudeste).

3. Une inégale intégration régionale

• L'ALENA (Accord de libre-échange nord-américain) a permis aux États-Unis d'intensifier ses échanges commerciaux avec le Canada et le Mexique. Les frontières avec ces deux États sont des interfaces particulièrement actives (flux de produits énergétiques et miniers, agricoles et industriels).

• Le Mercosur (Marché commun du Sud) favorise l'émergence d'une région transfrontalière active reliant le Paraguay, l'Uruguay et le Sud du Brésil : les flux commerciaux, d'abord modestes, sont en pleine croissance. Le processus d'intégration régionale est cependant moins poussé que dans l'ALENA.

III. De forts déséquilibres spatiaux

1. À l'échelle nationale

• Les dynamiques territoriales à l'œuvre aux États-Unis et au Brésil conduisent à l'amplification des contrastes régionaux. Au(x) centre(s) concentrant richesses et fonctions décisionnelles s'opposent des périphéries moins riches et dépendantes, intégrées ou en marge.

• Aux États-Unis, le centre historique est constitué par la Mégalopolis : les fonctions de commandement se concentrent à New York (sièges des FTN, bourse de valeur, siège de l'ONU) et Washington (capitale fédérale, sièges du FMI et de la Banque mondiale). Cependant, la Californie s'affirme comme un centre concurrent avec des métropoles comme Los Angeles (sièges sociaux, production cinématographique) et San Francisco (universités, centres de recherche). Le reste du territoire est constitué de périphéries inégalement intégrées (voir schéma ci-dessous).

> **Attention !**
> Par souci de clarté, faites le lien entre votre propos et le schéma.

Les dynamiques territoriales des États-Unis

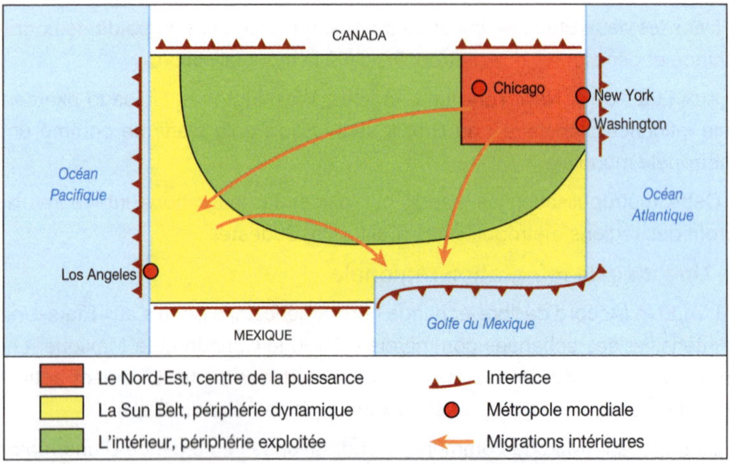

• Au Brésil, le Sudeste est la région centrale, polarisé par São Paulo (capitale économique et culturelle du Brésil). Le reste du territoire est constitué de périphéries inégalement intégrées (voir schéma ci-dessous).

Les dynamiques territoriales du Brésil

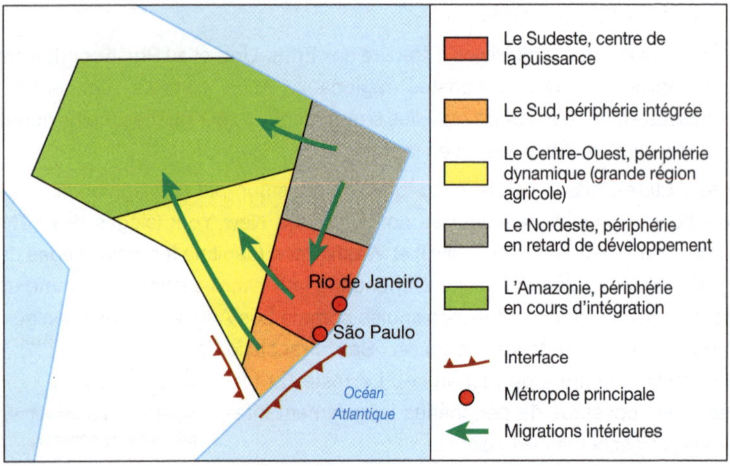

2. À l'échelle intra-urbaine

• Dans les agglomérations états-uniennes et brésiliennes, on observe une forte ségrégation socio-spatiale, renforcée par le processus de mondialisation. Des quartiers bien connectés aux échanges mondiaux s'opposent à des quartiers restés à l'écart.

• Dans les deux pays, des CBD concentrent les richesses et les fonctions de commandement. Ils emploient les actifs, nationaux ou expatriés, les mieux formés, dans les activités les plus productives (banques, assurances, recherche).

• Au Brésil, les catégories aisées vivent dans des quartiers résidentiels proches du centre (ex. : quartier des jardins à São Paulo). Aux États-Unis, on les trouve dans des quartiers centraux en cours de réhabilitation (ex. : Harlem à New York) ou dans de lointaines banlieues. Parfois, se constituent de véritables îlots de richesse hautement sécurisés *(gated communities)*.

• Au Brésil, les pauvres habitent des bidonvilles (ex. : favela de la Rocinha à Rio), séparés des quartiers riches par des murs ou des axes routiers ; aux États-Unis, ils vivent dans des quartiers centraux délaissés (ex. : le Bronx à New York).

Conclusion

[Réponse à la problématique] Ainsi, les territoires des États-Unis et du Brésil sont en de nombreux points comparables : caractérisés par leurs fortes potentialités très tôt mises en valeur, ils sont affectés par des dynamiques liées à leur forte insertion mondiale ; celle-ci accroît en même temps leurs déséquilibres.

[Ouverture] En somme, les dynamiques territoriales différenciées reflètent les contrastes entre une puissance avérée et une puissance émergente.

SUJET

36

Antilles, Guyane • Septembre 2015

ANALYSE DE DOCUMENTS

Les États-Unis et le Brésil : deux puissances concurrentes

▶ À partir de l'analyse des deux documents, caractérisez les relations entre les deux puissances du continent américain.

DOCUMENT 1 **Extrait d'un article du *Los Angeles Times*, quotidien californien, sur les relations entre les États-Unis et le Brésil**

Brésiliens et Américains parlent beaucoup de l'intérêt d'une relation « stratégique » entre leurs deux pays, mais ne font pas grand-chose pour qu'elle existe. Ses avantages économiques sont pourtant évidents. L'économie brésilienne est désormais la sixième du monde et deviendra la quatrième au-delà de 2040. Chaque année, le Brésil absorbe un montant plus important d'exportations et d'investissements américains, et la découverte récente de gisements de pétrole le voue à devenir un grand fournisseur d'énergie pour les États-Unis.

La Chine est aujourd'hui le premier partenaire commercial du Brésil, mais le commerce américano-brésilien est également florissant, puisqu'il a crû de près de 10 % par an au cours de la dernière décennie.

Et pourtant les États-Unis et le Brésil n'ont pas signé un seul accord commercial majeur depuis vingt ans. Des divergences de fond subsistent sur les subventions et les droits de douane américains qui entravent les exportations agricoles brésiliennes et les restrictions brésiliennes sur les importations de services et de produits manufacturés.

Au-delà des différends d'ordre économique, les relations américano-brésiliennes pâtissent aussi de tensions géopolitiques. Le Brésil a été particulièrement irrité par la réticence de Washington à appuyer sa demande d'un siège permanent au Conseil de sécurité de l'ONU, alors que le président Obama avait soutenu celle de l'Inde deux ans plus tôt. Le Brésil a réalisé ses aspirations mondiales en se démarquant des États-Unis sur des dossiers sensibles, notamment le nucléaire iranien.

Il est temps que Washington se défasse de son ambivalence à l'égard des ambitions mondiales du Brésil et reconnaisse [...] qu'il est désormais une puissance. Il n'y a aucune raison valable pour que Washington continue de favoriser l'Inde au détriment du Brésil. Si son bilan diplomatique n'est pas sans tache, sur la plupart des sujets qui préoccupent les États-Unis, et notamment sur le Moyen-Orient, le Brésil a un meilleur profil que l'Inde. Et il pourrait jouer un rôle utile dans les négociations sur ces questions, car il jouit de la confiance de nombreux pays qui se méfient des États-Unis et de leurs alliés européens.

Peter Hakim, *Los Angeles Times*, in *Courrier International*, hors-série, juin-juillet-août 2013.

DOCUMENT 2 **Dessin du Brésilien Carlos Latuff, 18 mars 2011, dans le magazine états-unien *The Atlantic***

© Carlos Latuff

Titre en haut : « Obama arrive à Rio... »
Dans la bulle : « C'est par où, le pétrole ? »

GÉOGRAPHIE

LES CLÉS DU SUJET

■ Lire la consigne

Le libellé de la consigne vous invite à **décrire les relations entre les États-Unis et le Brésil**, en tant que puissances. Le sujet précise la consigne : peut-on réellement parler de concurrence entre ces deux États ? En d'autres termes, est-il pertinent de comparer leurs puissances ?

■ Observer les documents

Les deux documents proposés sont très différents. Le premier est un extrait d'article de Peter Hakim publié dans le quotidien états-unien *Los Angeles Times* ; le second, un dessin humoristique du Brésilien Carlos Latuff paru dans le magazine états-unien *The Atlantic*. Ils sont tous deux récents (2013 et 2011) et abordent la question des relations entre les États-Unis et le Brésil de **deux points de vue différents** (respectivement états-unien et brésilien).

■ Définir les axes de l'analyse

La consigne ne vous indique pas explicitement un plan. En vous appuyant sur le document, vous pouvez organiser votre analyse en deux parties : dans un premier temps, vous soulignerez **le déséquilibre des relations** entre une hyperpuissance (les États-Unis) et une puissance émergente (le Brésil) ; dans un second temps, vous mettrez en évidence **l'ambivalence de leurs relations**, entre partenariat et concurrence.

CORRIGÉ 36

Les titres en couleur servent à guider la lecture mais ne doivent en aucun cas figurer sur la copie.

Introduction

[Présentation des documents] Deux documents nous sont proposés, qui abordent les relations entre les États-Unis et le Brésil selon des points de vue opposés. Le premier est un extrait d'article de presse issu du quotidien états-unien *Los Angeles Times*, écrit par le journaliste Peter Hakim en 2013. Le second est un dessin humoristique du Brésilien Carlos Latuff, paru dans le magazine états-unien *The Atlantic* en 2011.

[Problématique et annonce du plan] L'analyse de ces documents nous permettra de caractériser les relations entre ces deux puissances. Nous montrerons d'abord qu'il s'agit de relations déséquilibrées, puis de relations ambivalentes.

I. Des relations déséquilibrées

1. Des puissances économiques inégales

• Les États-Unis restent la première puissance économique mondiale alors que le Brésil ne se place qu'au sixième rang (deuxième phrase du document 1).

• Cependant, comme l'indique cette même phrase, l'écart entre les deux puissances est susceptible de se réduire : à partir de 2040, les États-Unis rétrograderont au deuxième rang (derrière la Chine) alors que le Brésil atteindra le quatrième.

> **Attention !**
> En matière de PIB, il n'y a pas de situation définitivement acquise.

• Les États-Unis sont également la première puissance financière mondiale (symbole du dollar sur les voiles du bateau dans le document 2). Elle s'appuie sur la monnaie et la puissance de la bourse de Wall Street. Malgré l'affirmation de la bourse de São Paulo, le Brésil reste une puissance financière modeste.

2. Des puissances géopolitiques incomparables

• Les États-Unis disposent d'un siège de membre permanent au Conseil de sécurité de l'ONU (quatrième paragraphe du texte) tandis que le Brésil n'en est qu'un membre tournant. Cependant, comme le rappelle la dernière phrase, le Brésil est un État influent dans les pays du Sud.

> **Info**
> Le Brésil est un des leaders des BRICS (Brésil, Russie, Inde, Chine, Afrique du Sud).

• Les États-Unis sont aussi la première puissance militaire mondiale (symbolisée par l'armure du président Obama dans le dessin), alors que le Brésil, avec un budget militaire vingt fois inférieur, n'est qu'une puissance militaire régionale.

II. Des relations ambivalentes

1. Dans le domaine économique

• Les deux États sont des partenaires commerciaux (premier paragraphe) : le Brésil exporte du pétrole vers les États-Unis (bulle du dessin) ; les États-Unis exportent (ex. : produits manufacturés) et investissent au Brésil. De plus, le document 1 nous rappelle que les échanges américano-brésiliens sont en forte croissance (10 % par an entre 2000 et 2010).

GÉOGRAPHIE

• Cependant, États-Unis et Brésil sont également des rivaux, ce qui explique qu'aucun accord commercial ne soit signé entre eux depuis longtemps : divers litiges commerciaux les opposent (troisième paragraphe).

Info
À l'échelle continentale, l'ALENA, dominée par les États-Unis, concurrence le MERCOSUR, centré sur le Brésil.

2. Dans le domaine géopolitique

Gagnez des points !
Privilégiez l'interprétation du document à sa seule description.

• Des tensions géopolitiques opposent les deux puissances (quatrième paragraphe) : le Brésil aspire à devenir membre permanent du Conseil de sécurité de l'ONU, alors que les États-Unis soutiennent la candidature de l'Inde. De plus, le Brésil, dans une logique anti-impérialiste (dans le document 2, Obama en chevalier symbolise l'hégémonie américaine), prend parfois le contre-pied des États-Unis sur certains dossiers, comme le nucléaire iranien.

• Pourtant, d'après l'auteur du document 1, les États-Unis auraient intérêt à jouer la carte du Brésil compte tenu de son influence dans les pays du Sud. C'est le cas dans le dossier sur le Moyen-Orient, région dans laquelle l'anti-américanisme est bien ancré.

Conclusion

[Réponse à la problématique] En somme, les relations entre les États-Unis et le Brésil sont déséquilibrées : elles associent une hyperpuissance et une puissance émergente. Elles sont également ambivalentes : dans les domaines économique et géopolitique, elles sont caractérisées à la fois par le partenariat et la rivalité.

[Critique des documents] L'intérêt des documents est de rendre compte de la complexité des relations entre ces deux puissances. Toutefois, ils n'abordent pas d'autres domaines, comme le domaine culturel.

Pondichéry • Avril 2015
COMPOSITION

États-Unis - Brésil : rôle mondial

LES CLÉS DU SUJET

Entrer dans le sujet

• Le sujet est centré sur la notion, implicite dans le libellé, de **puissance.** Il s'agit de la capacité d'un État à exercer une influence (économique, politique, militaire, culturelle) en dehors de son territoire. L'échelle ici retenue est l'échelle mondiale.

• Le sujet porte sur deux puissances mondiales : les États-Unis et le Brésil. Bien entendu, vous devez éviter de dissocier ces deux entités car **la logique du programme est comparative.**

• *A priori*, les dynamiques territoriales de ces deux États ne font pas partie du sujet. Cependant, elles peuvent être rapidement évoquées en relation avec lui (exemple : les métropoles mondiales).

Dégager la problématique

Comme le Brésil n'est pas une puissance complète, vous devez formuler votre problématique de façon nuancée : dans quelle mesure peut-on dire que les États-Unis et le Brésil sont des puissances mondiales ?

Définir le plan

• Vous adopterez un plan permettant de comparer la puissance mondiale des États-Unis à celle du Brésil : **un plan thématique** est donc le plus adapté.

• Vous pouvez vous inspirer des notions de *hard power* (puissance dure) et de *soft power* (puissance douce) pour l'élaborer. Ainsi, une première partie peut porter sur le domaine économique, une deuxième sur le domaine géopolitique et militaire, une troisième sur le domaine culturel.

CORRIGÉ 37

Les titres en couleur servent à guider la lecture et ne doivent en aucun cas figurer sur la copie.

Introduction

[Accroche et présentation du sujet] Après avoir connu une forte croissance économique entre 2003 et 2013, le Brésil est marqué depuis par un net ralentissement de la croissance économique ; au contraire, les États-Unis par une vive reprise (2,6 % en 2015). Ces évolutions sont cruciales car elles concernent deux États exerçant, dans différents domaines, une influence mondiale.

[Problématique et annonce du plan] Pour les comparer, nous tenterons de répondre à la question suivante : dans quelle mesure les États-Unis et le Brésil sont-ils des puissances mondiales ? Nous aborderons en premier lieu le domaine économique ; en second lieu, le domaine géopolitique et militaire ; enfin, nous terminerons par le domaine culturel.

I. Deux grandes puissances économiques mondiales

1. Des performances économiques impressionnantes

• Les États-Unis se placent au deuxième rang mondial pour la valeur de leur PIB. Ils sont les deuxièmes exportateurs mondiaux grâce à la production agricole (céréales, bovins) et industrielle (automobile, produits agroalimentaires). Grâce au dollar et à la bourse de New York, ce sont aussi une puissance financière majeure.

> **Info**
> Depuis 2015, le PIB de la Chine est supérieur à celui des États-Unis.

• Le Brésil est la septième puissance économique mondiale. Il est placé seulement au 22e rang mondial pour la valeur de ses exportations, mais ces dernières sont en forte croissance (céréales, bovins). Le pays joue un rôle financier secondaire à l'échelle mondiale malgré la bourse de São Paulo.

2. De puissantes firmes transnationales

• Les firmes transnationales américaines se hissent depuis longtemps aux premiers rangs dans de nombreux secteurs d'activité : Boeing (aéronautique, 1er rang), Wall-Mart (grande distribution, 1er rang), Exxon-Mobil (pétrole 4e rang), General Motors (automobile, 4e rang).

> **Info**
> Le critère de classement retenu est le chiffre d'affaires, c'est-à-dire la valeur totale des ventes réalisées par l'entreprise.

• Depuis une quinzaine d'années, les firmes transnationales brésiliennes affirment leur puissance mondiale : JBS (viande, 1er rang), Vale (exploitation de fer, 1er rang ; nickel, 2e rang), Embraer (3e avionneur civil du monde), Petrobras (pétrole, 10e rang).

3. De solides atouts

• Les États-Unis (9,6 millions km^2) et le Brésil (8,5 millions km^2) sont des États-continents disposant d'abondantes ressources du sol et du sous-sol.

• Leur population nombreuse (respectivement 320 millions d'habitants et 203 millions) constitue un marché de consommation important. Si le niveau de vie de la population brésilienne est inférieur à celui des États-Unis, il progresse rapidement, comme l'atteste l'essor d'une classe moyenne.

II. Des puissances géopolitiques et militaires inégales

1. Une influence géopolitique disproportionnée

• Les États-Unis sont une hyperpuissance : disposant d'un siège de membre permanent au Conseil de sécurité de l'ONU et du premier réseau d'ambassades mondial, ils continuent à exercer une influence diplomatique considérable.

• Le Brésil pâtit de son absence de siège au Conseil de sécurité et d'un réseau d'ambassades encore modeste. Cependant, au sein de l'OMC ou du G20, il tente de s'affirmer comme un leader des Suds.

Définition
Selon le Français Hubert Védrine, l'hyperpuissance désigne la puissance complète et sans concurrence des États-Unis après la guerre froide.

2. Des moyens militaires sans commune mesure

• Avec le premier budget militaire, la possession d'armes de haute technologie (arme nucléaire, porte-avions, drones) et une présence mondiale (bases, flottes), les États-Unis jouent toujours le rôle de « gendarmes du monde ».

Attention !
C'est davantage le niveau technologique que les moyens d'une armée qui est déterminant.

• Doté d'un budget 20 fois inférieur et de moyens limités, le Brésil n'est qu'une puissance militaire régionale. Cependant, il participe activement aux opérations onusiennes (exemple : envoi du principal contingent de Casques bleus à Haïti en 2010).

III. Des puissances culturelles déséquilibrées

1. L'influence planétaire du mode de vie américain

• Grâce à l'anglais (parlé par 27 % de la population mondiale), les médias (télévision, cinéma, NTIC) et leurs firmes transnationales (restauration rapide, centres commerciaux), les États-Unis diffusent leur mode de vie dans le monde.

Gagnez des points !
Des données chiffrées précises permettent de justifier votre propos.

• Premier foyer d'immigration mondial, les États-Unis accueillent tous ceux qui sont attirés par leur modèle politique (démocratie libérale), économique (capitalisme) et social (société de consommation).

2. L'influence limitée du Brésil

• Parlé par seulement 4 % de la population mondiale, le portugais ne permet pas d'assurer au Brésil un rayonnement mondial. Cependant, le groupe de médias Globo (télévision, cinéma, édition) exerce une influence dans toute l'Amérique latine.

• L'organisation de grands événements sportifs (Coupe du monde de football en 2014, Jeux olympiques de Rio en 2016) donne au pays une plus grande visibilité mondiale.

Info
Coupes du monde de football et Jeux olympiques ont également une dimension économique et géopolitique.

Conclusion

[Réponse à la problématique] Ainsi, les États-Unis et le Brésil sont deux puissances économiques mondiales dont les performances traduisent l'efficacité de leurs firmes transnationales et la valorisation de leurs atouts. Cependant, dans les domaines géopolitique et culturel, la situation est beaucoup plus déséquilibrée : alors que les États-Unis exercent une influence planétaire, le Brésil n'a qu'une influence régionale. Les États-Unis sont une puissance établie alors que le Brésil est une puissance émergente.

[Ouverture] Le basculement du monde au profit du Sud, entamé depuis le début du XXIe siècle, doit permettre au Brésil, comme à d'autres puissances émergentes, de développer ses ambitions mondiales.

Liban • Mai 2016
COMPOSITION

Le Sahara : ressources, conflits

LES CLÉS DU SUJET

Entrer dans le sujet

• Le sujet porte sur l'étude de cas servant d'introduction à la partie sur le continent africain face au développement et à la mondialisation. Cependant, vous devez ici vous **limiter à l'espace saharien** qui englobe dix États, de la Mauritanie au Soudan.

• Le libellé du sujet comprend deux notions clés : celle des **ressources** (naturelles), désignant les matières premières, renouvelables ou non, exploitées par les sociétés humaines ; celle de **conflits**, désignant l'opposition, armée ou non, entre deux parties, qui portent sur des enjeux de natures diverses (économiques, politiques, culturels). Le terme « conflit » est au pluriel dans le libellé : vous avez donc à souligner leur diversité, en tenant compte de différentes échelles (mondiale, continentale, nationale).

Dégager la problématique

• La problématique que vous formulerez doit **mettre en relation la notion de ressources avec celle de conflits.**

• N'oubliez pas que vous devez vous limiter à une seule question servant de fil conducteur à votre composition. La formulation suivante est adaptée au sujet : « En quoi les abondantes ressources du Sahara en font un foyer de conflits ? »

Définir le plan

• **Un plan thématique,** en trois parties, peut vous permettre de répondre à la problématique.

• Dans un premier temps, vous présenterez les caractéristiques physiques, en particulier les ressources naturelles, du Sahara. Dans un deuxième temps, vous rappellerez qu'il s'agit d'un espace fractionné politiquement mais parcouru par de nombreux flux. Enfin, dans un troisième temps, en lien avec les parties précédentes, vous évoquerez les conflits qui le touchent.

CORRIGÉ 38

Les titres en couleur servent à guider la lecture et ne doivent en aucun cas figurer sur la copie.

Introduction

[Accroche et présentation du sujet] Dans sa version de 2013, le *Livre blanc sur la Défense et la Sécurité nationale* de la France désigne un « arc de crise » allant de la Mauritanie à la Somalie, vaste région intégrant divers foyers de terrorisme islamiste. Cette formule nous rappelle que le Sahara est un espace de conflits majeurs, à différentes échelles. Cette réalité est indissociable de ses abondantes ressources naturelles qui avivent les convoitises.

[Problématique et annonce du plan] C'est pourquoi nous ferons en sorte de répondre à la question suivante : dans quelle mesure les ressources du Sahara en font un foyer de conflits ? Nous présenterons d'abord les caractéristiques physiques de cet espace ; puis sa situation politique et les flux qui le traversent ; enfin, à la lumière de ces données, les tensions et conflits qui l'affectent.

I. Contraintes et ressources du Sahara

1. De fortes contraintes naturelles

- Le Sahara est un espace immense de 8,5 millions de km^2 : il s'étend sur 6 000 km d'est en ouest et sur 2 500 km du nord au sud. Les distances à parcourir sont donc considérables.
- C'est également un espace marqué par une forte aridité : les précipitations sont inférieures à 100 millimètres par an. L'accès à l'eau est un enjeu majeur pour les populations.

Info
Les limites naturelles du Sahara sont la mer Méditerranée au nord, le Sahel au sud, l'océan Atlantique à l'ouest et la mer Rouge à l'est.

2. D'abondantes ressources naturelles

- Le Sahara contient d'immenses nappes aquifères fossiles, notamment sur les territoires algérien et libyen. Elles fournissent en eau les stations de pompage et les canaux.
- Il recèle aussi d'importants gisements d'hydrocarbures (en Algérie, en Libye et au Soudan).
- Il contient enfin de précieux minerais : uranium (au Niger), phosphate (au Maroc), cuivre et fer (en Mauritanie).

Gagnez des points !
Localiser les différentes productions apporte de la précision à votre propos.

II. Un espace fragmenté et traversé

1. Un espace morcelé politiquement

• On compte dix États sahariens : ils contrôlent difficilement leurs longues frontières politiques, héritées de la colonisation (exemple : frontières de l'Algérie avec le Mali et le Niger).

• Les États riverains de la Méditerranée (du Maroc à Libye) sont tournés vers l'Union européenne ; les autres vers l'Afrique centrale.

Attention !
Soyez mesuré dans votre propos : la colonisation n'explique pas toutes les difficultés de l'Afrique.

• Leur niveau de développement est très inégal : aux pays intermédiaires de la partie septentrionale s'opposent les PMA de la partie méridionale.

2. Un espace de flux intenses

• Le Sahara est un désert humain : 10 millions d'habitants se concentrent dans les rares villes (exemple : Tamanrasset en Algérie) et oasis.

• Cependant, il est traversé d'intenses flux humains : populations nomades (comme les Touaregs) ; migrants clandestins d'Afrique subsaharienne vers la Méditerranée puis l'Union européenne.

• C'est aussi un espace de transit des flux illicites : drogue (15 % du trafic mondial), armes, produits de contrefaçon.

Info
En 2011, la chute du colonel Kadhafi, dirigeant libyen, entraîne la dissémination de son stock d'armes dans toute la région.

III. Un foyer de conflits

1. Les enjeux des conflits

• Le contrôle des ressources naturelles, en particulier des hydrocarbures et de l'uranium font du Sahara un espace convoité.

• La défense de la souveraineté des États, qui souffrent souvent d'un manque de légitimité, est cruciale pour leur survie.

• La lutte contre les trafics et le terrorisme est un enjeu régional et mondial.

2. Les acteurs des conflits

• Des acteurs internes à la région participent aux conflits : les populations nomades (Sahraouis, Touaregs) ; des groupes terroristes liés aux réseaux internationaux (exemple : AQMI) ; les États sahariens.

Info
Le groupe terroriste AQMI (Al-Qaïda au Maghreb islamique) s'est formé en 2006.

• Des acteurs externes en sont aussi parties prenantes : les puissances occidentales comme la France, avec leurs entreprises (exemple : Areva au Niger) et leurs forces armées ; les puissances émergentes comme la Chine, avec leurs firmes transnationales.

GÉOGRAPHIE

3. Des conflits à différentes échelles

• Le Sahara est un foyer du terrorisme international : depuis 2008, le groupe AQMI, financé par le trafic de drogue et le racket des migrants, multiplie les enlèvements dans l'ouest de la région (prise d'otages français à Arlit au Niger en 2011). En 2013, l'opération Serval, menée par la France, a provisoirement protégé le Mali de ses incursions.

• De nombreux États sont confrontés aux revendications de minorités réclamant la reconnaissance de leur identité : les Touaregs au Niger ; les Sahraouis au Sahara occidental, contrôlé par le Maroc.

Info
Le référendum d'autodétermination promis par l'ONU en 1991 n'a jamais été organisé.

• Les révolutions arabes de 2011 ont fragilisé la région : le renversement du régime libyen, avec l'appui de l'OTAN, a favorisé l'action de groupes terroristes dans toute la région.

Conclusion

[Réponse à la problématique] Ainsi, le Sahara est un espace présentant de fortes contraintes physiques tout en recélant d'immenses ressources naturelles. Fragmenté et traversé par de multiples flux, il constitue un foyer de conflits important à l'échelle mondiale, subcontinentale et nationale.

[Ouverture] Le cas du Sahara est représentatif de celui du continent africain : l'instabilité politique liée, en partie, au contrôle des ressources, est une entrave majeure au développement.

Sujet inédit

ANALYSE DE DOCUMENTS

Le Sahara : une zone de conflits

▸ À partir de l'analyse des documents, montrez que le Sahara et ses marges constituent une zone conflictuelle.

DOCUMENT 1 **Le Sahara, zone d'insécurité et carrefour migratoire**

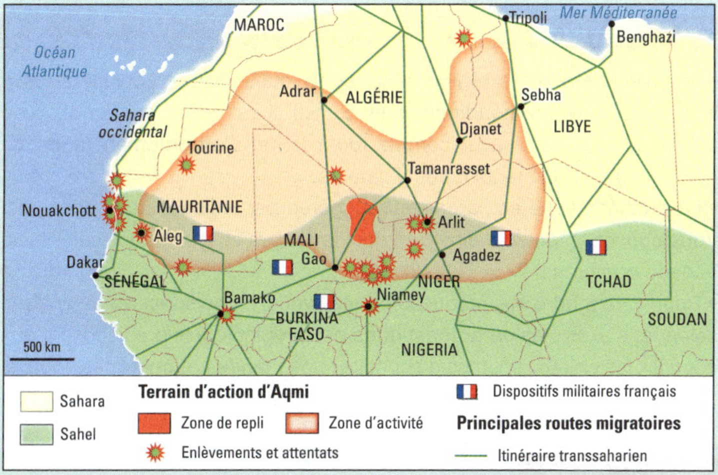

Documentation photographique. Géographie des conflits, n° 8086, 2013.

DOCUMENT 2 **Le Sahara, nouveau territoire de conflits**

La prise d'otages et la demande de rançon, justifiées par des revendications islamistes exprimées par Al-Qaïda au Maghreb islamique (Aqmi), s'ajoutent aux trafics d'humains. Aqmi est née du reliquat des forces du Groupe salafiste pour la prédication et le combat (GSPC), groupe djihadiste qui s'est affilié à Oussama Ben Laden en 2006. Chassée de ses bases algériennes, elle s'est déployée dans l'ensemble du Sahel. Depuis 2007, les prises d'otages par Aqmi sont récurrentes. L'une des opérations les plus spectaculaires eut lieu à Arlit, dans le

Nord-Niger, le 16 septembre 2010. Plusieurs groupes armés ont frappé à deux endroits cette ville minière pourtant bien protégée, et pris en otage sept personnes travaillant pour Areva, premier groupe nucléaire français. L'entreprise est directement visée à la fois en raison de la présence de ressortissants français et comme exploitant la principale richesse du Niger : l'uranium. Les forces militaires françaises ou américaines établies sur place ne peuvent pas faire grand-chose, même quand les ravisseurs sont identifiés et poursuivis.

Jean-Yves Moisseron, *Documentation photographique. Géographie des conflits*, n° 8086, 2013.

LES CLÉS DU SUJET

- Le sujet porte sur la **région saharienne**, mais invite à considérer également ses **marges méridionales (le Sahel)**. Il est centré sur la notion de conflit qu'il faut envisager comme toute forme d'**affrontement armé ou non** engageant différents types d'acteurs.
- La problématique est largement suggérée par le libellé de la consigne. Vous pouvez la formuler ainsi : en quoi le Sahara et ses marges sont-ils un **espace conflictuel** ?
- Pour y répondre de façon complète, vous organiserez votre analyse selon trois axes : les **caractéristiques** de la région qui la prédisposent aux conflits ; les **enjeux**, sources de conflits ; une **manifestation** de ces conflits.

CORRIGÉ 39

Les titres en couleur servent à guider la lecture et ne doivent en aucun cas figurer sur la copie.

Introduction

[Présentation des documents] L'étude comprend deux documents consacrés aux problèmes d'insécurité dans le Sahara ; ils sont extraits de la revue *Documentation photographique,* parue en 2013.Le premier est une carte régionale du Sahara et de ses marges sahéliennes précisant l'organisation spatiale des activités terroristes d'Aqmi (Al-Qaïda au Maghreb islamique) ; le second un texte du géopoliticien Jean-Yves Moisseron expliquant les enjeux de ces actions.

[Problématique et annonce du plan] L'analyse de ces deux documents nous permet de poser la question suivante : en quoi le Sahara et ses marges sont-ils un espace conflictuel ? Pour y répondre, nous rappellerons d'abord les caractéristiques de cette région, puis ses enjeux en tant que sources de conflits avant d'évoquer une manifestation de ceux-ci.

I. Le Sahara, un espace particulier

1. De fortes contraintes, d'immenses ressources

• Le Sahara est un espace immense (document 1) : dans sa plus grande extension, sa superficie s'élève à 8,5 millions de km^2.

> **Info**
> Cette superficie équivaut à celle du Brésil.

• C'est aussi un espace marqué par l'aridité : les précipitations sont inférieures à 100 millimètres par an.

• Mais il est riche en ressources naturelles : nappes aquifères fossiles, hydrocarbures, phosphates, minerais. Ainsi, l'extraction de l'uranium du Niger (document 2) est essentielle pour le fonctionnement des centrales nucléaires françaises.

2. Un désert humain, un carrefour migratoire

• Les densités de population sont extrêmement faibles : la population sédentaire se concentre dans quelques rares villes (ex. : Arlit au Niger).

• En même temps, traditionnellement, le Sahara est un espace de déplacement des populations nomades (ex. : les Touaregs). Plus récemment, les migrants venant du Sud empruntent les routes transsahariennes (document 1).

3. Un espace fragmenté et désarticulé (document 1)

• Le Sahara est une zone de contact entre le monde méditerranéen et l'Afrique subsaharienne. Il n'a jamais connu d'unité politique.

• On compte, de la Mauritanie au Soudan, dix États sahariens. Leurs longues frontières politiques, héritées de la colonisation, sont difficiles à contrôler.

• Les États du Nord (du Maroc à l'Égypte) sont plus solides et plus développés que ceux du Sud (de la Mauritanie au Soudan), qui sont tous des PMA.

II. Un espace aux multiples enjeux

1. Le contrôle des ressources naturelles

• La maîtrise et l'exploitation des ressources naturelles (hydrocarbures, uranium) font du Sahara un espace convoité.

• Comme le mentionne le document 2, différents acteurs s'y opposent : des acteurs internes à la région (États, groupes terroristes liés au réseau international d'Al-Qaïda) et des acteurs extérieurs (entreprises et forces armées des puissances occidentales, au premier rang desquelles la France).

2. La souveraineté des États

• Les États du Sud comme le Mali souffrent du manque de légitimité de leurs dirigeants, de l'influence des puissances occidentales (ex. : France), du mal-développement. En outre, ils ne parviennent pas à contrôler l'ensemble de leur territoire et à faire respecter leurs frontières (document 1).

• Certains groupes comme les Touaregs revendiquent sans succès la reconnaissance de leur identité. Les États de la région se caractérisent en effet par une forte diversité ethnique et culturelle dont les frontières, issues de la période coloniale, ne tiennent pas compte.

• Depuis 2011, les États du Nord sont confrontés aux aspirations démocratiques de leur population. Certains régimes (Tunisie, Libye, Égypte) ont été renversés par le « Printemps arabe », et peinent depuis à retrouver leur stabilité. La chute de Mouammar Kadhafi a déstabilisé l'ensemble de la région : elle a entraîné la dissémination du considérable stock d'armes dont il disposait, favorisant ainsi la militarisation de nombreux groupes rebelles.

> **Info**
> En 2011, une intervention militaire de l'OTAN en soutien aux rebelles libyens a abouti au renversement de Mouammar Kadhafi.

3. La lutte contre les trafics et le terrorisme

• Le Sahara est un carrefour commercial pour le trafic de drogue (15 % du trafic mondial) ; c'est aussi un espace de transit pour les migrants clandestins en provenance de l'Afrique subsaharienne et à destination de l'Union européenne (document 1).

• Depuis les années 2000, la région est devenue un foyer du terrorisme international avec la naissance d'Al-Qaïda au Maghreb islamique (document 2). Pour y faire face, les forces militaires françaises et américaines ont renforcé leur présence dans la région, au nom de la lutte contre le terrorisme.

III. Une forme de conflit : le terrorisme islamiste

1. Les modalités

• En septembre 2010, à Arlit, au Niger, Aqmi enlève sept employés de l'entreprise Areva, dont cinq ressortissants français (document 2).

> **Info**
> Ces otages ont été libérés en octobre 2013.

• L'opération est doublement symbolique : il s'agit de dénoncer l'influence d'une grande puissance occidentale et la mainmise d'une de ses entreprises phares sur les ressources naturelles de la région.

• De plus, cette prise d'otages, assortie d'une demande de rançon, a pour intérêt de financer le groupe terroriste (achat d'armes, de drogue).

2. Les zones d'action (document 1)

• Géographiquement, les commandos d'Aqmi opèrent dans une vaste zone allant de la Mauritanie au Niger, sous forme d'enlèvements ou d'attentats.

• Cependant, ils disposent d'une zone de repli située au nord du Mali, dans une zone montagneuse à proximité des frontières de l'Algérie et du Niger, ce qui permet d'échapper plus facilement aux forces de l'ordre.

Attention !
Ici, les frontières, particulièrement poreuses, ne sont pas des obstacles aux différents flux.

3. Une riposte difficile

• Des commandos peu nombreux mais aguerris d'Aqmi s'opposent aux armées régulières des États africains soutenus par la France et les États-Unis : c'est un conflit asymétrique. L'intervention militaire française au Mali en 2013 (opération Serval), destinée à chasser du nord de ce pays des rebelles islamistes, a montré les difficultés de ce type d'action.

• Cependant, la connaissance du terrain et des soutiens auprès de la population locale rendent la riposte très difficile de la part des armées régulières (fin du document 2). Ainsi, il est peu aisé de fixer le terme de ce type d'opérations.

Conclusion

[Réponse à la problématique] En somme, l'analyse de ces documents nous a montré que les caractéristiques de la région saharienne et les différents enjeux qu'elle présente favorisent l'action de groupes terroristes.

[Critique des documents] L'intérêt des documents est de mettre en évidence la dimension spatiale de ce problème. Cependant, ils évoquent peu le rôle des États de la région.

SUJET

40

Sujet inédit

ANALYSE DE DOCUMENT

Le continent africain face à la mondialisation

▸ Analysez ce document pour montrer comment l'Afrique subsaharienne s'intègre à la mondialisation.

DOCUMENT **L'Afrique subsaharienne : quelle intégration à la mondialisation ?**

Après avoir été stigmatisée durant les années 1980-1990 sous les seuls aspects de l'afro-pessimisme et de ses clichés réducteurs (sida, guerres ethniques et civiles, famine, pauvreté, paludisme, sécheresse, avancée du désert, sous-développement, corruption des élites, etc.), l'Afrique subsaharienne fait désormais l'objet d'un vif regain d'intérêt sur le plan international, notamment de la part des investisseurs étrangers et des grandes puissances qui cherchent à y développer de nouvelles formes de partenariat. […]

Les grands pays émergents (Chine, Brésil, Inde, etc.) ont joué un rôle majeur dans le changement d'image du sous-continent, en identifiant sans doute plus rapidement que les autres les potentialités nouvelles de l'Afrique subsaharienne. D'abord en s'intéressant de près aux matières premières (énergétiques, agricoles et minérales) dont le sous-continent regorge et qui n'ont jamais été aussi stratégiques depuis la reprise à la hausse des cours mondiaux ; mais aussi aux terres arables encore disponibles, sous la forme du *land grabbing*, soit la location à long terme ou la vente d'immenses territoires dans le but de sécuriser leurs approvisionnements, ce qui n'est pas sans poser des inquiétudes nouvelles pour les populations locales qui y voient une forme de spoliation de leurs terres. Ensuite en misant sur l'essor des marchés de consommation africains, pour lesquels les produits (essentiellement asiatiques) se révèlent plus compétitifs que ceux des pays industrialisés, surtout dans le bas et moyen de gamme.

Les grands pays industrialisés ont désormais bien compris qu'il était de leur intérêt de repenser leurs relations avec l'Afrique subsaharienne. L'UE notamment n'hésite d'ailleurs plus à parler d'un potentiel de relations encore largement inexploité, l'Afrique subsaharienne ne représentant que 8 % de ses échanges commerciaux.

François Bost, *Images économiques du monde 2013*, Paris, Armand Colin, 2012.

LES CLÉS DU SUJET

• Le sujet ne porte que sur une partie du continent africain, restée longtemps à l'écart de l'espace mondialisé : l'Afrique subsaharienne, c'est-à-dire l'ensemble des territoires situés au **sud du Sahara**. Il exclut donc les États d'Afrique du Nord (Maghreb et Machrek). Vous devez vous focaliser sur le **processus d'intégration à la mondialisation** qui se caractérise notamment par l'intensification des flux de toutes natures (commerciaux, financiers, migratoires, d'informations).

• Votre analyse sera guidée par la question suivante : comment l'intégration à l'espace mondialisé d'un **sous-continent historiquement marginal** se manifeste-t-elle ?

• Pour y répondre, vous pourrez suivre une **démarche analytique** en présentant les atouts de l'Afrique subsaharienne, les formes de sa participation à la mondialisation, puis les limites de celle-ci.

CORRIGÉ 40

Les titres en couleur servent à guider la lecture et ne doivent en aucun cas figurer sur la copie.

Introduction

[Présentation du document] Le document proposé est un texte géoéconomique extrait des *Images économiques du monde 2013*. Il présente le regain d'intérêt des grandes puissances pour l'Afrique subsaharienne depuis le début du XXIe siècle.

[Problématique et annonce du plan] Son analyse nous permettra de répondre à la question suivante : comment se manifeste l'intégration à la mondialisation d'un sous-continent longtemps marginalisé ? Pour y répondre, nous présenterons les atouts de celui-ci, les signes de son intégration, puis les limites de ce processus.

I. Les atouts de l'Afrique subsaharienne

1. D'abondantes ressources naturelles

- Comme nous le rappelle la troisième phrase, le sous-continent dispose de ressources naturelles abondantes et variées.
- Il s'agit d'abord de matières premières, qu'elles soient énergétiques (pétrole, gaz), agricoles (coton, bois tropicaux) ou minérales (uranium, coltan). La hausse des cours mondiaux les rend stratégiques.
- Il s'agit aussi de terres arables. Les besoins alimentaires d'une population croissante en renforcent la valeur aux yeux de certains États confrontés au défi alimentaire (ex. : Chine).

Définition
Le coltan (colombite-tantalite) est un minerai composite utilisé dans la fabrication des composants électroniques (ex. : téléphones portables).

2. Une population de plus en plus nombreuse

- Le continent africain compte actuellement 1 milliard d'habitants ; il devrait en compter environ 2 milliards en 2050.
- C'est pourquoi on peut envisager « l'essor des marchés de consommation africains » : en effet, il faudra satisfaire les besoins croissants (nourriture, logement, transport, etc.) de cette population.

II. Les signes d'une intégration à la mondialisation

1. La croissance des investissements étrangers

- Comme l'indique la deuxième phrase, les puissances émergentes (Chine, Brésil, Inde) ont rapidement compris l'intérêt économique de l'Afrique subsaharienne.
- Leur soif de matières premières et de produits agricoles les a poussées à investir massivement dans des projets miniers et énergétiques, ainsi que dans l'achat de terres agricoles.

Info
La Chine est le premier investisseur et premier partenaire commercial de nombreux États africains.

2. La croissance des échanges commerciaux

• Les pays émergents importent de l'Afrique subsaharienne les produits bruts. Ils exportent vers le sous-continent des produits industriels de basse ou de moyenne gamme (quatrième phrase), comme l'électroménager.

• Les pays industrialisés (États-Unis, Union européenne), se sentant dépassés par les pays émergents, beaucoup plus entreprenants qu'eux, souhaitent à leur tour intensifier leurs échanges commerciaux avec l'Afrique subsaharienne (dernière phrase).

III. Les limites de cette intégration

1. Un sous-continent dépendant

• L'intégration de l'Afrique à la mondialisation est davantage le résultat de l'intervention de puissances extérieures au continent (Chine, Brésil, etc.) que d'un dynamisme interne.

• L'exploitation des ressources naturelles par de grandes compagnies étrangères dépossède l'Afrique subsaharienne de ses atouts : ainsi, la vente de terres arables est perçue par les populations locales comme une « spoliation » (troisième phrase).

• L'importation massive de produits industriels pérennise la sous-industrialisation héritée de la période coloniale.

Info
Cette situation a perduré en raison des choix économiques des dirigeants africains et de la concurrence des pays émergents asiatiques.

2. Un mal-développement chronique

• Le marché de consommation africain reste limité par la faiblesse du pouvoir d'achat, en particulier dans les pays les moins avancés.

• Les « clichés réducteurs » de l'« afro-pessimisme » conservent une large part de vérité. L'instabilité de nombreux États (guerres civiles, terrorisme) dissuade les investisseurs et les partenaires commerciaux. Ainsi, malgré ses immenses ressources naturelles, la République démocratique du Congo reste peu attractive en raison d'une situation politique chaotique.

Info
La grande majorité des PMA se situe en Afrique subsaharienne.

3. Une intégration sélective

• Seuls quelques États (les « Lions africains ») sont bien intégrés à la mondialisation et connaissent une forte croissance économique : l'Afrique du Sud (membre des BRICS), le Nigeria, l'Angola et dans une moindre mesure, le Ghana et le Kenya.

• Les autres États restent en marge de la mondialisation. Certains cumulent des difficultés politiques (troubles, corruption) et souffrent de leur enclavement, comme le Zimbawe.

Conclusion

[Réponse à la problématique] Ainsi, l'Afrique subsaharienne dispose de solides atouts (abondance des ressources naturelles, poids démographique) qui la rendent attractive pour les investisseurs et les partenaires commerciaux ; des obstacles à une intégration plus complète demeurent cependant (dépendance commerciale, mal-développement, inégal dynamisme économique des États).

[Critique du document] L'intérêt de ce texte est de nous montrer que l'Afrique subsaharienne connaît une véritable métamorphose économique. Néanmoins, cet extrait n'aborde pas d'autres échelles (nationale, locale) qui auraient permis de nuancer ce processus. En effet, l'intégration à la mondialisation accentue les contrastes spatiaux (littoral/intérieur, régions métropolitaines/régions rurales).

France métropolitaine • Juin 2016

CROQUIS

Le continent africain : contrastes de développement et inégale intégration dans la mondialisation

LES CLÉS DU SUJET

■ Entrer dans le sujet

Le sujet est articulé autour de deux notions clés : celle de **développement**, qui renvoie à l'accroissement des richesses conjugué à l'amélioration des conditions de vie d'une population ; celle de **mondialisation**, qui correspond au processus de mise en relation des territoires et des sociétés à l'échelle mondiale. L'échelle retenue est continentale.

■ Mobiliser ses connaissances

Votre croquis devra mettre en évidence **les disparités territoriales de l'Afrique en termes de développement et d'intégration à l'espace mondialisé**. Ainsi, vous serez amené à distinguer différents types d'États, en fonction de leur indicateur de développement humain (IDH) ; vous indiquerez également les lieux les plus ouverts sur l'espace mondialisé (métropoles, hubs, ports) ainsi que les flux caractéristiques de cette ouverture (flux d'investissements étrangers).

■ Choisir les thèmes et les modes de représentation

- Vous pouvez structurer votre **légende en deux parties** correspondant aux deux volets du sujet : la première pourra être consacrée à l'inégal développement du continent ; la seconde à l'inégale intégration dans la mondialisation.
- Vous utiliserez des **figurés de surface**, dans une gamme de couleurs homogène (du rouge au jaune) pour distinguer les niveaux de développement des États ; des **figurés ponctuels et linéaires** pour représenter les lieux et les modes de l'insertion à l'espace mondialisé.

CORRIGÉ 41

Le continent africain : contrastes de développement et inégale intégration dans la mondialisation

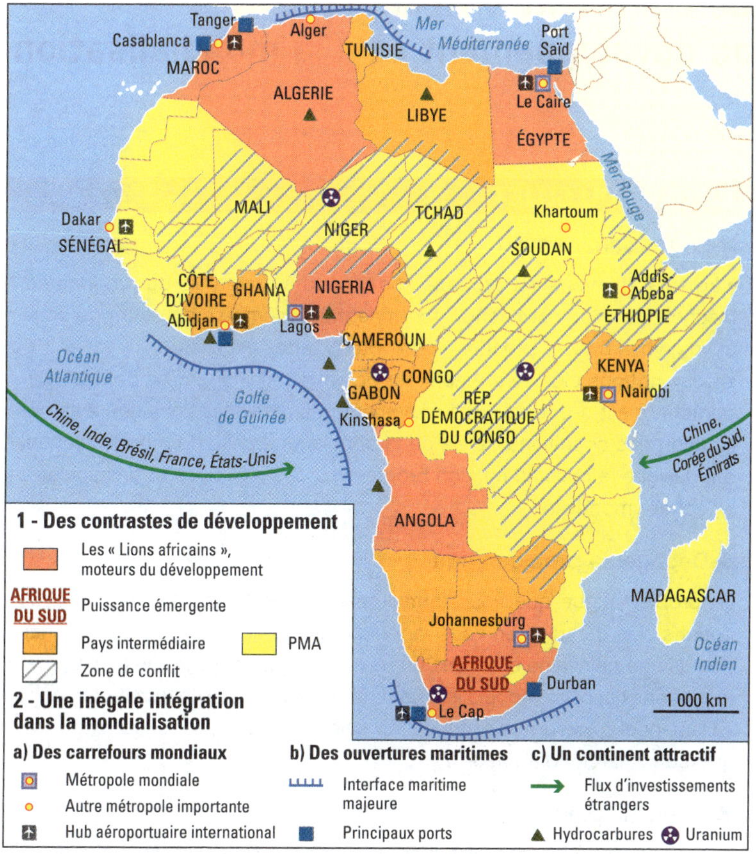

SUJET 42

Amérique du Sud • Novembre 2015

COMPOSITION

Le continent africain face au développement et à la mondialisation

LES CLÉS DU SUJET

■ Entrer dans le sujet

• Le sujet qui vous est proposé correspond à un intitulé du programme. L'échelle retenue est **l'échelle continentale**, même si, au cours de votre devoir, vous pouvez prendre en compte d'autres échelles.

• Deux **notions clés** seront au cœur de votre réflexion : celle de **développement**, c'est-à-dire de l'accroissement des richesses conjugué à l'amélioration des conditions de vie de la population ; celle de **mondialisation**, qui désigne la mise en relation progressive des territoires et des sociétés à l'échelle mondiale.

■ Dégager la problématique

La problématique que vous formulerez doit mettre en relation les deux notions clés du sujet, en vous rappelant que le continent africain connaît depuis une quinzaine d'années un réel développement et s'insère rapidement dans l'espace mondialisé. La formulation suivante pourrait convenir : « Dans quelle mesure le continent africain se développe-t-il tout en s'intégrant dans la mondialisation ? »

■ Définir le plan

• Dans l'élaboration de votre plan, vous devez éviter de dissocier développement et intégration dans la mondialisation. Pour répondre de façon pertinente et complète à la problématique, un **plan analytique** est le plus adapté.

• Vous rappellerez d'abord les difficultés de développement et la faible insertion dans l'espace mondialisé du continent africain ; puis les signes de décollage et d'intégration ; enfin, les défis qu'il lui reste à relever.

CORRIGÉ 42

Les titres en couleur servent à guider la lecture et ne doivent en aucun cas figurer sur la copie.

Introduction

[Accroche et présentation du sujet] Parmi les dix premiers pays ayant connu la plus forte croissance économique en 2014 figurent cinq États africains, d'après *Le Monde en 2015* publié par les journaux *The Economist* et *Courrier international*. Ce classement est un des signes du récent décollage économique du continent africain. En effet, depuis une quinzaine d'années, l'Afrique se développe, avec la croissance des richesses et l'amélioration des conditions de vie de sa population ; en même temps, elle s'insère rapidement dans l'espace mondialisé avec l'intensification des flux qui la relient au reste du monde.

Info
La République démocratique du Congo, l'Érythrée, le Mozambique, le Congo et la Tanzanie ont une croissance supérieure à 7 % (2014).

[Problématique et annonce du plan] C'est pourquoi nous répondrons à la question suivante : dans quelle mesure le continent africain se développe-t-il tout en s'intégrant dans la mondialisation ? Nous rappellerons d'abord les difficultés chroniques de l'Afrique en termes de développement et d'insertion, puis les signes récents de décollage et d'ouverture, avant de préciser les défis auxquels elle doit faire face.

GÉOGRAPHIE

I. Un continent longtemps en marge du développement et de la mondialisation

1. De nombreux indicateurs de mal-développement

• L'Afrique comprend 34 PMA sur 49 dans le monde. Ils se situent dans la partie subsaharienne (exemples : Niger, Madagascar).

• 300 millions de personnes (sur 1,1 milliard d'habitants) vivent en dessous du seuil de pauvreté (moins de 1 dollar par jour).

Gagnez des points !
Ne retenez que les indicateurs les plus parlants pour donner de la force à votre argumentation.

• L'espérance de vie (57 ans) est beaucoup plus faible que la moyenne mondiale (69 ans). La sous-alimentation touche 225 millions de personnes. Les risques sanitaires demeurent nombreux : paludisme, sida et, plus récemment, virus Ebola.

2. Une faible insertion dans la mondialisation

Avec 15 % de la population mondiale, l'Afrique ne réalise que 3 % du commerce mondial.

• Les échanges commerciaux restent très déséquilibrés : le continent exporte des produits bruts (pétrole, minerais, bois) et importe des produits industriels.

> **Info**
> Cette situation est caractéristique des économies de rente fondées sur l'exploitation des ressources naturelles.

• L'exploitation des nombreux gisements énergétiques et miniers est contrôlée par des firmes transnationales des pays occidentaux et émergents (Chine, Inde, Brésil).

II. Le décollage de l'Afrique

1. Des signes de croissance économique

• La croissance économique de l'Afrique s'accélère : le taux de croissance est passé de 2,6 % pour la décennie 1990-2000 à 5 % pour 2000-2010.

• Les « Lions africains » (l'Afrique du Sud, l'Égypte, le Nigeria, l'Algérie, le Maroc, l'Angola) qui réalisent 65 % du PIB du continent se distinguent par leur dynamisme.

> **Attention !**
> L'Afrique du Sud, membre des BRICS, est la seule puissance économique compétitive à l'échelle mondiale.

• Des classes moyennes, représentant environ 100 millions de personnes, émergent dans certains pays (Afrique du Sud, Maghreb). Elles constituent un marché de consommation important.

2. Une rapide ouverture à la mondialisation

• Les investissements étrangers sur le continent ont augmenté de plus de 80 % entre 2003 et 2010 : les pays émergents, Chine en tête, exploitent des gisements miniers et d'hydrocarbures, financent des infrastructures de transport et achètent des terres agricoles.

• De grands ports ont été aménagés, notamment pour les adapter à la conteneurisation (Tanger au Maroc, Durban en Afrique du Sud).

• Les flux d'informations reliant l'Afrique au reste du monde ont explosé grâce à l'usage des NTIC : le nombre d'internautes a été multiplié par 7 entre 2004 et 2013.

> **Définition**
> Les NTIC désignent les nouvelles technologies de l'information et de la communication, comme Internet ou la téléphonie mobile.

III. De nombreux défis à relever

1. Une forte croissance démographique

• L'Afrique comptera 1,5 milliard d'habitants en 2030, 2 milliards en 2050. De nombreux besoins seront donc à satisfaire pour une population jeune (40 % de moins de 15 ans) : alimentation, santé, éducation, etc.

• Le continent connaît aussi une véritable explosion urbaine : le taux d'urbanisation est passé de 14 % en 1950 à 40 % en 2010. La croissance des mégapoles africaines entraîne l'extension des bidonvilles sans connexion aux réseaux de transport, d'eau, d'électricité.

Info
Le Caire (16 millions d'habitants), Lagos (13 millions) et Kinshasa (10 millions) sont les plus peuplées.

2. De fortes inégalités territoriales et sociales

• De nombreuses disparités territoriales divisent le continent : opposition entre « Lions africains » insérés dans la mondialisation et pays en marge ; contraste entre régions urbaines riches et espaces ruraux peu développés.

• L'insertion dans la mondialisation profite aux élites, aux classes moyennes urbaines et aux diasporas (chinoise, indienne). La masse de la population vit dans une situation de grande précarité, ce qui alimente tensions et violence.

3. L'instabilité politique, frein majeur au développement

• De nombreuses régions sont touchées par de graves conflits : le Sahara, foyer du terrorisme islamiste et plaque tournante du trafic de drogue ; la corne de l'Afrique, base de repli de la piraterie ; l'Afrique centrale où s'affrontent des groupes armés pour le contrôle des ressources naturelles.

• Ces conflits maintiennent de nombreux États dans le mal-développement et freinent leur insertion dans la mondialisation (exemple : République démocratique du Congo).

Conclusion

[Réponse à la problématique] Ainsi, le continent africain, resté longtemps à l'écart du développement et de la mondialisation, connaît un véritable décollage depuis les années 2000. Cependant, d'importants défis démographiques, sociaux et politiques sont à relever.

[Ouverture] Pour l'économiste nigérian Tony Elumelu, la promotion de l'« africapitalisme » doit permettre d'y parvenir.

GÉOGRAPHIE

SUJET
43

Sujet inédit
ANALYSE DE DOCUMENT

Dynamisme économique et inégalités en Asie du Sud et de l'Est

▸ Analysez cette photographie pour montrer en quoi le cas de Mumbai est révélateur des défis du dynamisme économique et des profondes inégalités de l'Asie du Sud et de l'Est.

DOCUMENT Le quartier de Dharavi à Mumbai (Inde)

Ph © Rajanish Kakade/AP/SIPA

Mumbai est une mégapole de 20 millions d'habitants environ, dont plus de la moitié vit dans d'immenses bidonvilles comme celui de Dharavi (700 000 habitants sur 200 hectares). Dharavi jouxte un quartier d'affaires récent, Bandra Kurla, qui abrite notamment la Banque centrale indienne.

LES CLÉS DU SUJET

• Le sujet porte sur le cas de Mumbai, mégapole indienne de 20 millions d'habitants environ. Il vous invite à analyser le document en le reliant à deux phénomènes : la **forte croissance économique** de l'Asie du Sud et de l'Est et les **disparités socio-spatiales** qu'elle amplifie.

• La problématique est largement suggérée par le libellé : en quoi l'agglomération de **Mumbai** est-elle **représentative** du dynamisme économique et des inégalités d'un pays émergent d'Asie du Sud ?

• Vous pourrez organiser votre analyse en **abordant chacun des aspects du sujet** : la croissance économique puis les contrastes socio-spatiaux.

CORRIGÉ 43

POINT MÉTHODE

Analyser une photographie en géographie

❶ En premier lieu, **identifiez soigneusement la photographie** en précisant : le lieu de prise de vue, le type de prise de vue (aérienne, terrestre), le cadrage (large ou serré), le phénomène géographique mis en évidence.

❷ Ensuite, **décrivez sa composition** plan par plan, en distinguant quelques grands ensembles homogènes du point de vue géographique. Vous devez les nommer en utilisant un vocabulaire précis.

❸ Enfin, expliquez l'**organisation spatiale du lieu** en mobilisant vos connaissances. En effet, la photographie ne dit pas tout, il faut l'interpréter. Dans le cas présent, vous vous référerez à ce que vous savez de la croissance économique et de la ségrégation socio-spatiale en Inde.

Les titres en couleur servent à guider la lecture et ne doivent en aucun cas figurer sur la copie.

Introduction

[Présentation du document] Le document qui nous est proposé est une photographie aérienne oblique au cadrage large d'une partie du quartier de Dharavi, à Mumbai, en Inde. Elle met en évidence les contrastes socio-spatiaux de ce pays émergent, et donc les défis économiques et démographiques auxquels il fait face.

[Problématique et annonce du plan] C'est pourquoi, au fil de notre analyse, nous tenterons de répondre à la question suivante : en quoi le cas de Mumbai est-il révélateur du dynamisme économique et des inégalités d'un pays émergent d'Asie du Sud ? Pour ce faire, nous aborderons d'abord la croissance économique puis les contrastes socio-spatiaux tels qu'ils sont visibles sur le document.

I. Le dynamisme économique d'une métropole

1. Un quartier d'affaires…

• À l'arrière-plan de la photographie, on distingue un quartier d'affaires de type CBD *(Central Business District)*. Il est constitué de gratte-ciel de plusieurs dizaines d'étages, dont l'un est encore en construction.

Attention !
Partir du document vous permet de vous focaliser sur son interprétation.

• Ces tours abritent des bureaux. Leur forte concentration spatiale est liée à la densité du centre de l'agglomération de Mumbai. Le chantier montre que cette zone est convoitée par les promoteurs immobiliers qui sont à la recherche de terrains pour développer leurs activités.

2. … représentatif d'une métropole mondiale

• Mumbai est une métropole à différentes échelles. C'est la capitale économique de l'Inde, pays émergent qui selon la Banque mondiale, occupe en 2012 le 10e rang mondial en termes de PIB. Elle fait aussi partie des grandes métropoles de l'Asie du Sud et de l'Est, comme Tokyo et Shanghai, et s'affirme comme une ville globale à l'échelle mondiale.

• Ainsi, dans différents quartiers d'affaires comme Bandra Kurla (visible à l'arrière-plan) se concentrent des sièges sociaux de grandes entreprises, des hôtels de luxe et, dans le cas présent, la Banque centrale indienne.

II. Les défis démographiques d'une mégapole

1. Un immense bidonville…

• Les deux tiers du paysage (premier et deuxième plans) sont constitués par un bidonville (*slum* en anglais) : Dharavi. La photographie met en évidence son extension spatiale, sa forte densité et son enclavement, entre espaces boisés et quartier d'affaires.

• Dharavi est un quartier informel composé d'habitations construites en matériaux de récupération (tôles). Il n'est relié à aucun réseau (route, eau, électricité).

2. … révélateur d'une forte ségrégation socio-spatiale

• Mumbai est une mégapole de 20 millions d'habitants environ (la deuxième de l'Inde et la quatrième de l'Asie du Sud et de l'Est). Parmi eux, plus de la moitié vit dans des bidonvilles. Dharavi, le plus peuplé, compte 700 000 habitants sur 200 hectares.

• Dharavi abrite les plus pauvres, les laissés-pour-compte de la croissance économique de l'Inde ; certains viennent des régions rurales. Quant aux habitants les plus riches, ils vivent dans des quartiers luxueux qui jouxtent les bidonvilles.

Info
En Inde, sur une population d'1,2 milliard d'habitants, 500 millions vivent avec moins de 1 dollar par jour.

Conclusion

[Réponse à la problématique] L'analyse de cette photographie nous montre que le cas de Mumbai traduit le dynamisme économique de l'Inde tout en révélant l'importance de la ségrégation socio-spatiale.

[Critique du document] Son intérêt est de mettre en évidence la dualité d'une grande métropole. Cependant, elle ne permet d'aborder la politique de réhabilitation des bidonvilles entreprise par le gouvernement.

SUJET

44

Amérique du Nord • Mai 2016

COMPOSITION

L'Asie du Sud et de l'Est : les défis de la population et de la croissance

LES CLÉS DU SUJET

Entrer dans le sujet

• Le sujet porte sur la première des entrées de la question « L'Asie du Sud et de l'Est : les enjeux de la croissance ». L'échelle retenue est **l'échelle régionale** : le sujet englobe l'ensemble des États de l'Asie méridionale (du Pakistan au Myanmar), du Sud-Est (de la Thaïlande aux Philippines) et de l'Est (du Vietnam au Japon).

• Il comprend trois mots clés : « **défis** » qui renvoie à des obstacles à surmonter ; « **population** » qui vous invite à aborder les questions démographiques, cruciales pour le premier foyer de peuplement du monde ; « **croissance** » utilisé ici dans son sens économique, c'est-à-dire l'accroissement des richesses produites, particulièrement rapide dans la région.

Dégager la problématique

• Votre problématique doit reprendre les mots clés du sujet en les explicitant. Veillez à cet égard à les mettre en relation.

• La formulation suivante pourrait convenir : « Quels défis l'Asie du Sud et de l'Est doit-elle relever, compte tenu de son poids démographique et de sa forte croissance économique ? »

Définir le plan

• Pour répondre à la problématique, **un plan analytique** en deux parties est le plus adapté.

• Dans un premier temps, vous présenterez le poids démographique exceptionnel et le dynamisme économique spectaculaire de la région ; vous pourrez alors en évoquer brièvement les facteurs. Dans un second temps, vous préciserez les problèmes que pose cette situation pour le développement de l'Asie du Sud et de l'Est.

CORRIGÉ 44

Les titres en couleur servent à guider la lecture et ne doivent en aucun cas figurer sur la copie.

Introduction

[Accroche et présentation du sujet] En novembre 2014, s'est tenu à Pékin le sommet de l'APEC (Coopération économique pour l'Asie-Pacifique). Dominé par le président chinois, Xi Jinping, il a rappelé au monde entier le dynamisme économique de cette région. En effet, l'Asie méridionale (centrée sur l'Inde) et l'Asie orientale (centrée sur la Chine) se distinguent par leur nombreuse population et la forte croissance de leur PIB, qui constituent des atouts mais également des contraintes réelles.

Gagnez des points !
L'évocation d'un événement récent en lien avec le sujet peut constituer une solide accroche.

[Problématique et annonce du plan] C'est pourquoi nous nous posons la question suivante : quels défis l'Asie du Sud et de l'Est doit-elle relever compte tenu de son poids démographique et de sa croissance économique ? Pour y répondre, nous présenterons d'abord l'importance de la population et le développement économique exceptionnel de cette région. Dans un second temps, nous préciserons les défis que cette situation amène à relever.

I. Une région peuplée et dynamique

1. Le plus grand foyer de peuplement

- L'Asie du Sud et de l'Est concentre 4 milliards d'habitants, soit 55 % de la population mondiale. Deux géants démographiques se distinguent : la Chine (1,38 milliard habitants) et l'Inde (1,32 milliard), suivis par l'Indonésie (261 millions), le Pakistan (193 millions) et le Bangladesh (163 millions).
- La croissance démographique reste soutenue en Asie méridionale, qui est en pleine transition démographique : l'Inde deviendra le pays le plus peuplé du monde dès 2025. Elle est plus lente en Asie orientale, qui a achevé sa transition (exemple : Japon). En Chine, ce ralentissement est aussi l'effet de la politique de l'enfant unique.

Info
La politique de l'enfant unique a été lancée en 1979 pour réduire la croissance démographique chinoise. Elle a été assouplie en 2013.

- La région s'urbanise rapidement : le taux d'urbanisation, actuellement de 42 %, devrait atteindre 65 % en 2050. Elle compte huit des dix premières mégapoles du monde, comme Tokyo (35 millions d'habitants), Guangzhou (26 millions), Jakarta et Shanghai (26 millions).

GÉOGRAPHIE

2. Une aire de forte croissance économique

• L'Asie du Sud et de l'Est est, avec un taux de croissance supérieur à 7,5 % la région la plus dynamique au monde. Elle réalise environ 30 % du PIB mondial.

• On y trouve de grandes puissances économiques mondiales comme la Chine (1er rang), le Japon (3e rang), l'Inde (7e rang) ou la Corée du Sud (11e rang). Cependant, l'intégration régionale reste inachevée : l'ASEAN (Association des nations d'Asie du Sud-Est) ne comprend ni la Chine, ni le Japon, ni la Corée du Sud.

• Ces performances s'expliquent par le rôle moteur de l'État, le choix du développement par les exportations et la présence d'une main-d'œuvre abondante, qualifiée et bon marché, attractive pour les investisseurs étrangers. La population nombreuse constitue aussi un marché de consommation important, d'autant que son niveau de vie progresse, comme l'atteste l'émergence des classes moyennes.

> **Info**
> Ce modèle, dit « en vol d'oies sauvages » a été adopté dès les années 1960 par le Japon.

II. Des défis d'avenir colossaux

1. Des défis démographiques et sociaux

• Le vieillissement de la population, lié à la baisse de la natalité et à l'allongement de l'espérance de vie, pose la question du financement des dépenses de santé et des retraites. Il est particulièrement marqué au Japon (le pays le plus « vieux » du monde avec 23 % de plus de 65 ans) et en Chine (doublement de la part des plus de 65 ans dans la population d'ici 2030).

• La pauvreté touche en moyenne 25 % de la population, exclue de la croissance. En Asie du Sud, des centaines de millions de personnes vivent dans les bidonvilles des mégapoles, privés d'eau courante et d'électricité (exemples : Dacca, Mumbai, Delhi, Jakarta).

> **Attention !**
> Les conditions de vie en ville sont souvent meilleures qu'à la campagne, ce qui nourrit l'exode rural.

2. Des défis économiques et géopolitiques

• Pauvre en ressources naturelles, la région dépend de l'extérieur pour son approvisionnement énergétique et minier, indispensable à sa rapide industrialisation. La Chine, véritable « usine du monde » est ainsi le premier importateur mondial de pétrole, en provenance du golfe Persique et d'Afrique.

• La « course aux hydrocarbures » entraîne des tensions régionales entre les États : en mer de Chine, Chine et Japon s'opposent à propos des îles Senkaku/Diaoyu, à proximité de gisements de pétrole et de gaz encore inexploités ; dans l'océan Indien, l'Inde s'inquiète de la stratégie chinoise du « collier de perles » visant à sécuriser la route des hydrocarbures reliant le Moyen-Orient à l'Extrême-Orient.

Gagnez des points !
Montrez que vous savez mobiliser des connaissances issues d'autres parties du programme.

3. Des défis environnementaux et sanitaires

• En raison de l'utilisation massive de sources d'énergie et de matières premières fossiles (charbon, pétrole, gaz), la pollution de l'air, de l'eau et des sols est inquiétante. La Chine est ainsi le premier émetteur de gaz à effet de serre au monde.

• Des problèmes sanitaires majeurs touchent les populations des mégapoles : problèmes respiratoires (exemples : Pékin, Karachi), épidémies liées à une eau impropre à la consommation (Dacca, Calcutta).

Conclusion

[Réponse à la problématique] Ainsi, l'Asie de l'Est et du Sud se caractérise par une croissance démographique, en particulier urbaine, et économique remarquables. Ces évolutions constituent de redoutables défis tant sociaux, économiques, géopolitiques qu'environnementaux pour l'avenir de la région.

[Ouverture] Un modèle de développement durable, associant croissance économique, réduction des inégalités et respect de l'environnement est sans doute une des solutions à envisager.

SUJET

45

Sujet inédit

ANALYSE DE DOCUMENTS

Le Japon et la Chine : deux concurrents en Asie orientale

▸ Analysez ces documents pour dégager les fondements et les limites de la rivalité sino-japonaise en Asie orientale.

DOCUMENT 1 **Deux géants asiatiques ravivent leurs querelles**

Le conflit territorial des îles Diaoyu-Senkaku, qui oppose la Chine et le Japon, se réveille. De part et d'autre, les sentiments nationalistes sont attisés par des forces internes qui jouent avec le feu.

Le 18 septembre, les protestations contre la nationalisation des îles Senkaku [rattachées à la préfecture d'Okinawa] par le gouvernement japonais ont gagné la province du Liaoning, théâtre de l'incident de Mukden en 1931 qui a servi de prétexte à l'invasion de la Mandchourie par le Japon. Ainsi, les manifestations antijaponaises ont atteint leur paroxysme en cette « journée d'humiliation nationale » pour les Chinois. […]

Cependant, les autorités chinoises continuent d'annuler les programmes d'échanges officiels avec le Japon [même la cérémonie de célébration des 40 ans de la normalisation des relations bilatérales prévue pour le 27 septembre a fini par être repoussée]. Il faut dire que le gouvernement japonais n'est pas non plus irréprochable. Certes, les îlots font partie du territoire japonais, mais, diplomatiquement parlant, le moment de les nationaliser était très mal choisi. En effet, la décision a été prise à peine deux jours après que le président chinois Hu Jintao a fermement insisté auprès du Premier ministre Yoshihiko Noda pour qu'on ne nationalise pas les îles lors du sommet de l'Apec (Coopération économique pour l'Asie-Pacifique). […]

Par ailleurs, ce qui est particulièrement frappant dans les dégâts causés lors des manifestations, c'est que même l'usine du groupe Panasonic a été prise pour cible par les protestataires. Panasonic est pourtant un symbole de l'amitié sino-japonaise : la marque a été la première entreprise nipponne à s'être implantée en Chine en 1987, contribuant ainsi à la modernisation du pays. Nombreuses sont les sociétés nippones qui, comme Panasonic, contribuent encore au développement de la Chine.

Article paru dans le *Tokyo Shimbun*, repris dans *Courrier international*, n° 1143, 27 septembre 2012.

DOCUMENT 2 Les litiges territoriaux sino-japonais

Courrier international, n° 1143, 27 septembre 2012.

LES CLÉS DU SUJET

- La consigne porte sur la concurrence entre les **deux principales puissances de l'Asie de l'Est** : la Chine et le Japon. Il s'agit d'en montrer les facteurs (fondements) et de la relativiser (les limites). Vous devez vous limiter à l'**échelle régionale**.
- Vous pouvez formuler votre problématique de la façon suivante : comment se manifeste la **rivalité entre le Japon et la Chine en Asie orientale** ?
- La consigne indique assez clairement le plan que vous pouvez suivre : dans un premier temps, vous préciserez les **raisons** de cette rivalité ; dans un second temps, vous mentionnerez ses **limites**.

GÉOGRAPHIE

CORRIGÉ 45

Les titres en couleur servent à guider la lecture et ne doivent en aucun cas figurer sur la copie.

Introduction

[Présentation des documents] Le premier document est extrait d'un article d'un journal japonais (*Tokyo Shimbun*) traduit dans le *Courrier international* du 27 septembre 2012 ; il évoque le réveil du conflit territorial entre la Chine et le Japon autour des îles Diaoyu-Senkaku. Le second est une carte, provenant de la même source, qui illustre les litiges entre ces États en Asie orientale.

[Problématique et annonce du plan] L'analyse de ces deux documents soulève la question suivante : comment se manifeste la rivalité entre le Japon et la Chine en Asie orientale ? Pour y répondre, nous présenterons d'abord les fondements de cette concurrence avant d'en relativiser l'intensité.

I. Les fondements de la rivalité sino-japonaise en Asie orientale

1. De lourds contentieux historiques

- En 1931, la Mandchourie (Nord-Est de la Chine) est envahie par l'armée japonaise (document 1), puis devient l'État du Mandchoukouo, sous contrôle japonais (document 2). À partir de 1937, les Japonais occupent également la Chine littorale, et affrontent les Chinois jusqu'en 1945.

- Durant la guerre froide, la logique des blocs oppose la Chine communiste (à partir de 1949) et le Japon, allié des États-Unis. Les îles Senkaku (Diaoyu pour les Chinois), restituées au Japon par les États-Unis, sont alors revendiquées par la Chine.

- De nos jours, ce lourd passé exacerbe encore les nationalismes japonais et chinois. Ainsi, la nationalisation par le Japon des îles Senkaku est perçue par les Chinois comme une « humiliation nationale » (document 1).

2. Des enjeux stratégiques et économiques (document 2)

- Le litige concernant les îles Senkaku souligne un enjeu stratégique : la présence maritime des deux puissances en mer de Chine orientale. Toutes les deux se réfèrent à la délimitation établie par la Convention des Nations unies sur le droit de la mer.

Attention !
Pensez à faire le lien avec les autres thèmes du programme.

• Il met aussi en évidence un enjeu économique : les îles Senkaku se trouvent dans une zone riche en poissons et en hydrocarbures.

II. Les limites de cette rivalité

1. Le choix du dialogue et de la diplomatie

• En 1972, les relations sino-japonaises ont été normalisées (document 1), ce qui a mis fin à plusieurs décennies d'antagonisme. Depuis, tous les désaccords entre les deux pays ont été réglés par voie diplomatique. Ainsi, la riposte chinoise à la nationalisation des îles Senkaku consiste à annuler les programmes d'échanges officiels avec le Japon (document 1).

2. Des coopérations économiques

• Le Japon et la Chine sont engagés dans des programmes de coopération régionale, tels que l'APEC (Coopération économique pour l'Asie-Pacifique) : ce forum de discussion entre États riverains du Pacifique constitue actuellement la zone de plus forte croissance économique mondiale.

Info
Contrairement à d'autres organisations économiques, l'APEC n'est ni un marché commun, ni même une zone de libre-échange.

• Ils sont également partenaires économiques. En investissant et en délocalisant, les entreprises japonaises comme Panasonic ont contribué au décollage économique de la Chine (document 1).

• Enfin, Japon et Chine ont réussi à se mettre d'accord sur le partage des ressources marines : un accord de 1997 a délimité une zone de pêche commune (document 2).

Conclusion

[Réponse à la problématique] La rivalité sino-japonaise repose sur de lourds contentieux historiques et sur la défense d'intérêts stratégiques et économiques. Ravivée par la montée en puissance économique de la Chine, elle doit cependant être nuancée par la prise en compte de paramètres géopolitiques et économiques.

[Critique des documents] L'intérêt de ces documents est de nous proposer une lecture nuancée de la compétition entre les deux grandes puissances d'Asie orientale. Néanmoins, le point de vue exprimé dans l'article est celui d'un journaliste japonais, plutôt défavorable à la Chine.

SUJET

46

Pondichéry • Avril 2017

COMPOSITION

Japon-Chine : concurrences régionales, ambitions mondiales

LES CLÉS DU SUJET

• L'intitulé de ce sujet correspond exactement à celui du programme. Il porte sur les **deux principales puissances de l'Asie de l'Est** : le Japon et la Chine, dans une **logique comparative**. Explicitement, il vous invite à prendre en compte deux échelles : l'échelle régionale (l'Asie du Sud et de l'Est) et l'échelle mondiale.

• Votre problématique devra faire apparaître la **vive compétition entre ces deux États**. Elle pourra être formulée ainsi : comment le Japon et la Chine se disputent-ils le leadership régional et développent-ils des ambitions mondiales ?

• Le plan le plus adapté est un **plan par échelle**, les enjeux de cette compétition variant selon celle qui est envisagée. Ainsi, une première partie abordera l'**échelle de l'Asie orientale et méridionale** ; une seconde l'**échelle planétaire**.

CORRIGÉ 46

POINT MÉTHODE

Rédiger une conclusion

❶ La conclusion est l'**aboutissement** de votre composition. Elle comprend la réponse à la problématique (annoncée dans l'introduction) et une ouverture du sujet.

❷ Pour répondre à la problématique, reprenez les **grandes idées** développées dans chacune des parties sans en ajouter de nouvelle.

❸ Pour effectuer l'**ouverture**, vous devez relier le sujet traité à une autre question afin de lui donner une autre dimension. En géographie, plusieurs possibilités s'offrent à vous : changer d'échelle, évoquer une situation comparable, envisager un avenir proche en s'appuyant sur des données observables.

Les titres en couleur servent à guider la lecture et ne doivent en aucun cas figurer sur la copie.

Introduction

[Accroche et présentation du sujet] Régulièrement, les relations diplomatiques sino-japonaises sont émaillées de tensions fondées sur des contentieux territoriaux, comme celui concernant les îles Diaoyu-Senkaku. Ces derniers ne sont pas seulement un héritage historique lié à l'expansion japonaise en Asie orientale durant la Seconde Guerre mondiale ; ils sont aussi le signe d'une profonde rivalité entre deux puissances. En effet, Japon et Chine cherchent à étendre leur influence tant à l'échelle régionale (en Asie de l'Est et du Sud) qu'à l'échelle mondiale.

[Problématique et annonce du plan] C'est pourquoi nous ferons en sorte de répondre à la question suivante : comment ces deux puissances se disputent-elles le leadership régional et développent-elles des ambitions mondiales ? Pour ce faire, nous aborderons d'abord l'échelle de l'Asie orientale et méridionale, avant de prendre en compte l'échelle planétaire.

Définition
Le leadership est la capacité d'un État à s'imposer comme puissance à une échelle donnée.

GÉOGRAPHIE

I. La rivalité sino-japonaise en Asie de l'Est et du Sud

1. Une rivalité économique

• La Chine et le Japon se disputent le leadership en Asie orientale et méridionale. Pour l'instant, il est partagé entre les deux puissances qui réalisent à elles deux environ 70 % du PIB dans la région et plus de 60 % de son commerce extérieur.

• Le Japon reste le leader financier. Il est le principal investisseur et créancier d'Asie orientale (siège de la Banque asiatique de développement). Par ailleurs, il conserve une large avance technologique fondée sur une économie de la connaissance qui s'appuie sur une recherche et une innovation permanentes (ex. : robotique, informatique).

- La Chine est le leader industriel et commercial : elle est, loin devant le Japon, le premier producteur et exportateur de produits industriels de la région (automobile, textile, téléviseurs).Cependant, la Chine cherche à combler son retard technologique par de gros efforts d'investissement dans la recherche.
- Les deux puissances sont également des partenaires : la Chine est le premier partenaire commercial du Japon ; celui-ci est le premier investisseur étranger en Chine.

2. Une rivalité géopolitique

- Le contentieux historique entre les deux pays, remontant à la Seconde Guerre mondiale (occupation japonaise de la Chine de 1931 à 1945) et à la guerre froide (alliance du Japon avec les États-Unis contre la Chine communiste), continue d'interférer dans leurs relations. Malgré la signature d'un traité de paix et d'amitié en 1978, il subsiste des litiges territoriaux (ex. : îles Diaoyu-Senkaku).

Info
L'archipel Diaoyu-Senkaku en mer de Chine orientale est administré par le Japon mais revendiqué par la Chine.

- Forte de sa puissance militaire (la 1e du monde en termes d'effectifs), la Chine s'impose peu à peu comme le leader régional tout en tentant de désamorcer les sources de tension (ex. : pressions sur la Corée du Nord). Ainsi, dans l'objectif de « défense des mers proches », la marine chinoise est de plus en plus présente en mer de Chine orientale.
- Pénalisé par sa démilitarisation (héritage de sa défaite en 1945), le Japon utilise sa puissance économique comme un instrument géopolitique. L'aide publique au développement lui permet de faire contrepoids à la puissance chinoise en se rapprochant des États craignant la « menace chinoise » (ex. : Inde, Vietnam).

II. La rivalité sino-japonaise dans le monde

1. Une rivalité économique

- Depuis 2010, la Chine devance le Japon : elle est désormais la 2e puissance économique mondiale, reléguant son voisin au 3e rang. Elle ambitionne de supplanter les États-Unis, toujours au 1er rang. De plus, elle bénéficie d'une forte croissance économique (8,2 % en 2013) qui contraste avec celle du Japon (1,2 %).
- La Chine est la 1re puissance industrielle mondiale et le 1er exportateur mondial (produits industriels). De plus, ses investissements à l'étranger ont été multipliés par 20 depuis 2000 (en Afrique, Amérique latine, Union européenne).

• Le Japon demeure une grande puissance financière (la Bourse de Tokyo est la 2e du monde), industrielle et commerciale (4e rang mondial) grâce à la puissance de ses firmes transnationales (Toyota, Sony). Il reste, de plus, le 1er investisseur mondial (Amérique du Nord, Europe, Asie).

Gagnez des points !
Citez des exemples représentatifs de la puissance industrielle et technologique du Japon.

2. Une rivalité géopolitique

• La Chine s'affirme comme une puissance mondiale alors que le Japon reste un « nain politique ». En effet, contrairement à son rival, la Chine dispose d'atouts historiques (membre permanent au Conseil de sécurité de l'ONU, arme nucléaire).

• La Chine s'est doté du 2e budget militaire au monde pour moderniser son armée, en particulier sa flotte (ex. : 1er porte-avions en 2012). Elle fait contrepoids à l'influence américaine au sein de l'ONU (ex. : menace de veto contre l'intervention en Syrie) et en prenant la tête des BRICS.

• Le Japon, très dépendant des États-Unis, cherche à s'émanciper : il revendique un siège de membre permanent au Conseil de sécurité ; depuis 1992, il participe à des opérations militaires hors de ses frontières (Irak, Afghanistan).

3. Une rivalité culturelle

• Le *soft power* permet à chacune des deux puissances d'exercer une influence mondiale. La Chine s'appuie notamment sur les instituts Confucius, l'organisation de grands événements internationaux (ex. : exposition universelle de Shanghai en 2010) et la première diaspora au monde (50 millions de personnes).

• Le Japon développe la stratégie du *Cool Japan* fondée sur la diffusion planétaire de produits culturels (mangas, jeux vidéo, mode, cuisine).

Conclusion

[Réponse à la problématique] Ainsi, le Japon et la Chine sont des rivaux économiques, géopolitiques et culturels tant à l'échelle asiatique qu'à l'échelle mondiale. Actuellement, la Chine semble l'emporter dans cette compétition.

[Ouverture] Cependant, les deux puissances sont confrontées à de redoutables défis d'avenir comme le vieillissement de leur population, la forte dépendance énergétique et la vulnérabilité environnementale. La réponse qu'elles y apporteront sera sans doute déterminante pour l'évolution de leurs relations.

III. Préparer l'épreuve orale de contrôle

SUJET

47

Sujet d'oral n° 1

AVEC DOCUMENT

Le résistancialisme

DOCUMENT **Jean Moulin érigé au rang de héros national**

Monsieur le président de la République,

Voilà donc plus de vingt ans que Jean Moulin partit, par un temps de décembre sans doute semblable à celui-ci, pour être parachuté sur la terre de Provence, et devenir le chef d'un peuple de la nuit. [...]

Le Général assumait alors le Non du premier jour : le maintien du combat, quel qu'en fût le lieu, quelle qu'en fût la forme ; enfin, le destin de la France. [...] C'est pourquoi l'armée d'Afrique, depuis la Provence jusqu'aux Vosges, combattra au nom du gaullisme comme feront les troupes du Parti communiste. C'est pourquoi Jean Moulin avait emporté, dans le double fond d'une boîte d'allumettes, la microphoto du très simple ordre suivant : « M. Moulin a pour mission de réaliser, dans la zone directement occupée de la métropole, l'unité d'action de tous les éléments qui résistent à l'ennemi et à ses collaborateurs. »

[...] Entre ici, Jean Moulin, avec ton terrible cortège. Avec ceux qui sont morts dans les caves sans avoir parlé, comme toi ; et même, ce qui est peut-être plus atroce, en ayant parlé ; avec tous les rayés et tous les tondus des camps de concentration, avec le dernier corps trébuchant des affreuses files de *Nuit et brouillard*, enfin tombé sous les crosses ; avec les huit mille Françaises qui ne sont pas revenues des bagnes. Écoute aujourd'hui, jeunesse de France, ce qui fut pour nous le Chant du Malheur. C'est la marche funèbre des cendres que voici. À côté de celles de Carnot avec les soldats de l'an II, de celles de Victor Hugo avec les *Misérables*, de celles de Jaurès veillées par la Justice, qu'elles reposent avec leur long cortège d'ombres défigurées. Aujourd'hui, jeunesse, puisses-tu penser à cet homme comme tu aurais approché tes mains de sa pauvre face informe du dernier jour, de ses lèvres qui n'avaient pas parlé ; ce jour-là, elle était le visage de la France.

Discours d'André Malraux, ministre des Affaires culturelles, lors du transfert des cendres de Jean Moulin au Panthéon, le 19 décembre 1964.

PISTES POUR L'ORAL

PRÉPARATION

Entrer dans le sujet

• L'intitulé du sujet renvoie à une partie de la question du programme *Les mémoires : lecture historique.*

• Le sujet porte sur le concept de résistancialisme, défini par l'historien français Henry Rousso à propos d'une des mémoires de la Seconde Guerre mondiale en France. Il désigne le mythe politique selon lequel l'ensemble des Français aurait participé à la Résistance durant l'Occupation, et ce dès le début du conflit.

• Vous devez donc mettre en évidence les principales caractéristiques de la mémoire officielle fondée sur ce mythe. Vous vous limiterez ainsi à la période durant laquelle il triomphe, c'est-à-dire sous la présidence du général de Gaulle (1958-1969). Vous penserez à porter un regard critique sur cette mémoire.

Organiser l'exposé

• Dans un premier temps, vous montrerez en quoi le contexte politique de l'époque est favorable au triomphe du résistancialisme. En effet, ce discours est prononcé alors que le général de Gaulle est au pouvoir depuis 6 ans déjà : sa priorité est de souder la nation autour de sa personne et du souvenir glorieux de la Résistance.

• Dans un second temps, en vous appuyant sur des citations du texte, vous en préciserez les caractéristiques. De façon épique, l'auteur associe l'action de grandes figures résistantes (Jean Moulin, de Gaulle) à celle du peuple français dans une continuité historique.

• Enfin, en mobilisant vos connaissances personnelles et votre esprit critique, vous en rappellerez les limites. Vous pourrez alors faire référence aux analyses d'historiens comme Henry Rousso (auteur du *Syndrome de Vichy*) ou Jean-Pierre Azéma (auteur de *La France des années noires*).

PRÉSENTATION

Introduction

Le document proposé est un extrait du discours du ministre des Affaires culturelles André Malraux, prononcé le 19 décembre 1964 à l'occasion du transfert des cendres de Jean Moulin, unificateur des mouvements de la Résistance, au Panthéon. À travers la mémoire de la Seconde Guerre mondiale qu'il expose, il permet de saisir ce que l'historien Henry Rousso a appelé le résistancialisme, c'est-à-dire le mythe selon lequel l'ensemble de la population française aurait participé à la Résistance.

I. Un contexte favorable au résistancialisme

1. Oublier l'Occupation

• En 1945, la majorité des Français souhaite tourner la page de l'Occupation. C'est une période qui les a traumatisés et divisés.

• Pour ses victimes (prisonniers de guerre, travailleurs du STO, déportés), le silence est de mise en raison d'un sentiment de culpabilité et de la difficulté à exprimer leurs souffrances.

2. Une priorité : l'unité nationale

• Pour le général de Gaulle, président de la République de 1958 à 1969, la priorité est de souder les Français autour du régime de la Ve République et de son chef.

• En effet, après 1945, le pays a de nouveau été meurtri et divisé en raison de la guerre d'Algérie (1954-1962).

II. Une mémoire officielle : le résistancialisme

1. Des hommes providentiels

• Des individus hors du commun auraient assumé « le destin de la France ».

• De Gaulle est présenté comme le premier Résistant au régime de Vichy et à sa politique de collaboration (« le Non du premier jour » fait référence à l'appel du 18 juin 1940).

• Jean Moulin est décrit comme le principal organisateur de la Résistance intérieure, missionné par de Gaulle (« M. Moulin a pour mission [...] collaborateurs. ») ; il s'est sacrifié pour cette mission (« pauvre face informe du dernier jour » fait allusion à sa mort sous la torture).

2. Un peuple unanimement résistant

• Les Français auraient tous rejoint le combat de ces hommes en s'engageant dans la Résistance (« chef d'un peuple de la nuit », « elle était le visage de la France »).

• Toutes les forces politiques auraient participé à ce combat (« combattra au nom du gaullisme comme feront les troupes du Parti communiste »).

3. Une histoire nationale glorieuse

• Jean Moulin est présenté comme le dernier maillon d'une chaîne historique de « grands hommes » ayant fait honneur à leur patrie, qui sont déjà rentrés au Panthéon (« aux grands hommes, la patrie reconnaissante »).

• Parmi eux sont cités Carnot, défenseur du territoire sous la Révolution française, Victor Hugo, porte-parole des plus faibles au XIXe siècle et Jean Jaurès, militant pacifiste assassiné en 1914.

III. Une mémoire sélective et déformante

1. Une Résistance minoritaire

• Jusqu'en 1944, une minorité de Français s'est engagée dans les actions de la Résistance. La majorité est restée attentiste en s'adaptant à la situation de l'Occupation ; une poignée a également collaboré avec Vichy et l'occupant allemand.

• Si les gaullistes se sont rapidement ralliés au combat de de Gaulle, les communistes se sont engagés plus tardivement (en raison du pacte de non-agression germano-soviétique) et ont difficilement accepté sa tutelle.

2. Une histoire chaotique

• Loin de la vision linéaire exposée par André Malraux, le combat de de Gaulle et Jean Moulin n'a pas été gagné d'avance : il faut attendre 1943 pour que celui-ci réussisse à unifier l'ensemble des mouvements de la Résistance sous la houlette du Conseil national de la Résistance (CNR).

• L'histoire nationale n'est pas qu'une histoire héroïque : le régime de Vichy, occulté de la mémoire gaulliste, en est une des zones d'ombre.

Conclusion

Dans le contexte des années de Gaulle, la mémoire résistancialiste propose une vision tragique mais glorieuse de la Seconde Guerre mondiale. Cependant, elle ne résiste pas à la critique historique.

SUJET

48

Sujet d'oral n° 2

AVEC DOCUMENT

La Chine et le monde jusqu'aux années 1970

DOCUMENT

Rencontre entre Mao et Nixon en février 1972, lors du premier voyage officiel d'un président des États-Unis en République populaire de Chine

ph© Bettmann/Getty Images

PISTES POUR L'ORAL

PRÉPARATION

Entrer dans le sujet

• Le sujet porte sur une partie de la question du programme intitulée *La Chine et le monde depuis 1949*. Veillez à bien respecter ses limites temporelles.

• Il vous invite à présenter la place de la République populaire de Chine dans le monde, de sa naissance en 1949 à la veille des réformes économiques lancées par Deng Xiaoping à partir de 1978.

• Le document proposé correspond à un tournant historique des relations de la Chine avec les États-Unis, marqué par un rapprochement entre les deux puissances.

Organiser l'exposé

• La difficulté de ce sujet est qu'il porte sur une photographie, a priori plus pauvre en informations qu'un autre type de document (ex. : texte), et qu'il ne couvre qu'une partie de la question. Il vous faut d'abord utiliser la légende qui permet de dater le document et d'identifier les personnages ; vous devez ensuite mobiliser vos connaissances sur l'évolution de la puissance chinoise depuis 1949 pour replacer le document dans son contexte ; vous devez enfin faire preuve d'esprit critique, le rapprochement diplomatique entre deux puissances jusque-là antagonistes étant mis en scène.

• Compte tenu de l'évolution de la place de la Chine dans les relations internationales, un plan chronologique s'impose.

• Dans une première partie, vous présenterez l'affirmation d'une puissance sous tutelle soviétique (de 1949 à 1960) ; dans une seconde partie, les tentatives d'exister comme une puissance autonome (1960-1970) ; dans une dernière partie, la volonté d'une reconnaissance internationale (1970-1978) dont la visite du président américain en Chine en est le symbole.

PRÉSENTATION

Introduction

C'est un tournant historique qu'illustre cette photographie de 1972 : en effet, pour la première fois, un président des États-Unis (Richard Nixon) rencontre le dirigeant de la République populaire de Chine (Mao Zedong). L'analyse de ce document nous permettra de retracer l'évolution de la place de la Chine communiste dans le monde, de sa naissance en 1949 à son ouverture économique en 1978. Nous distinguerons ainsi trois phases : de 1949 à 1960, la construction d'une puissance communiste ; de 1960 à 1970, l'affirmation d'une puissance autonome ; de 1971 à 1978, la consécration d'une puissance mondiale.

I. 1949-1960 : la construction d'une puissance communiste

1. Une puissance sous tutelle soviétique

• La République populaire de Chine fondée par Mao en octobre 1949 est aussitôt reconnue par l'URSS et ses alliés. Au contraire, les États-Unis et les pays occidentaux ne reconnaissent que le gouvernement nationaliste de Taïwan qui occupe le siège de membre permanent au Conseil de sécurité de l'ONU.

• Dès 1950 est signé un traité d'amitié sino-soviétique qui place la Chine sous protection militaire de l'URSS et la contraint à s'aligner sur la diplomatie de Moscou.

• La Chine adopte alors le modèle soviétique, tant du point de vue politique (parti unique, encadrement des masses, suppression des libertés) qu'économique (collectivisation, planification).

2. Une puissance anti-impérialiste

• Dans le contexte de la guerre froide, la Chine se positionne comme un adversaire résolu de l'impérialisme occidental.

• Durant la guerre d'Indochine (1946-1954), elle soutient le Viêt-minh contre l'armée française ; puis elle participe à la conférence de Genève. Ensuite, elle intervient massivement dans la guerre de Corée (1950-1953) en envoyant 800 000 « volontaires » combattre aux côtés de la Corée du Nord communiste contre la Corée du Sud pro-occidentale, soutenue par les États-Unis.

3. Vers la rupture sino-soviétique

• La Chine cherche à mener une diplomatie autonome au sein des pays du Tiers-Monde (participation à la conférence de Bandung en 1955).

• Dès 1956, Mao critique le révisionnisme de Khrouchtchev ; en 1958, l'échec du Grand Bond en avant remet en cause l'adoption du modèle économique soviétique.

• En 1960, la rupture sino-soviétique est consommée.

II. 1961-1970 : une puissance autonome ?

1. Une puissance militaire et diplomatique

• En 1964, la Chine devient une puissance nucléaire (bombe A) ; trois ans plus tard, elle se dote de la bombe H.

• Dans les années 1960, la Chine cherche à s'imposer comme leader du Tiers-Monde en prenant la tête du combat contre l'impérialisme américain. De plus, face à la logique des blocs, elle défend le non-alignement.

• Cependant, elle reste isolée tant dans le camp socialiste que dans le camp occidental où seule la France la reconnaît en 1964.

2. Une puissance fragile

• Le maoïsme jouit d'une aura internationale, notamment durant les mouvements du printemps 1968 (ex. : mouvement estudiantin en France). En effet, il semble une alternative révolutionnaire au modèle soviétique atteint de sclérose.

• Cependant, la Révolution culturelle lancée en 1966 par Mao amorce une période d'isolement international du pays, à l'exception au soutien apporté au Viêt-cong pendant la guerre du Vietnam. De plus, en raison des troubles intérieurs, celui-ci se trouve dans une situation économique catastrophique.

III. Vers la reconnaissance internationale (années 1970)

1. L'entrée à l'ONU

• En 1971, la Chine fait son entrée à l'ONU en récupérant un siège de membre permanent au Conseil de sécurité aux dépens de Taïwan.

• Ce retour entame une série de reconnaissances officielles de la part de nombreux pays occidentaux (ex. : le Japon dès 1972).

2. Le rapprochement avec les États-Unis

• Jusqu'en 1971, les relations sino-américaines sont extrêmement tendues en raison du soutien chinois au Nord-Vietnam.

• En 1971, des rencontres sportives entre pongistes américains et chinois amorcent un rapprochement diplomatique (« diplomatie du ping-pong »). Celui-ci est mis en œuvre lors d'un voyage secret du secrétaire d'État américain Henry Kissinger à Pékin.

• En 1972, le rapprochement est confirmé par la visite officielle du président des États-Unis Richard Nixon dans la capitale chinoise. Cette photographie, sans doute réalisée par un grand reporter, nous en présente le temps fort : la poignée de main entre Richard Nixon et Mao. Il s'agit non seulement d'un rapprochement entre les États-Unis et la Chine, mais aussi entre l'Ouest (Nixon est à gauche) et l'Est (Mao est à droite), emblématique de la détente, amorcée dès 1963. Cependant, la mise en scène de ce rapprochement ne doit pas faire oublier que la Chine reste un adversaire idéologique des États-Unis qui ne la reconnaissent pas encore officiellement.

3. Vers une grande puissance

• En 1974, à la tribune de l'ONU, Deng Xiaoping expose sa théorie des « trois mondes » : la Chine réaffirme sa volonté d'être le leader du Tiers-Monde.

• En janvier 1979, deux ans après la mort de Mao, les États-Unis reconnaissent officiellement la République populaire de Chine : le pays est sorti de son isolement diplomatique.

• À partir de 1978, le nouveau dirigeant chinois Deng Xiaoping décide d'entreprendre de grandes réformes économiques amorçant le passage d'une économie socialiste à une économie libérale : le pays s'ouvre désormais aux capitaux étrangers pour devenir une grande puissance économique.

Conclusion

Ainsi, les trente premières années de la Chine communiste sont marquées par la construction d'une puissance qui, d'abord liée à la logique des blocs, s'en démarque peu à peu. Cela lui permet ensuite, sous l'impulsion de Deng Xiaoping, de s'ouvrir économiquement au reste du monde.

Sujet d'oral n° 3

AVEC DOCUMENT

L'Union européenne face à la crise des migrants

DOCUMENT **Un monde sans boussole**

Cette violence au sud et à l'est de la Méditerranée conduit à de vastes mouvements de population qui touchent désormais directement de plus en plus l'Europe elle-même avec le flux de réfugiés, majoritairement syriens, qui, d'abord cantonnés en Grèce, tentent de gagner l'Allemagne et d'autres pays d'Europe du Nord. Face à cette crise migratoire, l'Union européenne montre, une fois de plus, sa profonde division. Si l'Allemagne d'Angela Merkel a su faire preuve de générosité, la plupart des pays se contentent du service minimum, quand ils n'érigent pas des barrières à leurs frontières (Hongrie, Autriche…). Cette gestion à la petite semaine risque fort de renforcer les forces conservatrices qui, de la Pologne à la Hongrie en passant par le Royaume-Uni et la France, ont incontestablement le vent en poupe. Certes, cette dynamique est partiellement contrebalancée par l'émergence d'une nouvelle gauche, avec Syriza en Grèce et Podemos en Espagne, mais elle semble bien incapable pour l'heure de véritablement offrir une alternative crédible sur le long terme.

Alain Dieckhoff, *Alternatives économiques*, hors-série n° 107, janvier 2016.

PISTES POUR L'ORAL

PRÉPARATION

Entrer dans le sujet

• Le sujet porte sur la partie du programme consacrée à la gouvernance européenne depuis le traité de Maastricht (thème 3, question 2).

• Il vous invite à souligner les défis que les États membres de l'Union européenne doivent relever pour faire face à l'afflux de migrants venant des Proche et Moyen-Orient.

• Le document mis à votre disposition est un éditorial du magazine *Alternatives économiques* de janvier 2016. Il exprime donc un point de vue sur cette question, qu'il convient de critiquer si nécessaire.

Organiser l'exposé

• Pour structurer votre exposé, vous pouvez suivre la logique du texte : vous préciserez d'abord les caractéristiques des flux migratoires ; vous présenterez ensuite la réponse qu'y apporte l'Union européenne. En dernier lieu, vous indiquerez les conséquences politiques de cette réponse.

• Vous prendrez soin d'éviter de paraphraser le texte. À cet égard, vous utiliserez certaines notions clés de votre cours, comme celle de gouvernance et d'euroscepticisme. De plus, vous n'hésiterez pas à souligner les affirmations de l'auteur les plus critiquables.

PRÉSENTATION

Introduction

Le document proposé est l'éditorial du hors-série du magazine *Alternatives économiques* paru en janvier 2016. Son auteur, Alain Dieckhoff, y aborde notamment la crise des migrants dans l'Union européenne. De quelle façon ses États membres y font-ils face ? Nous répondrons à cette question en présentant d'abord les caractéristiques de ce flux migratoire, puis la réponse que l'Union européenne apporte à ce phénomène ; enfin, nous en évaluerons les conséquences politiques.

I. L'afflux de migrants vers l'Union européenne

1. Ses causes

• Les conflits des Proche et Moyen-Orient (guerres civiles en Syrie et en Irak, expansion territoriale de l'État islamique) font de la région une zone répulsive pour les populations concernées.

• Au contraire, l'Union européenne constitue pour les migrants un espace de paix, de démocratie et de prospérité économique.

2. Les caractéristiques des migrations

• Les migrants sont essentiellement syriens ; ils se déplacent avec femmes et enfants ; ils appartiennent à toutes les catégories sociales.

• Après avoir franchi la frontière turque, ils rejoignent la Grèce ou l'Italie par la mer, traversent l'Europe centrale et tentent de rejoindre les États les plus riches de l'Europe du nord-ouest (Allemagne, France).

• Leur effectif est croissant. Un pic a été atteint au mois d'octobre 2015 avec plus de 200 000 immigrants en un mois.

II. Les réponses de l'Union européenne à cet afflux

1. Des réponses variées…

• L'Allemagne et la France sont les États les plus engagés dans l'accueil des réfugiés. Cette générosité s'explique par la volonté politique de leurs dirigeants, respectivement la chancelière Angela Merckel et le président de la République François Hollande.

• Les autres États membres de l'Union n'accueillent qu'un nombre très modeste de réfugiés, au regard de leur poids démographique ; c'est le cas de l'Espagne et de la Pologne.

• Au contraire, certains États ferment leurs frontières en érigeant de véritables murs avec barbelés et surveillance policière. La Hongrie et l'Autriche se sont engagées dans cette voie.

2. … en contradiction avec les principes de l'Union européenne

• Un des principes fondamentaux de l'Union est le respect des droits de l'homme, en particulier le secours apporté aux réfugiés.

• De plus, la convention de Schengen (1995), ratifiée par la majorité des États membres, prévoit la libre circulation des personnes à l'intérieur du territoire de l'Union européenne.

• Enfin, le traité de Maastricht (1992) prévoyait une politique étrangère et de sécurité commune (PESC) qui suppose un minimum de concertation entre les États membres. Le traité de Lisbonne (2007) a institué un Haut représentant aux affaires étrangères.

III. Les conséquences de cet afflux

1. La montée de l'euroscepticisme

• L'absence de gestion concertée de la crise des migrants renforce les partis nationalistes, hostiles à la construction européenne. Certains sont déjà au pouvoir (Pologne, Hongrie) ; d'autres se placent dans l'opposition aux gouvernements en place (Front national en France).

• De même, l'affaiblissement de l'Union européenne favorise les forces d'extrême gauche opposées aux politiques mises en œuvre (ex. : Syriza en Grèce, Podemos en Espagne).

• Les partis au pouvoir (sociaux-démocrates, libéraux), traditionnellement pro-européens en sont ainsi fragilisés.

2. L'affaiblissement de l'Union européenne

• L'Union européenne se trouve ainsi divisée entre les États favorables à un accueil substantiel de réfugiés (France, Allemagne), ceux qui restent en retrait (la majorité) et ceux qui y sont nettement hostiles (Royaume-Uni, Pologne, Hongrie).

• Les mesures prises dans l'urgence par chacun des États de façon unilatérale les empêchent de concevoir et de mettre en œuvre une politique migratoire collective et à long terme.

• La peur des attentats perpétrés par l'État islamique (ex. : en France en 2015 et 2016) rend peu probable un changement de politique à l'égard des réfugiés.

Conclusion

Ainsi, touchée par un afflux exceptionnel de migrants en provenance des Proche et Moyen-Orient, l'Union européenne apporte des réponses disparates et en contradiction avec ses valeurs. Cette situation favorise l'essor de l'euroscepticisme et fragilise sa cohérence. Comme le titre cet éditorialiste, l'Europe, à l'instar du monde, est « sans boussole ».

Sujet d'oral n° 4

SANS DOCUMENT

Quelle gouvernance économique mondiale depuis les années 1990 ?

PISTES POUR L'ORAL

PRÉPARATION

Entrer dans le sujet

• Le sujet proposé s'inscrit dans la question consacrée à la gouvernance économique mondiale depuis 1975. Attention, il ne couvre qu'une partie de cette question (depuis les années 1990).

• Il est centré sur la notion de gouvernance économique : il s'agit des modalités de mise en œuvre de règles collectives pour tenter de résoudre les problèmes économiques.

• Bien entendu, l'échelle que vous devez privilégier est l'échelle mondiale.

Mobiliser ses connaissances

• Votre exposé doit présenter de façon synthétique les différentes tentatives de mise en œuvre d'une gouvernance économique mondiale dans un nouveau contexte géopolitique issu de la fin de la guerre froide.

• Vous vous attacherez à citer des initiatives majeures en les datant, en précisant leurs objectifs et en mentionnant leurs principales caractéristiques.

• Vous soulignerez également les limites de ces initiatives. En effet, de nombreux analystes considèrent qu'il n'y a pas, à l'heure actuelle, de véritable gouvernance économique mondiale.

Organiser l'exposé

• Un plan analytique est le plus adapté pour répondre de façon pertinente.

• En premier lieu, vous préciserez le contexte géopolitique et économique caractérisant les années 1990-2016 ; puis vous présenterez quelques tentatives de mise en œuvre d'une nouvelle gouvernance économique mondiale ; vous soulignerez enfin les limites de cette dernière.

PRÉSENTATION

Introduction

De 1975 à la fin des années 1980, les institutions internationales héritées de l'après-guerre, comme le GATT et le FMI, montrent leurs limites face aux problèmes qu'elles doivent résoudre. À partir des années 1990, les États tentent de mettre en œuvre des règles collectives pour les surmonter. Quelle gouvernance économique mondiale est instaurée depuis lors ?

Pour y répondre, nous présenterons d'abord le nouveau contexte géopolitique et économique dans lequel elle s'inscrit puis les tentatives de régulation opérées ; nous terminerons en en soulignant les limites.

I. Un nouveau contexte international depuis les années 1990

1. L'effondrement du bloc communiste

• Durant la guerre froide (1947-1991), les pays communistes échangent peu avec le reste du monde. Ainsi, de 1949 à 1991, les États membres du CAEM (Conseil d'assistance économique mutuelle), créé à l'initiative de l'URSS, privilégie les relations commerciales entre États à économie socialiste.

• L'effondrement du bloc communiste (1989-1991) entraîne pour ces pays une brutale transition vers une économie libérale. Ils deviennent peu à peu de nouveaux partenaires commerciaux pour les pays capitalistes.

2. L'affirmation des pays émergents

• Les années 1990 sont marquées par l'accélération de la croissance économique de certains pays du Sud. Parmi eux se détachent les BRICS (Brésil, Russie, Inde, Chine, Afrique du Sud).

• L'organisation économique du monde en est bouleversée : on passe ainsi d'un monde organisé autour de la Triade (États-Unis, Union européenne, Japon) à un monde multipolaire où s'affirment des pôles émergents (Brésil, Inde, Moyen-Orient, Asie orientale).

3. L'essor de l'altermondialisme

• L'altermondialisme lutte contre la mondialisation libérale : ce mouvement réclame davantage de démocratie dans la gouvernance mondiale, de justice entre le Nord et le Sud et une meilleure prise en compte de l'environnement. Il est porté par des organisations politiques, syndicales et associatives.

• Il fait pression sur les États et les institutions internationales en organisant des manifestations (ex. : Gênes, 2001) et des forums sociaux (ex. : Porto Alegre, 2001).

II. Une nouvelle gouvernance mondiale ?

1. La réorganisation du commerce mondial

• En 1995, le GATT (Accord général sur les tarifs douaniers et le commerce), fondé en 1947, est remplacé par une organisation permanente : l'OMC (Organisation mondiale du commerce).

• Forte de 162 membres, elle vise à favoriser les échanges commerciaux et financiers ainsi qu'à résoudre les désaccords commerciaux entre États.

2. L'élargissement du G8

• En 1999, le G8 (groupe des huit pays les plus industrialisés) s'élargit à un certain nombre de puissances émergentes (comme la Chine, l'Inde ou le Brésil) : c'est la naissance du G20.

• Dans un monde désormais multipolaire, il s'agit d'associer de nouveaux acteurs à la recherche d'une gouvernance mondiale.

III. Les limites de ces initiatives

1. Les désaccords entre les États

• Au sein des nouvelles instances, les États privilégient souvent leurs intérêts nationaux au détriment d'une approche collective. En 2003, le sommet de l'OMC organisé à Cancún est marqué par l'opposition entre pays du Nord et pays du Sud à propos de la libéralisation des services.

• De plus, aucun leader mondial n'est à même de coordonner une véritable coopération internationale.

2. Les turbulences de l'économie mondiale

• La crise de 2008, qui touche de plein fouet les États-Unis et l'Union européenne, n'apporte pas de réponse collective. Seuls les États, en renflouant leurs banques, semblent en mesure de lutter efficacement contre la crise.

• Depuis 2010, les BRICS voient leur croissance économique se tasser sans que les instances internationales ne les soutiennent.

Conclusion

Depuis les années 1990, un nouveau contexte géopolitique et économique entraîne la transformation des instances de régulation mondiale. Cependant, face aux difficultés qu'elles rencontrent, elles ne sont pas en mesure de mettre en œuvre une véritable gouvernance économique.

SUJET

51

Sujet d'oral n° 5

SANS DOCUMENT

Les enjeux géostratégiques des espaces maritimes

PISTES POUR L'ORAL

PRÉPARATION

Entrer dans le sujet

• Le sujet proposé correspond à la partie du programme intitulée *Les espaces maritimes : approche géostratégique*.

• Il est centré sur la notion de géostratégie, c'est-à-dire l'étude de la façon dont les États cherchent à dominer des territoires ou des espaces (ici les espaces maritimes) pour des raisons économiques, politiques et militaires.

• L'échelle que vous devez privilégier est l'échelle mondiale.

Mobiliser ses connaissances

• La difficulté du sujet consiste à être le plus complet possible quant aux enjeux constitués par ces espaces dont l'importance est accrue par la mondialisation. Vous penserez à aborder différents types d'enjeux (économiques, géopolitiques, militaires).

• Au cours de votre exposé, vous citerez des exemples précis et variés de façon à justifier et illustrer vos propos ; ils pourront être tirés d'autres parties du programme de géographie (ex. : thème 3).

Organiser l'exposé

• Un plan thématique vous permettra de couvrir toute l'étendue du sujet.

• Vous montrerez d'abord que la mondialisation se traduit par la domination des échanges maritimes, ce qui accroît l'importance des grandes façades maritimes et des lieux de passages stratégiques (détroits, canaux) ; ensuite, vous rappellerez que ces espaces renferment des ressources considérables (halieutiques, minérales et énergétiques) qui attisent les convoitises des États ; enfin, compte tenu de ces données, vous préciserez les tensions géopolitiques qu'ils suscitent.

PRÉSENTATION

Introduction

Les espaces maritimes intéressent de plus en plus les spécialistes, civils ou militaires, de géostratégie. En effet, pour des raisons économiques, politiques et militaires, les États cherchent à les dominer. Quels sont les enjeux géostratégiques des espaces maritimes ? Dans un premier temps, nous rappellerons qu'ils sont au cœur de la mondialisation ; dans un second temps, que leurs ressources sont particulièrement convoitées ; enfin, nous évoquerons les tensions qu'ils suscitent.

I. Des espaces au cœur de la mondialisation

1. Des espaces traversés par des flux de toutes natures

• 80 % du commerce mondial (produits industriels, produits énergétiques, matières premières, produits agricoles) s'effectue par voie maritime. Ainsi, les grandes façades maritimes (Asie orientale, Nord-Ouest de l'Europe, Nord-Est et côte Pacifique des États-Unis) sont des interfaces de la mondialisation ; leurs grands ports (ex. : Shanghai, Singapour, Rotterdam) sont des carrefours majeurs.

• L'essentiel des flux illicites (trafics de drogue, d'armes, immigration clandestine) emprunte la voie maritime. La mer Méditerranée, par exemple, est un espace de transit de l'immigration illégale en provenance d'Afrique subsaharienne vers l'Union européenne.

2. Des espaces à sécuriser

• Le contrôle et la sécurisation des espaces maritimes est essentiel pour les États (approvisionnement en produits énergétiques comme le pétrole, exportation de produits industriels conteneurisés).

• Certains types de passages maritimes sont des lieux stratégiques : les détroits (ex. : détroit d'Ormuz, 40 % du trafic pétrolier mondial), les canaux interocéaniques (ex. : canal de Suez, ouverture de l'Europe sur l'océan Indien et l'Asie orientale) et les caps (ex. : cap de Bonne-Espérance, évitant la traversée de la mer Rouge).

II. Des espaces aux ressources convoitées

1. Des ressources abondantes et variées

• Les espaces maritimes fournissent des ressources halieutiques (issues de la pêche) pour une population mondiale en forte croissance : 90 millions de tonnes de poissons sont pêchées par an, principalement dans le Pacifique et dans l'Atlantique nord. La surpêche est d'ailleurs une préoccupation environnementale internationale.

• Ils fournissent aussi de précieuses ressources énergétiques (hydrocarbures) et minérales (nodules polymétalliques) indispensables aux pays industrialisés ou émergents. Un tiers de la production mondiale d'hydrocarbures est extraite de gisements *offshore*, exploités de plus en plus profondément grâce aux progrès des technologies de forage (ex. : au large du Brésil).

2. La « course à la mer »

• Les États dotés de façades maritimes participent depuis longtemps à une véritable « course » pour s'approprier les espaces maritimes. Jusqu'aux années 1970, les règles internationales restent floues.

• En 1982, la conférence internationale de Montego Bay (Jamaïque) fixe un droit international de la mer. Elle définit notamment les ZEE (zones économiques exclusives), qui accordent aux États riverains, sur un espace large de 370 km à partir du littoral, la souveraineté sur les ressources qui s'y trouvent.

III. Des espaces sous tension

1. De nombreux litiges maritimes

• Pour des raisons économiques (exploitation des ressources énergétiques et halieutiques) et politiques (affirmation de la puissance), de nombreux États se disputent des espaces maritimes en revendiquant l'extension de leur ZEE (ex. : la Russie dans l'océan Glacial Arctique).

• La mer de Chine est ainsi le théâtre de nombreuses tensions entre la Chine et les États voisins (Japon, Vietnam, Philippines) pour des archipels à la localisation stratégique (ex. : conflit entre la Chine et le Japon pour le contrôle des îles Diaoyu-Senkaku).

2. Une militarisation des espaces maritimes

• Les grandes puissances (États-Unis, Royaume-Uni, France, Russie, Chine, Inde, Australie, Japon) renforcent leur présence militaire navale pour sécuriser les voies maritimes face à leurs rivaux. Ainsi, la Chine adopte la stratégie du « collier de perles » en mer de Chine et dans l'océan Indien face à la puissance indienne.

• Il s'agit aussi de lutter contre la piraterie qui sévit dans de nombreuses zones stratégiques (golfe de Guinée, golfe d'Aden, détroit de Malacca). Ainsi, les puissances occidentales (États-Unis, Union européenne) surveillent de près les côtes somaliennes, principal foyer de piraterie du monde.

• Dans les conflits contemporains, l'arme aéronavale (ex. : porte-avions) joue un rôle crucial, d'autant plus que les interventions terrestres sont évitées. En 2011, l'intervention de l'OTAN (coalition entre les États-Unis, le Royaume-Uni et la France) en Libye, depuis la mer Méditerranée, a permis le renversement rapide du régime du colonel Kadhafi.

Conclusion

Les enjeux géostratégiques des espaces maritimes sont nombreux : ils sont liés à leur place centrale dans la mondialisation, l'abondance et la diversité de leurs ressources et leur importance pour la sécurité des États. Ces données permettent de comprendre les convoitises que suscitent actuellement l'océan Glacial Arctique.

SUJET 52

Sujet d'oral n° 6

AVEC DOCUMENT

L'intégration régionale du continent américain

DOCUMENT **Les relations continentales aujourd'hui**

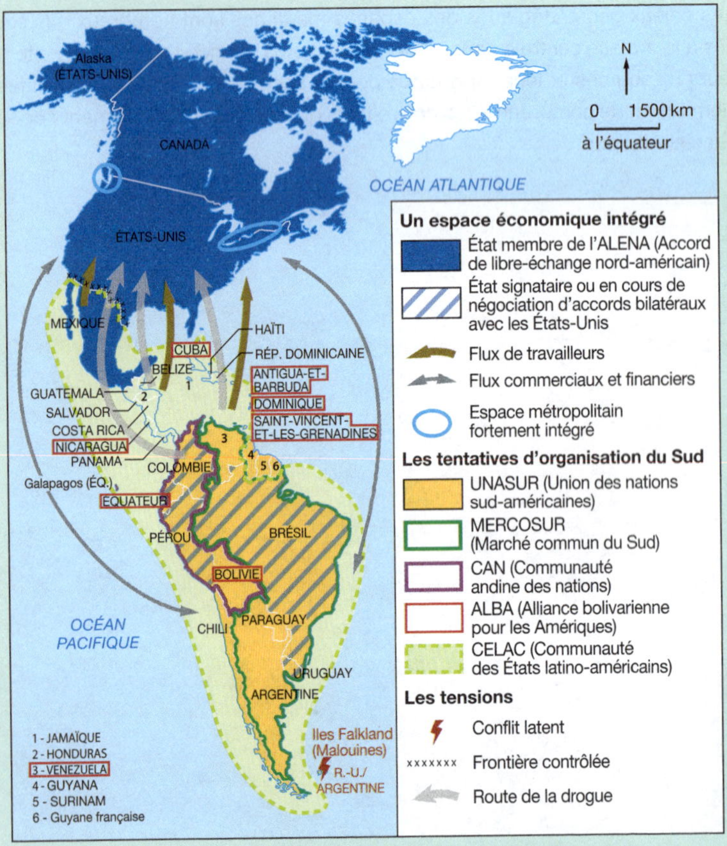

Atlas des Amériques, Les Atlas de *L'Histoire*, mai 2012.

PISTES POUR L'ORAL

PRÉPARATION

Entrer dans le sujet

• Le sujet porte sur l'ensemble du continent américain (Amérique du Nord et Amérique du Sud). Vous devez en décrire l'intégration régionale, c'est-à-dire le processus par lequel les différents États forment peu à peu un ensemble homogène, en particulier sur le plan économique.

• À l'aide du document, vous pourrez en déterminer les modalités mais également les limites.

• Si l'échelle retenue est l'échelle continentale, vous pouvez envisager d'autres échelles (subcontinentale, régionale), ce qui valorisera votre exposé.

Organiser l'exposé

• Le document proposé est une carte de synthèse qui présente l'intégration économique du continent américain, les tentatives d'organisation des États d'Amérique latine et les tensions affectant le continent. L'ensemble de ces informations sont utilisables pour nourrir votre propos.

• Votre exposé peut être structuré en deux parties : la première présentera les formes d'intégration régionale à différentes échelles ; la seconde les obstacles à ce processus.

• Vous veillerez à vous appuyer le plus possible sur le document proposé car il est riche d'informations ; cependant vos connaissances personnelles permettront de les préciser.

PRÉSENTATION

Introduction

Le document proposé est une carte de synthèse présentant l'intégration régionale en cours sur le continent américain. Elle est extraite de l'*Atlas des Amériques,* issu de la collection des atlas du magazine *L'Histoire*, paru en 2012. En analysant ce document, nous montrerons dans quelle mesure on peut parler d'intégration régionale en Amérique. En premier lieu, nous en préciserons les modalités ; en second lieu, les limites.

ORAL

I. Une intégration régionale à différentes échelles

1. À l'échelle continentale

• Les États-Unis, première puissance économique du continent, génèrent de nombreux flux avec le reste du continent : flux commerciaux et financiers (dans les deux sens) ; flux de travailleurs (vers les États-Unis) ; flux de drogue (vers les États-Unis).

• La signature d'accords bilatéraux entre les États-Unis et de nombreux États d'Amérique latine intensifie ces échanges. Il s'agit d'accords commerciaux sectoriels (produits agricoles, produits manufacturés).

2. À l'échelle subcontinentale

• En Amérique du Nord et centrale, l'ALENA (Accord de libre-échange nord-américain) associe les États-Unis, le Canada et le Mexique. L'ALENA constitue une zone de libre-échange favorisant les flux commerciaux et financiers.

• En Amérique du Sud, le MERCOSUR (Marché commun du Sud) réunit le Brésil, le Venezuela, l'Uruguay, le Paraguay et l'Argentine. D'autres associations, moins poussées coexistent (ex. : l'Union des nations sud-américaines ; la Communauté andine des nations).

3. À l'échelle régionale

• En Amérique du Nord, un espace métropolitain intégré se développe dans la région des Grands Lacs, à cheval sur le Canada et les États-Unis. Il associe des métropoles comme Détroit (États-Unis) et Toronto (Canada).

• En Amérique du Sud, les régions frontalières des États membres du MERCOSUR sont d'actives interfaces (ex. : frontière entre le Brésil et l'Uruguay). Elles sont animées par d'intenses échanges commerciaux.

II. Des obstacles à l'intégration régionale

1. La rivalité entre les États-Unis et le Brésil

• Les États-Unis (première puissance économique mondiale) et le Brésil (sixième puissance économique mondiale) sont autant des concurrents économiques que des partenaires. L'ALENA et le MERCOSUR contribuent à leur influence respective à l'échelle de chacune des deux Amériques.

• Ainsi, le projet de ZLEA (Zone de libre-échange des Amériques), défendu par les États-Unis, est resté lettre morte. En effet, le Brésil s'oppose à la constitution d'une vaste zone de libre-échange dans laquelle il subirait de plein fouet la concurrence états-unienne.

2. Le rejet de l'impérialisme américain

• Depuis la fin du XIXe siècle, les États-Unis ont considéré l'Amérique latine comme leur « chasse gardée », n'hésitant pas à intervenir militairement partout où leurs intérêts vitaux étaient en péril. Cependant, depuis le 11 septembre 2001, l'Amérique latine ne constitue plus un enjeu majeur pour les États-Unis.

• Depuis 2005, l'ALBA (Alliance bolivarienne des Amériques), organisée autour du Venezuela, s'oppose aux initiatives libérales de Washington. Cependant, après la mort du président vénézuélien Hugo Chavez en 2013, cette organisation perd de son influence.

• Les États latino-américains défendent leur spécificité et leurs intérêts économiques à travers différentes organisations comme la CELAC (Communauté des États latino-américains) ou l'UNASUR (Union des nations sud-américaines).

3. Des obstacles aux flux

• La frontière entre les États-Unis et le Mexique est sévèrement contrôlée (mur, vidéosurveillance, patrouilles) pour empêcher l'immigration clandestine vers les États-Unis.

• Jusqu'en 2014, Cuba a souffert d'un sévère embargo imposé par les États-Unis. Cependant, avec le rétablissement des relations diplomatiques entre les deux pays, ce dernier est assoupli.

Conclusion

Le continent américain est donc bien en voie d'intégration. Ce processus se manifeste à différentes échelles : continentale, subcontinentale et régionale. Cependant, la rivalité entre les États-Unis et le Brésil, le rejet de l'impérialisme américain et différents obstacles aux flux freinent ce processus.

SUJET 53

Sujet d'oral n° 7

AVEC DOCUMENT

Le continent africain face au développement et à la mondialisation

DOCUMENT **Éditorial de la revue *Problèmes économiques***

Une décennie de croissance forte et continue

Au cours de la dernière décennie, l'Afrique a connu une croissance économique vigoureuse. Le taux annuel moyen de croissance dans la production réelle est passé de 1,8 % entre 1980 et 1989 à 2,6 % entre 1993 et 2000, puis environ 5 % entre 2000 et 2010. À partir du nouveau millénaire, le continent a enregistré un taux moyen de croissance économique supérieur à celui de l'économie mondiale. En Afrique subsaharienne, la croissance s'est établie en 2013 à 5 % et devrait être de 5,8 % pour 2014. Ces performances remarquables laissent à penser que l'Afrique a atteint un tournant dans son développement et qu'elle devrait dorénavant jouer un rôle plus important dans l'économie mondiale.

De multiples facteurs à la source de la croissance

De multiples facteurs sont à l'origine de la dynamique de croissance de l'Afrique depuis l'année 2000 : une meilleure gestion macroéconomique, une forte demande intérieure, en particulier en raison de l'émergence des classes moyennes, un climat politique relativement plus stable, le niveau élevé des prix des produits de base, le renforcement de la coopération économique avec les pays émergents, l'augmentation de l'aide publique au développement ou encore l'accroissement des flux d'investissement direct à l'étranger (IDE).

Un développement fragile et inégal selon les pays

Toutefois, les épidémies du virus Ebola qui sévit au Liberia, en Guinée et en Sierra Leone depuis l'hiver 2013 ou l'insécurité que font régner dans la région sahélo-saharienne les groupes armés islamistes rappellent que le « miracle africain » reste fragile. En dépit de la croissance économique des dernières années et des réels progrès accomplis par de nombreux pays, le continent reste en effet confronté à des difficultés considérables. D'une manière générale, l'insécurité alimentaire, un taux de chômage élevé, la pauvreté et les inégalités, la dépendance à l'égard des produits de base, l'absence de transformation économique, la dégradation de l'environnement et une intégration insuffisante du continent dans l'économie mondiale sont des obstacles majeurs qui continuent de se dresser sur la voie du développement.

Problèmes économiques n° 3102, janvier 2015.

PISTES POUR L'ORAL

PRÉPARATION

Entrer dans le sujet

• Le sujet porte sur la mise en œuvre générale de la question 2 du thème 3 intitulée *L'Afrique : les défis du développement*.

• Le libellé du sujet vous invite à mettre en évidence deux défis du continent africain : le développement (c'est-à-dire l'accroissement des richesses d'un territoire conjugué à l'amélioration des conditions de vie de sa population) et l'insertion dans l'espace mondialisé. En d'autres termes, dans quelle mesure l'Afrique se développe tout en s'insérant dans la mondialisation ?

Organiser l'exposé

• Le document qui vous est proposé, un éditorial de revue économique, fournit de nombreuses informations sur le sujet. Vous pourrez cependant le compléter par vos connaissances : en citant des exemples plus précis ou en prenant en compte d'autres échelles que l'échelle continentale (échelle subcontinentale, nationale voire régionale ou locale).

• Deux choix s'offrent à vous pour structurer votre présentation : soit un plan analytique comme celui adopté par cet éditorial (la croissance économique, ses facteurs, ses limites) ; soit un plan dialectique opposant les réussites aux faiblesses de l'Afrique en matière de développement et d'insertion dans la mondialisation. La seconde formule, plus personnelle, est susceptible d'être davantage valorisée par l'examinateur.

PRÉSENTATION

Introduction

Le document proposé est un éditorial de la revue *Problèmes économiques*, paru début 2015. Il traite des défis du continent africain. Nous l'analyserons pour répondre à la question suivante : dans quelle mesure l'Afrique se développe-t-elle et s'insère-t-elle dans l'espace mondialisé ? Pour ce faire, nous soulignerons les réussites du continent puis ses difficultés à répondre à ce double défi.

I. Le « miracle africain »

1. Une croissance économique exceptionnelle

• En trente ans, de 1980 à 2010, le taux annuel de croissance économique de l'Afrique passe de 1,8 % à 5 %. Durant cette période, il est ainsi supérieur à la moyenne mondiale.

• Cette croissance est inégale : elle touche davantage l'Afrique subsaharienne (Nigeria, Mozambique) que l'Afrique du Nord (Tunisie, Libye).

• Les causes de cette croissance sont multiples : une relative stabilisation politique liée aux transitions démocratiques ; l'émergence de classes moyennes soutenant la demande intérieure ; le cours élevé des matières premières (pétrole, métaux) ; une meilleure insertion dans la mondialisation.

2. Une rapide insertion dans l'espace mondialisé

• Les investissements étrangers (IDE) sur le continent, en provenance de la Chine notamment, sont en rapide augmentation. Ils financent l'exploitation des gisements miniers et d'hydrocarbures, les infrastructures de transport (ports, voies ferrées, barrages) et l'achat de terres agricoles.

• Les échanges commerciaux avec les pays émergents (Chine, Inde, Brésil) s'intensifient : les pays africains exportent des produits bruts et importent des produits manufacturés. Depuis 2009, la Chine est devenue le premier partenaire commercial de l'Afrique.

• D'autres signes d'une plus grande ouverture sur l'espace mondialisé sont visibles : l'aménagement de ports à conteneurs (ex. : Tanger au Maroc, Durban en Afrique du Sud) ; l'explosion des flux d'information (téléphonie mobile, Internet).

II. Les limites du miracle

1. De nombreux signes de mal-développement

• Une majorité de la population (1 milliard de personnes) vit dans des conditions difficiles, marquées par l'insécurité alimentaire, les épidémies (Ebola en Afrique de l'Ouest), le chômage et la pauvreté. La forte croissance démographique (2 milliards d'habitants prévus en 2050) et l'explosion urbaine dans les mégapoles (Le Caire, Lagos) risquent d'aggraver ces difficultés.

• De fortes inégalités sociales (entre ceux qui profitent de la croissance économique et ceux qui en sont exclus) caractérisent de nombreux États africains (ex. : Afrique du Sud). Elles sont aggravées par le clientélisme et la corruption pratiqués par les élites politiques.

• De grandes disparités territoriales divisent aussi le continent : opposition entre pays intermédiaires (Ghana) ou émergents (Afrique du Sud) et PMA (Mali, Somalie) ; entre métropoles et espaces ruraux ; entre littoral et intérieur ; entre quartiers résidentiels et bidonvilles.

2. Une inégale insertion dans la mondialisation

• L'exploitation des richesses minières et énergétiques de l'Afrique reste dépendante des investisseurs étrangers (européens, américains, chinois). Le néologisme « Chinafrique » traduit l'influence économique de la Chine sur l'ensemble du continent.

• Les échanges commerciaux du continent sont très déséquilibrés : les recettes d'exportations reposent sur des produits bruts. Les variations des cours des matières premières rendent ces recettes aléatoires.

• L'insécurité de nombreuses régions (Sahel, Grands Lacs) est un obstacle aux investissements étrangers et au développement. De nombreux États sont ainsi déstabilisés par l'activisme de groupes islamistes affiliés à l'État islamique ou Al Qaïda (Libye, Niger, Nigeria).

Conclusion

En somme, un certain nombre d'indicateurs témoignent des performances du continent africain quant au développement et à l'insertion dans la mondialisation. Cependant, l'Afrique souffre encore de mal-développement et reste un pôle dominé dans l'espace mondialisé. Il n'y a donc pas de véritable « miracle africain ».

SUJET 54

Sujet d'oral n° 8

SANS DOCUMENT

Le Japon, une puissance mondiale ?

PISTES POUR L'ORAL

PRÉPARATION

Entrer dans le sujet

• Ce sujet porte sur une partie de la question du programme intitulée *Japon-Chine : concurrences régionales, ambitions mondiales.*

• Même si vous pouvez faire quelques comparaisons avec la Chine, il est centré sur le Japon : vous devez montrer en quoi cet État est une puissance mondiale, c'est-à-dire exerce son influence à l'échelle planétaire. L'échelle régionale n'a pas ici à être prise en compte.

• La formulation interrogative du libellé suppose une réponse nuancée.

Mobiliser ses connaissances

• Pour traiter convenablement ce sujet relativement restreint, vous devez mobiliser des connaissances précises sur les différents domaines dans lesquels le Japon exerce une influence mondiale. En effet, le Japon est une puissance multiforme : 3e puissance économique mondiale, puissance financière majeure (ex. : bourse de Tokyo), il est également une puissance culturelle (modèle du *Cool Japan*) ; cependant, le Japon est une puissance géopolitique encore secondaire (rôle mineur à l'ONU), même s'il se sert de l'aide publique au développement comme moyen d'influence.

• Pour chacun de ces domaines, vous vous appuierez sur des données précises (chiffres, noms d'entreprises, noms de lieux) pour étayer et illustrer votre propos.

Organiser l'exposé

• Un plan thématique est le plus adapté pour traiter ce type de sujet (un plan dialectique risque d'être trop déséquilibré).

• Vous distinguerez ainsi les différents domaines dans lesquelles le Japon exerce une influence à l'échelle planétaire.

PRÉSENTATION

Introduction

Après deux décennies de stagnation économique (1990-2010) et la catastrophe de Fukushima (2011), le Japon, dirigé par le Premier ministre Shinzo Abe depuis 2013, retrouve peu à peu le chemin de la croissance économique (+ 1,2 % en 2013). Ce « réveil » nous rappelle qu'il a encore de nombreuses ressources pour rester une grande puissance économique. Pour autant, le Japon est-il une puissance mondiale complète ? Pour répondre à cette question, nous aborderons successivement les domaines économique, géopolitique et culturel.

I. Une grande puissance économique

1. La 3e puissance économique mondiale

• Le Japon, derrière les États-Unis et la Chine, a le 3e PIB (produit intérieur brut) mondial. C'est une grande puissance industrielle grâce à ses industries de haute technologie (robotique, informatique, hi-fi). Elle s'appuie sur de gros efforts de recherche-développement (ex. : activités de la technopole de Tsukuba).

• Le Japon est également une grande puissance commerciale (4e rang mondial pour l'exportation de marchandises, soit 5 % de leur valeur totale). Ses entreprises (ex. : Sony, Panasonic, Toyota, Nissan, Mitsubishi) sont largement tournées vers le marché mondial.

2. Une grande puissance financière

• La bourse de Tokyo fait partie des principales places financières mondiales, pour la capitalisation et les transactions financières. L'indice Nikkei est un indice de référence pour les investisseurs mondiaux.

• Le Japon est le deuxième créancier des États-Unis, juste derrière la Chine. Il détient un stock considérable de bons du Trésor américain, c'est-à-dire une partie de la dette des États-Unis.

• Les banques et fonds d'investissements japonais investissent dans le monde entier (Asie orientale, Europe occidentale, États-Unis).

3. Les faiblesses économiques du Japon

• Pauvre en ressources naturelles, le Japon importe massivement produits énergétiques (hydrocarbures), matières premières (métaux) et produits agricoles ; cela pèse sur sa balance commerciale et le rend dépendant vis-à-vis de ses fournisseurs.

• Malgré son haut niveau de vie, le marché de consommation intérieur est limité par le vieillissement de la population, lié à la diminution de la natalité et à l'allongement de l'espérance de vie (82,5 ans).

• Le territoire japonais est particulièrement vulnérable : archipel densément peuplé, il est exposé à de nombreux risques naturels (séismes, typhons, tsunamis, éruptions volcaniques). La catastrophe de Fukushima (2011) a mis en évidence sa vulnérabilité et sa dépendance vis-à-vis du nucléaire.

II. Un « nain géopolitique »

1. De nombreuses faiblesses

• Contrairement à son rival chinois, le Japon n'a pas de siège de membre permanent au Conseil de sécurité de l'ONU. Il ne pèse que faiblement sur les décisions de la communauté internationale.

• Sa Constitution lui interdit des interventions militaires à l'extérieur et limite l'usage de la force à la défense de son territoire (Forces d'autodéfense). Il reste sous protection militaire américaine (bases militaires sur le territoire japonais) ; son budget militaire reste modeste (6e rang mondial) ; il ne fait pas partie des puissances nucléaires.

2. Des atouts

• Le Japon utilise sa puissance financière comme un moyen d'influence géopolitique. Ainsi, l'aide publique au développement lui permet de s'affirmer en Asie (ex. : Vietnam, Inde) et en Afrique (ex. : Soudan, Tanzanie) face au rival chinois.

• Le Japon participe activement aux différentes missions de l'ONU pour le maintien de la paix dans le monde (ex. : Afghanistan). De plus, il contribue à la lutte internationale contre la piraterie (ex. : marine japonaise présente dans le golfe d'Aden).

III. Une puissance culturelle

1. La diffusion d'une culture de masse

• Les produits culturels japonais s'exportent massivement dans le monde entier (jeux vidéo, dessins animés, mangas). Ils contribuent à une stratégie de communication (le *Cool Japan*) cherchant à donner une image positive de ce pays à l'échelle planétaire.

• Le Japon rayonne aussi grâce à sa gastronomie (chaînes de restaurants) et sa création artistique (mode, art contemporain).

• Ses ressources financières lui permettent d'organiser des événements internationaux (Jeux olympiques d'hiver à Nagano en 1998, Jeux olympiques d'été à Tokyo prévus en 2020).

2. Des obstacles au rayonnement culturel

• Le japonais est peu utilisé dans le monde ; il ne fait pas partie des six langues officielles des Nations unies.

• Le Japon, fermé à l'immigration, est un pays peu attractif. Le vieillissement de sa population pose la question de la durabilité de sa créativité et de ses efforts de recherche.

• Malgré ses efforts, l'image du Japon dans le monde reste plutôt négative (impérialisme japonais durant la Seconde Guerre mondiale, pratiques commerciales déloyales, espionnage industriel).

Conclusion

Le Japon est ainsi une puissance mondiale incomplète. Grande puissance économique, c'est une puissance géopolitique entravée et une puissance culturelle en devenir (ex. : 7e pays touristique du monde).

IV. La boîte à outils

- Mémento d'histoire 256
- Mémento de géographie 270
- Les sigles du programme 285

Mémento d'histoire

1. Les mémoires, lecture historique

LES IDÉES ESSENTIELLES

L'historien et les mémoires de la Seconde Guerre mondiale en France

▶ **De 1945 à 1970** domine une **mémoire résistancialiste**, portée par les gaullistes et les communistes : l'ensemble des Français aurait résisté au régime de Vichy et à l'occupant allemand. Au nom de l'**unité nationale**, la collaboration est occultée et les victimes de la guerre sont oubliées (ex. : les Juifs).

▶ **À partir des années 1970**, la mémoire résistancialiste est **remise en question** par les travaux des **historiens** (ex. : *La France de Vichy* de Robert Paxton, 1973) et les œuvres des **cinéastes** (ex. : *Le Chagrin et la Pitié* de Marcel Ophüls, 1971). Un regard critique est alors porté sur le régime de Vichy et sur la Résistance. Le drame de la Shoah est mis en lumière (ex. : *Shoah*, film de Claude Lanzmann, 1985).

L'historien et les mémoires de la guerre d'Algérie

▶ **En France :** de 1962 à 1990, les pouvoirs publics nient la guerre, au nom de l'unité nationale (on parle des « événements » d'Algérie). À partir des années 1980, l'**émergence des mémoires** des différentes communautés (pieds-noirs, harkis, anciens combattants) réveille les consciences et pousse l'État à reconnaître officiellement la guerre (loi de 1999). Les mémoires deviennent alors un objet d'étude pour les historiens comme Benjamin Stora.

▶ **En Algérie :** depuis 1962, le FLN impose une mémoire officielle de la guerre, fondée sur le **mythe d'une révolution populaire** qu'il aurait menée. Les troubles intérieurs des années 1980 (Printemps berbère de 1980) et 1990 (guerre civile entre l'armée et les islamistes) remettent en cause cette vision unitaire. Cependant, les impératifs de la réconciliation nationale incitent le pouvoir à se référer au mythe fondateur du pays. Des **historiens indépendants** comme Mohamed Harbi en donnent une lecture critique.

LES DATES CLÉS

Les mémoires de la Seconde Guerre mondiale en France

1961 Procès Eichmann

1964 Transfert des cendres de Jean Moulin au Panthéon

1990 Loi Gayssot condamnant le négationnisme

1995 Reconnaissance officielle de la responsabilité de l'État français dans la déportation des Juifs

Les mémoires de la guerre d'Algérie

1962 Accords d'Évian mettant fin à la guerre d'Algérie

1964 Loi d'amnistie pour les militaires français ayant combattu en Algérie

1991 Publication du livre *La Gangrène et l'Oubli. La mémoire de la guerre d'Algérie* de Benjamin Stora

1999 Loi reconnaissant officiellement la guerre d'Algérie

2016 Reconnaissance officielle de l'abandon des harkis par la France

LE SCHÉMA POUR RÉSUMER

L'historien face aux mémoires

Première étape

histoire du conflit, mise en lumière des faits occultés

↓

Deuxième étape

la dénonciation de l'occultation des faits, source de débat public

↓

Dernière étape

prise de distance avec les excès du débat public

LES PERSONNAGES IMPORTANTS

Henri Alleg (1921-2013)

Journaliste communiste français. Résidant en Algérie pendant la guerre, il milite pour l'indépendance. Arrêté et torturé par des officiers français, il raconte son expérience dans *La Question*, livre qui paraît en 1958. Aussitôt interdit, il est cependant diffusé clandestinement et révèle à l'opinion publique la pratique de la torture par l'armée française.

Maurice Papon (1910-2007)

Haut fonctionnaire et homme politique français. Secrétaire général de la préfecture de Gironde de 1942 à 1944, il organise la déportation des Juifs de Bordeaux. À ce titre, il est condamné en 1998 pour complicité de crimes contre l'humanité. Son procès souligne la responsabilité de l'État français dans la mise en œuvre de la Shoah en France.

2. Les États-Unis et le monde depuis 1945

LES IDÉES ESSENTIELLES

▶ **De 1945 à 1991, durant la guerre froide**, les États-Unis et l'URSS sont deux superpuissances antagonistes. Dès 1947, la politique extérieure américaine vise à empêcher par tous les moyens l'expansion du communisme dans le monde (endiguement). Après des succès (ex. : blocus de Berlin en 1948-1949) mais aussi des revers (ex. : guerre du Vietnam de 1964 à 1973), les États-Unis sortent vainqueurs de cette confrontation (disparition de l'URSS en 1991).

▶ **Après 1991**, ils deviennent une hyperpuissance, garante d'un « nouvel ordre mondial » qu'ils entendent instaurer en revalorisant le rôle de l'ONU. Cependant, à la suite des attentats du 11 septembre 2001, la guerre qu'ils mènent contre le terrorisme (invasion de l'Irak en 2003) suscite une remise en cause de leur hégémonie. De plus, dans un monde de plus en plus multipolaire, les États-Unis sont vivement concurrencés par des puissances émergentes (ex. : Chine).

LE SCHÉMA POUR RÉSUMER

La puissance des États-Unis

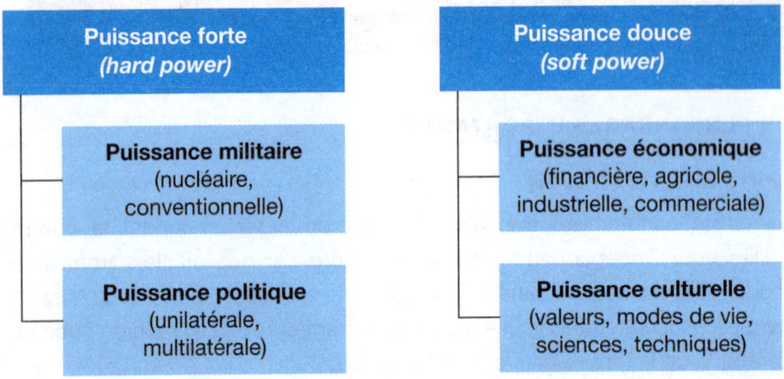

LES DATES CLÉS

1947	Doctrine Truman (politique de l'endiguement)
1964-1973	Guerre du Vietnam
1969	Astronautes américains sur la Lune
1990-1991	Guerre du Golfe
1991	Effondrement de l'URSS
11 septembre 2001	Attentats terroristes anti-américains à New York et Washington
2003-2011	Intervention militaire en Irak
2016	Rétablissement des relations diplomatiques avec Cuba

LES PERSONNAGES IMPORTANTS

John Fitzgerald KENNEDY (1917-1963)

Président des États-Unis de 1961 à 1963 (démocrate). Il lutte contre l'expansion du communisme dans le monde en intervenant à Cuba (crise des fusées en 1962) puis au Sud-Vietnam (envoi de conseillers militaires en 1963).

Ronald REAGAN (1911-2004)

Président des États-Unis de 1981 à 1989 (républicain). Il veut redonner sa puissance aux États-Unis (« *America is back* ») en relançant la course aux armements (programme Initiative de défense stratégique ou IDS) pour contrer et affaiblir l'URSS.

George W. BUSH (1946-...)

Président des États-Unis de 2001 à 2009 (républicain). Après les attentats du 11 septembre 2001, il lance son pays dans une « guerre contre le terrorisme » (intervention en Afghanistan sous mandat de l'ONU à partir de 2001, invasion de l'Irak en 2003).

Barack Hussein OBAMA (1961-...)

Président des États-Unis de 2009 à 2016 (démocrate). Successeur de George W. Bush, il cherche à pacifier les relations internationales. Il organise le retrait des troupes américaines des théâtres d'opération du Moyen-Orient (Irak en 2011, Afghanistan en 2014). Cependant, il reste ferme dans la lutte contre le terrorisme (exécution d'Oussama Ben Laden en 2011).

3. La Chine et le monde depuis 1949

LES IDÉES ESSENTIELLES

▶ **De 1949 à 1978**, la Chine maoïste s'affirme comme une **puissance régionale au sein du bloc communiste**. Elle s'aligne d'abord sur le modèle politique et économique de l'URSS en signant avec elle un traité d'amitié, d'alliance et d'assistance mutuelle en 1950, puis elle s'en éloigne à partir de 1956 jusqu'à la rupture sino-soviétique de 1960. Elle cherche alors à devenir une **puissance autonome** (elle se dote de la bombe atomique en 1964) ; par ailleurs, elle développe son **influence sur les pays du Tiers-Monde** (participation aux conférences des non alignés). À partir de 1971, elle se rapproche des États-Unis, ce qui lui permet d'intégrer le **Conseil de sécurité de l'ONU**. Cependant, après trente ans de maoïsme, la Chine est encore un État sous-développé à la fin des années 1970.

▶ **À partir de 1978**, sous la direction de Deng Xiaoping et de ses successeurs, la Chine s'affirme peu à peu comme une **puissance mondiale**. Elle adopte progressivement une **économie libérale** en s'ouvrant aux investissements étrangers (création de zones économiques spéciales). Sa croissance économique rapide lui permet de se hisser au deuxième rang mondial à partir de 2010. Du point de vue géopolitique, la Chine devient un **acteur majeur des relations internationales**, en faisant contrepoids à l'influence américaine (ex. : dossier syrien). Enfin, l'organisation de grands événements internationaux (Jeux olympiques de Pékin en 2008, Exposition universelle de Shanghai en 2010) témoigne de la puissance retrouvée du pays. Cependant, de nombreuses **questions restées en suspens** (violation des droits de l'homme, atteintes à l'environnement) l'isolent sur la scène internationale.

LE SCHÉMA POUR RÉSUMER

La Chine, une puissance mondiale en 2017

Une puissance multiforme

Une puissance économique
- 1re puissance industrielle mondiale
- 1er exportateur mondial
- 1er créancier des États-Unis

Une puissance géopolitique
- membre permanent du Conseil de sécurité de l'ONU
- membre du G20
- puissance nucléaire
- 2e budget militaire mondial

Une puissance culturelle et scientifique
- réseau des instituts Confucius
- organisation de grands événements internationaux
- puissance spatiale

LES DATES CLÉS

1949 Création de la République populaire de Chine par Mao Zedong

1950 Signature du traité d'amitié avec l'URSS

1960 Rupture sino-soviétique

1971 Entrée de la Chine à l'ONU

1978 Début des réformes économiques lancées par Deng Xiaoping

2001 Entrée de la Chine dans l'OMC

2010 Exposition universelle de Shanghai

LES PERSONNAGES IMPORTANTS

Mao Zedong (1893-1976)

Principal dirigeant de la République populaire de Chine de 1949 à 1976. À l'extérieur, il fait de son pays une puissance communiste de plus en plus autonome vis-à-vis de son protecteur soviétique (rupture sino-soviétique en 1960, rapprochement avec les États-Unis à partir de 1971). À l'intérieur, la mise en œuvre d'une économie socialiste (Grand Bond en avant de 1958) est un échec, amplifié par les luttes de pouvoir (Révolution culturelle à partir de 1966). Cependant, Mao est toujours considéré comme le père fondateur de la Chine contemporaine.

Deng Xiaoping (1904-1997)

Principal dirigeant de la République populaire de Chine de 1978 à 1992. Successeur de Mao, il décide de moderniser le pays (agriculture, industrie, sciences et technologies, défense nationale) et de l'ouvrir sur le monde. Dès 1978, il lance d'ambitieuses réformes économiques marquant l'abandon progressif de l'économie socialiste et l'adoption d'une « économie sociale de marché ». Cependant, il se refuse à toute démocratisation du régime, comme l'illustre la sanglante répression des manifestations de la place Tian'anmen à Pékin en juin 1989.

4. Le Proche et le Moyen-Orient, un foyer de conflits depuis la fin de la Seconde Guerre mondiale

LES IDÉES ESSENTIELLES

▶ Le Proche et le Moyen-Orient sont une région aux multiples enjeux : **enjeux idéologiques** avec l'affrontement du nationalisme arabe, du sionisme et de l'islamisme, au nom de références aux textes religieux ; **enjeux économiques** quant au contrôle des voies maritimes et des ressources pétrolières et aquifères.

▶ **De 1948 à 1991**, la région est **un des théâtres de la guerre froide**. Ainsi, les guerres israélo-arabes opposent Israël, allié des États-Unis, à ses voisins arabes soutenus par l'URSS (ex. : guerre des Six Jours en 1967). **Depuis 1991**, elle est au cœur d'un « **nouvel ordre mondial** » que les États-Unis peinent à instaurer (ex. : intervention militaire en Irak entre 2003 et 2011).

▶ **Depuis la création de l'État d'Israël en 1948**, les Palestiniens revendiquent un **État en Palestine**. Dans les années 1960-1980, sous la houlette de l'OLP (Organisation de libération de la Palestine), ils privilégient la **lutte armée**. En 1993, les accords de paix d'Oslo semblent amorcer un **processus de paix** dans la région. Mais celui-ci s'enlise et laisse toujours en suspens la question palestinienne.

LE SCHÉMA POUR RÉSUMER

Les facteurs de conflits au Proche et au Moyen-Orient aujourd'hui

LES DATES CLÉS

1948	Création de l'État d'Israël ; début de la première guerre israélo-arabe
1967	Guerre des Six Jours opposant Israël à une coalition d'États arabes
1973	Guerre du Kippour
1979	Traité de paix israélo-égyptien
1990-1991	Guerre du Golfe
1993	Accords d'Oslo amorçant un processus de paix israélo-palestinien
2003–2011	Intervention militaire américaine en Irak
2014	Coalition internationale contre l'organisation État islamique

LES PERSONNAGES IMPORTANTS

Yasser Arafat (1929-2004)

Leader du mouvement palestinien de 1969 à 2004. Président de l'OLP, il choisit d'abord l'action armée et le terrorisme pour défendre la cause palestinienne. Puis, à partir de 1988, il reconnaît l'existence de l'État d'Israël et renonce au terrorisme. Il s'engage dans un processus de paix en signant les accords d'Oslo avec le Premier ministre israélien Yitzhak Rabin en 1993.

Saddam Hussein (1937-2006)

Président de la République d'Irak de 1979 à 2003. D'abord allié des puissances occidentales, il engage son pays dans une guerre meurtrière contre l'Iran de 1980 à 1988. En 1990, il décide d'envahir le Koweït, un de ses anciens créanciers, déclenchant ainsi la guerre du Golfe (début 1991). Il est renversé en 2003 à la suite de l'intervention militaire américaine dans le cadre de la lutte contre le terrorisme, puis condamné à mort par pendaison pour crime contre l'humanité.

Gamal Abdel Nasser (1918-1970)

Dirigeant de l'Égypte de 1954 à 1970. Défenseur du nationalisme arabe, il nationalise le canal de Suez en 1956, contre les intérêts des puissances occidentales (France, Royaume-Uni). Ennemi juré de l'État d'Israël, il engage son pays dans la guerre des Six Jours qui se solde par une cuisante défaite militaire.

5. Les échelles de gouvernement : l'échelle de l'État-nation

LES IDÉES ESSENTIELLES

La France est le plus vieil État-nation du monde. Elle hérite d'une tradition de centralisation administrative et de valeurs républicaines fondamentales (souci de l'intérêt général, égalité entre citoyens).

Une gouvernance française

▶ **Pendant les Trente Glorieuses (1945-1973)** se met en place un État-providence, qui, au nom de la solidarité nationale, intervient dans des domaines très divers (santé, sécurité sociale, travail, éducation). L'État s'affirme aussi comme un acteur majeur de la vie économique, en nationalisant de grandes entreprises dans des secteurs clés (énergie, transport, banques), en planifiant le développement économique, en lançant de grands programmes industriels (ex. : plan Calcul) et d'aménagement du territoire (ex. : stations de sports d'hiver). Son action est relayée par une haute administration compétente (issue de l'ENA) et influente.

▶ **Après les Trente Glorieuses**, le rôle de l'État s'érode progressivement. Ses capacités d'intervention sont réduites par la mondialisation, l'influence du libéralisme (qui inspire les différentes vagues de privatisations), l'intégration européenne et la décentralisation qui s'amorce en 1982. Ainsi, certaines de ses compétences (transport, action sociale, développement économique) sont transférées aux collectivités locales. Cependant, ce recul est à nuancer : il conserve de nombreuses prérogatives (enseignement, sécurité) et les transferts de budget ne sont pas à la mesure des transferts de compétences.

L'opinion publique en France

▶ Grâce à la démocratisation de l'enseignement et à l'essor des médias de masse (radio, télévision), se développe une opinion publique de plus en plus exigeante vis-à-vis des dirigeants politiques. La **crise de mai 1968** en est une première expression.

▶ Néanmoins, l'essor de l'abstention électorale qui s'amplifie **à partir des années 1980** révèle une coupure entre les citoyens et leurs élites, mesurée parfois par les sondages. Le vote en faveur de candidats d'extrême droite (Front national) et d'extrême gauche (Front de gauche) peut se lire comme un rejet des partis au pouvoir (UMP, Parti socialiste).

LES DATES CLÉS

1944-1946	Vague de nationalisations
1946	Création du commissariat général du Plan, confié à Jean Monnet

1959	Création du ministère des Affaires culturelles, confié à André Malraux
1982-1983	Lois Defferre de décentralisation
1986	1re vague de privatisations
1992	Traité européen de Maastricht
2007	Traité de Lisbonne

LE SCHÉMA POUR RÉSUMER

Les facteurs de remise en cause du rôle de l'État (à partir des années 1970)

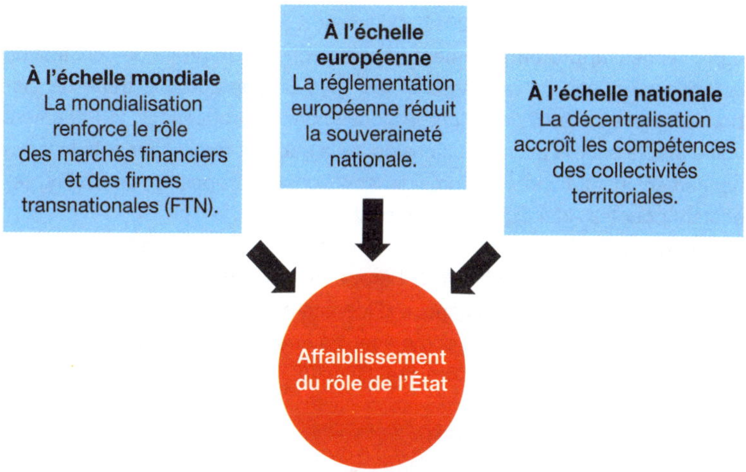

LES PERSONNAGES IMPORTANTS

Charles de Gaulle (1890-1970)

Président de la République française de 1959 à 1969. Il fait rédiger la Constitution de 1958 instaurant la Ve République, marquée par un exécutif renforcé. Il développe la puissance économique de la France en lançant de grands projets industriels (Concorde, plan Calcul). Sa pratique personnelle du pouvoir (contrôle de l'information, usage des référendums) lui vaut d'être contesté par une partie de l'opinion publique (mouvement de mai 1968). Il démissionne en 1969.

Jean Monnet (1888-1979)

Commissaire au Plan de 1946 à 1952. Il est nommé par de Gaulle à ce poste pour moderniser l'économie française. Il entame ensuite une carrière européenne en présidant la Haute Autorité de la Communauté européenne du charbon et de l'acier (CECA) de 1952 à 1955.

6. Les échelles de gouvernement : l'échelle continentale

LES IDÉES ESSENTIELLES

▶ Le traité de Maastricht, adopté en **1992**, donne naissance à l'Union européenne, en remplacement de la Communauté économique européenne (CEE). Il donne davantage de pouvoir législatif au Parlement européen ; il crée une citoyenneté européenne ; il amorce une coopération policière et judiciaire ; il prévoit une politique étrangère et de sécurité commune (PESC) et une politique monétaire européenne avec la création d'une monnaie unique (l'euro) pour **1999**.

▶ Les élargissements successifs de l'Union européenne, qui passe de 12 à 28 membres **entre 1995 et 2013**, poussent à une réforme des institutions européennes (approfondissement). Après l'échec d'un projet de constitution européenne rejeté par la France et les Pays-Bas en 2005, le traité de Lisbonne, signé en **2007**, améliore la gouvernance européenne : le Parlement voit son rôle encore accru ; l'extension de la majorité qualifiée facilite le fonctionnement institutionnel ; un président du Conseil européen et un haut représentant pour les Affaires étrangères sont désignés.

▶ Cependant, le fonctionnement de l'Union européenne se heurte aux dissensions entre États européens (« Europe à la carte ») et à l'euroscepticisme croissant des populations (manque d'identité européenne, échec de la politique étrangère et de sécurité commune). La **crise économique de 2008** et le Brexit de 2016 aggravent encore ces difficultés.

LE SCHÉMA POUR RÉSUMER

Le fonctionnement institutionnel de l'Union européenne

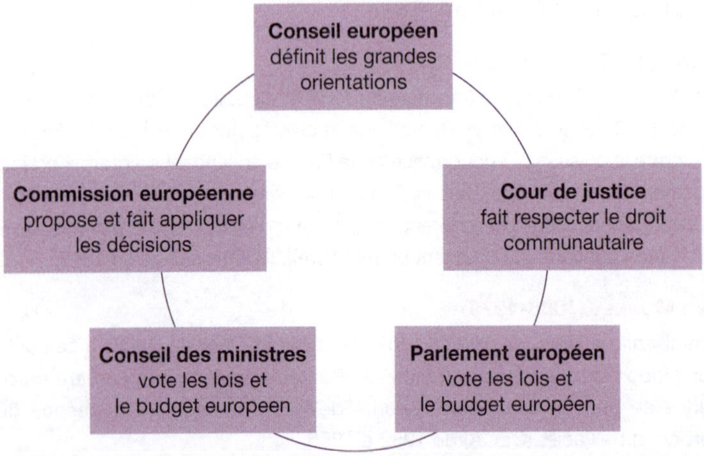

LES DATES CLÉS

1992 Signature du traité de Maastricht ; naissance de l'Union européenne

1999 Création de l'euro

2004 Élargissement de l'UE à 10 nouveaux États (dont 8 membres de l'ex-URSS)

2005 Rejet du projet de constitution européenne par la France et les Pays-Bas

2007 Signature du traité de Lisbonne réformant les institutions européennes

2008 Début de la crise financière et économique dans l'Union européenne

2016 Par référendum, les Britanniques votent pour la sortie de l'UE

LES PERSONNAGES IMPORTANTS

Jacques Delors (1925-...)

Président de la Commission européenne de 1985 à 1995. Dès sa prise de fonctions, il se donne pour objectif de relancer la construction européenne. Ainsi, en 1986, il élabore l'Acte unique européen qui prévoit l'achèvement du Marché unique pour 1993 et l'extension des compétences du Parlement et de la Commission. Six ans plus tard, il est à l'origine du traité de Maastricht qui instaure l'Union européenne et pousse la logique d'approfondissement.

Valéry Giscard d'Estaing (1926-...)

Président de la République française de 1974 à 1981. Européen convaincu, il est à l'origine de la création du Conseil européen en 1974. À partir de 2002, il préside la Convention sur l'avenir de l'Europe chargée d'élaborer un projet de traité instaurant une constitution européenne. Celui-ci est rejeté par la France et les Pays-Bas en 2005.

José Manuel Durão Barroso (1956-...)

Premier ministre portugais de 2002 à 2004, puis président de la Commission européenne de 2004 à 2014. Après l'échec du projet de constitution européenne de 2005, il contribue au succès du traité de Lisbonne en soutenant le président français Nicolas Sarkozy. Attaché au libéralisme, il défend les politiques d'austérité comme remède à la crise économique qui touche notamment les États d'Europe du Sud (Grèce, Espagne, Portugal).

7. Les échelles de gouvernement : l'échelle mondiale

LES IDÉES ESSENTIELLES

▶ **Dans les années 1970**, les pays industrialisés sont confrontés à de graves difficultés monétaires et économiques. Face à l'impuissance des institutions internationales (Fonds monétaire international et Banque mondiale), les plus riches décident de fonder le G6 lors du sommet de Rambouillet en **1975**. Regroupant alors les États-Unis, le Japon, la RFA, la France, le Royaume-Uni et l'Italie, le G6 s'élargit au Canada l'année suivante. Les pays en développement y voient un « club de riches ». En fait, jusqu'au milieu des années 1990, il n'y a pas de véritable gouvernance économique mondiale : le libéralisme semble en effet être le seul remède contre la crise, au moment où la mondialisation s'intensifie. Cependant, des mouvements altermondialistes proposent une autre mondialisation.

▶ **À partir des années 1990**, les États tentent de relancer la coopération économique. En 1995, l'OMC (Organisation mondiale du commerce) remplace le GATT. Son objectif est de renforcer le libre-échange tout en faisant respecter les règles commerciales. En **1999**, les pays émergents obtiennent la création du G20 qui reflète davantage l'organisation multipolaire du monde. Cependant, la crise économique mondiale de 2008 met à rude épreuve la coopération internationale et, même si le fonctionnement du FMI a été modifié en 2011, aucune réforme du système financier n'a pu aboutir.

LE SCHÉMA POUR RÉSUMER

Du G7 au G20

1976 : G7 (États-Unis, Japon, RFA, France, Royaume-Uni, Italie, Canada)	**1998 : G8** (intégration de la Russie)	**1999 : G20** (G8 + UE + Australie + 10 pays émergents : Mexique, Brésil, Argentine, Afrique du Sud, Turquie, Arabie Saoudite, Chine, Inde, Corée du Sud, Indonésie)

LES DATES CLÉS

1975 Création du G6 lors du sommet de Rambouillet

1976 Naissance du G7 avec l'intégration du Canada au G6

1995 Création de l'OMC en remplacement du GATT

1998 Naissance du G8 avec l'intégration de la Russie au G7

1999 Création du G20

2001 Intégration de la Chine dans l'OMC

2011 Réforme du FMI

LES PERSONNAGES IMPORTANTS

Bill Clinton (1946-...)

Président des États-Unis de 1993 à 2001 (démocrate). Il favorise le libre-échange : la première réunion annuelle des dirigeants de l'APEC (Coopération économique de la zone Asie-Pacifique fondée en 1989) a lieu aux États-Unis en 1993 ; l'ALENA (Accord de libre-échange nord-américain) entre en vigueur en 1994. Par ailleurs, pour des motifs politiques et économiques, il soutient l'intégration de la Russie dans le futur G8 en 1998.

Luiz Inácio Lula da Silva (1945-...)

Président de la République du Brésil de 2003 à 2011. Il est l'un des leaders des pays émergents au sein du G20, présidé par le Brésil en 2008, qui accueille le sommet des chefs d'États et de gouvernements à São Paulo. Ancien syndicaliste à la personnalité charismatique, il jouit d'une forte popularité auprès des mouvements altermondialistes.

Joseph Eugene Stiglitz (1943-...)

Économiste en chef de la Banque mondiale de 1997 à 2000. Théoricien du nouveau keynésianisme, il critique l'équilibre des marchés par la seule loi de l'offre et de la demande. À ce titre, il fustige l'action du FMI et de la Banque mondiale. Il obtient le prix Nobel d'économie en 2001.

Mémento de géographie

1. Des cartes pour comprendre le monde

LES IDÉES ESSENTIELLES

▶ **Une carte est toujours une représentation du monde.** C'est pourquoi un planisphère procède de choix : choix d'un type de projection (ex. : cylindrique, polaire), d'un centrage (sur l'Europe ou un autre continent), d'informations à représenter. Une carte renseigne donc sur le point de vue du cartographe : son analyse critique repose ainsi sur une réflexion autour de sa source, ce qui permet de mieux comprendre le message et les limites du document.

▶ **Le monde actuel est particulièrement complexe.** Ainsi, son organisation ne peut être appréhendée qu'au moyen de plusieurs grilles de lecture :

• une lecture géopolitique mettra en évidence les relations entre États (alliances, conflits, zones d'influences) compte tenu de données historiques et géographiques ;

• une lecture géoéconomique soulignera les inégalités de développement mais aussi les échanges entre les territoires ;

• une lecture géoculturelle présentera les caractéristiques et mutations culturelles (religions, langues, modes de vie) du monde actuel, organisé en aires de civilisations ;

• une lecture géoenvironnementale abordera les déséquilibres environnementaux de la planète, à la lumière du développement durable.

LES CHIFFRES CLÉS

• **5 membres permanents du Conseil de sécurité de l'ONU :** États-Unis, Russie, Chine, France, Royaume-Uni

• **9 puissances nucléaires :** États-Unis, Russie, France, Royaume-Uni, Chine, Pakistan, Inde, Israël, Corée du Nord

• **3 premiers pays exportateurs de marchandises en 2016 :** Chine, États-Unis, Allemagne

• **3 religions les plus pratiquées dans le monde en 2015 :** christianisme (2,3 milliards de fidèles) ; islam (1,6 milliard) ; hindouisme (1 milliard)

• **663 millions de personnes n'ont pas accès à l'eau potable en 2016**

Sources : OMC, ONU, OMS, UNICEF.

Une lecture géopolitique du monde

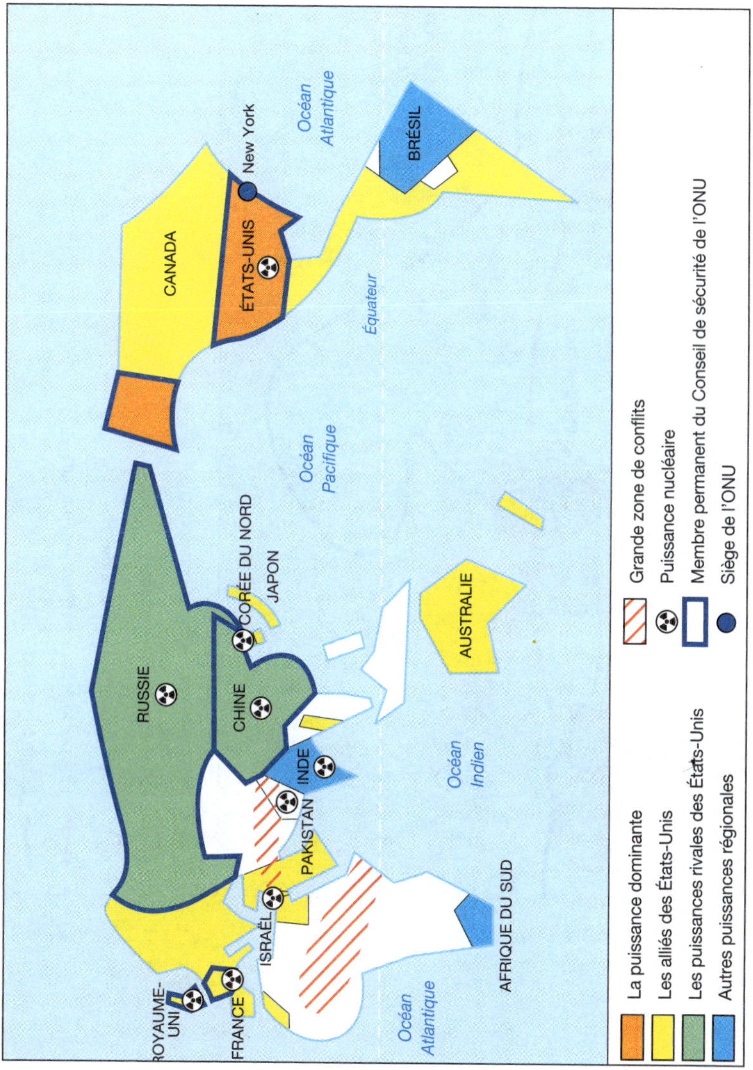

Une lecture géoéconomique du monde

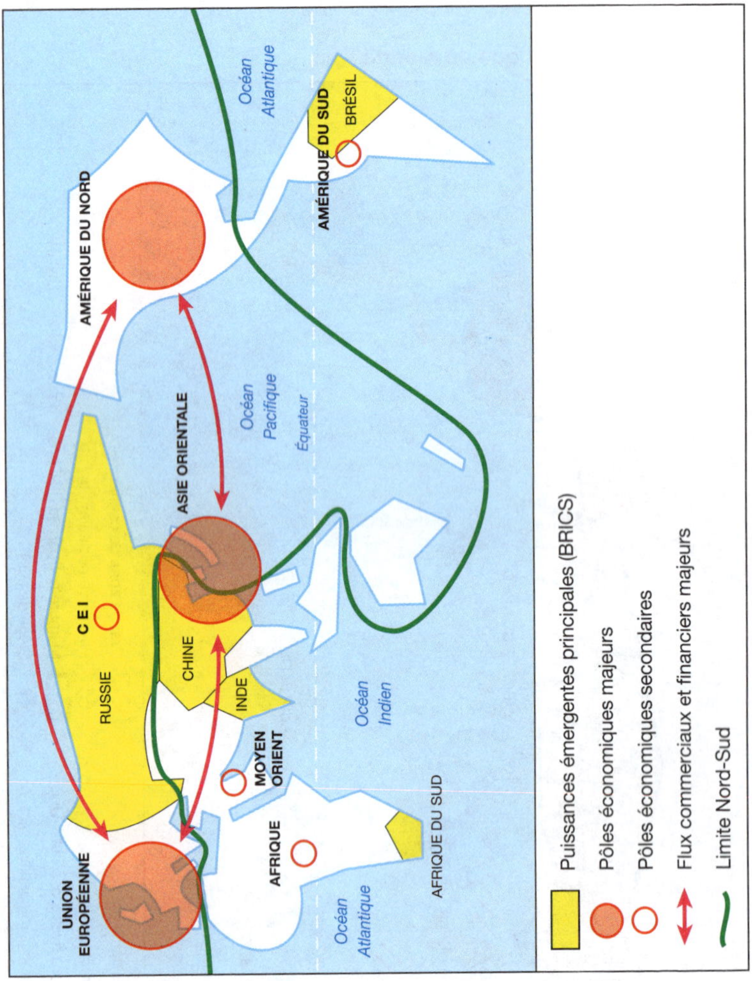

Une lecture géoculturelle du monde : les religions majoritaires

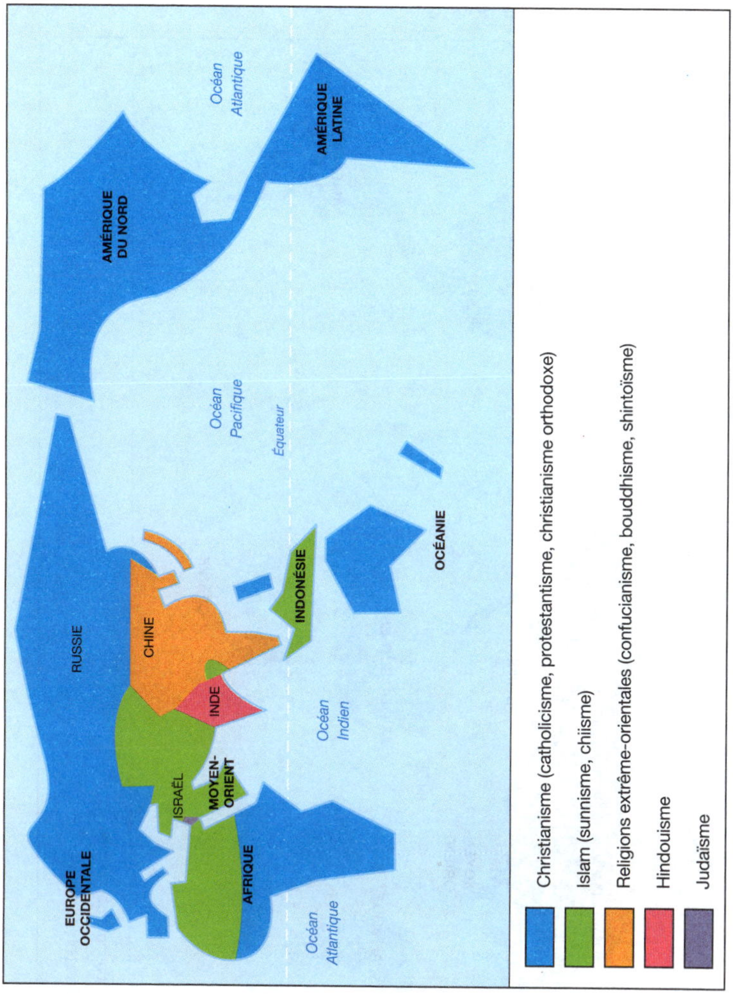

Une lecture géoenvironnementale du monde : la disponibilité en eau douce

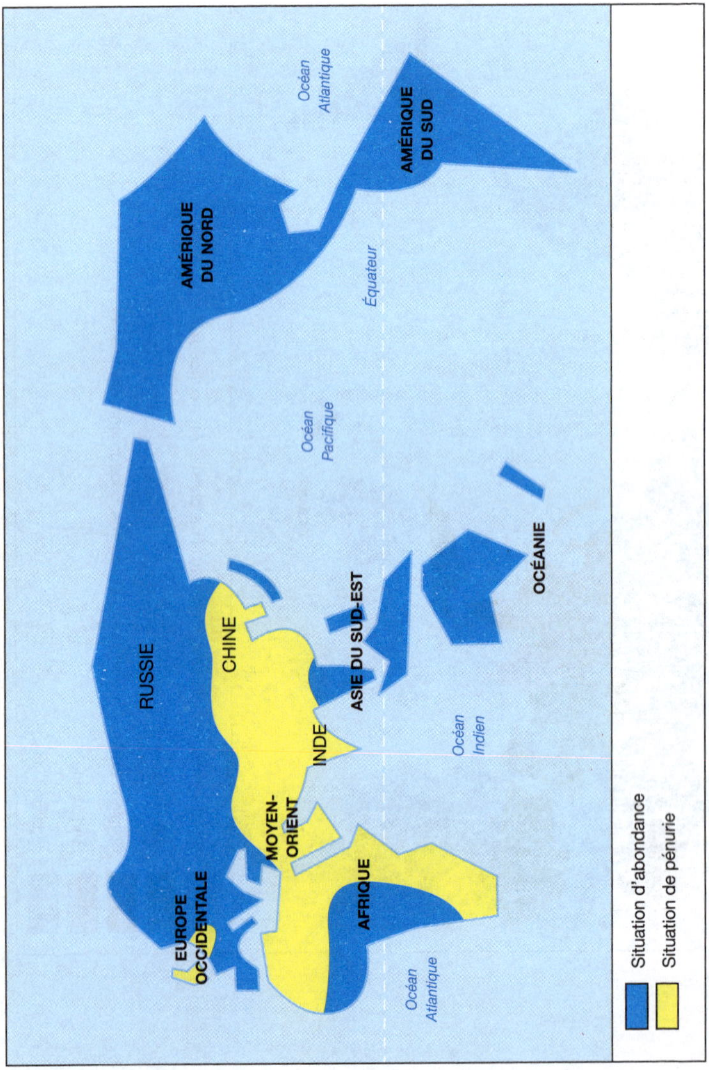

2. La mondialisation, fonctionnement et territoires

LES IDÉES ESSENTIELLES

▶ **La mondialisation est le processus de mise en relation progressive des territoires et des sociétés à l'échelle mondiale**, qui se traduit par la multiplication des flux de toutes natures (humains, commerciaux, financiers, d'informations). Il est animé par différents types d'acteurs : les firmes transnationales, les institutions internationales, les États et d'autres acteurs (ex. : organisations non gouvernementales, diasporas, réseaux clandestins). Il suscite de nombreux débats quant à ses effets socio-économiques (accroissement des inégalités), culturels (uniformisation) et environnementaux (gaspillage des ressources naturelles). Ainsi, les mouvements altermondialistes préconisent une autre forme de mondialisation, mieux maîtrisée, plus solidaire et plus respectueuse des cultures et de l'environnement.

▶ **La mondialisation est un phénomène sélectif** qui intègre inégalement les territoires. **À l'échelle mondiale**, il intègre les pôles de la Triade et les pays émergents (notamment les BRICS). Le reste du monde, dont les pays les moins avancés, reste en marge. **Aux échelles continentale et nationale**, il renforce l'influence des métropoles et des façades maritimes.

▶ **La mondialisation accroît l'importance géostratégique des mers et des océans**, en raison de la domination du transport maritime dans les échanges commerciaux et du phénomène de littoralisation. Les États les plus puissants cherchent ainsi à contrôler et sécuriser les routes maritimes et à s'approprier les espaces maritimes, ce qui provoque de nombreuses tensions.

LES SCHÉMAS BILANS

Les acteurs de la mondialisation

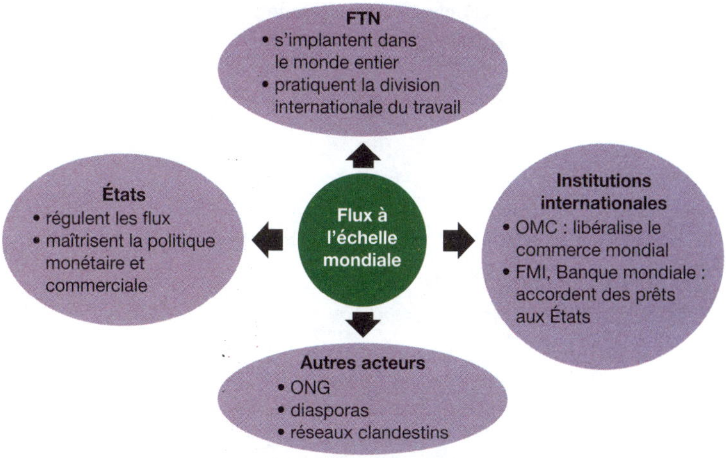

Pôles et flux de la mondialisation

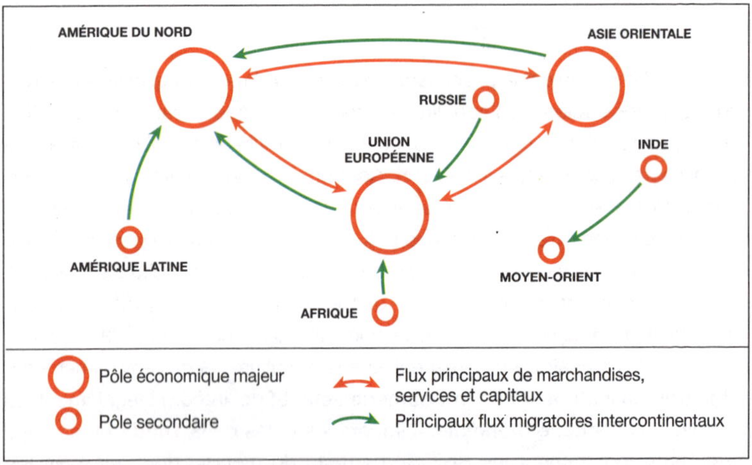

Des territoires inégalement intégrés à la mondialisation

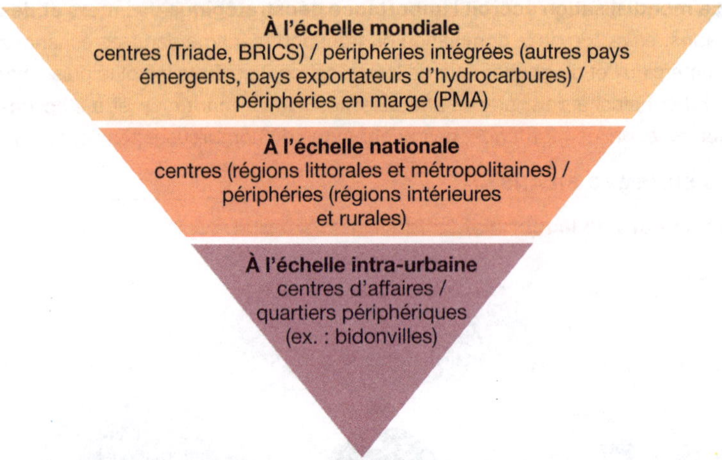

Les espaces maritimes : approche géostratégique

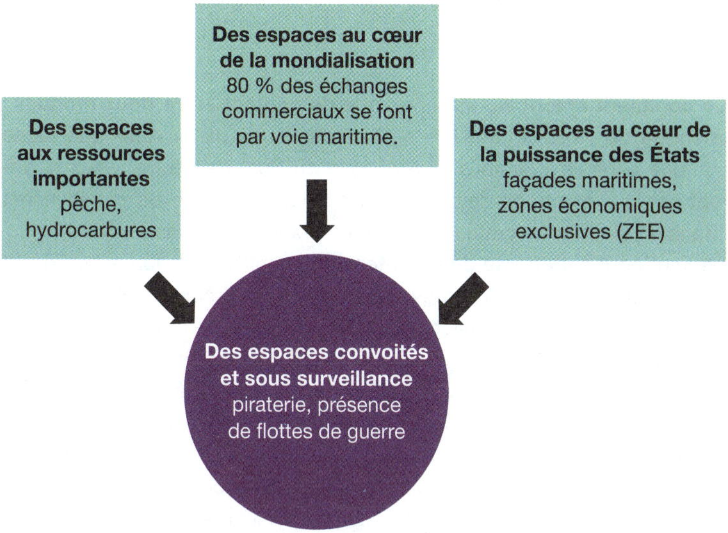

LES CHIFFRES CLÉS

- **Les 5 premières FTN (pour le chiffre d'affaires) en 2016 :**
  - Wal-Mart Stores (grande distribution, États-Unis)
  - State Grid (électricité, chimie, Chine)
  - China National Petroleum Corporation (pétrole, Chine)
  - Sinopec (pétrochimie, Chine)
  - Royal Dutch Shell (pétrole, Pays-Bas/États-Unis)
- **Nombre de migrants internationaux en 2016 :** 244 millions
- **Croissance du commerce mondial en 2016 :** 2,2 %
- **Part des pays développés dans le PIB mondial en 2014 :** 50 %
- **Part des BRICS dans le PIB mondial en 2015 :** 22,5 %
- **Part des espaces maritimes dans les échanges commerciaux :** 80 %

Sources : OCDE, OMC ; ONU ; *Le Bilan du monde* 2017 ; La Documentation française ; Fortune, 2016 ; Alternatives économiques, 2017, hors-série « Quel monde en 2017 ? ».

3. L'Amérique : puissance du Nord, affirmation du Sud

LES IDÉES ESSENTIELLES

▶ **Le continent américain est une zone de contact entre deux mondes :** l'Amérique du Nord (États-Unis et Canada) d'une part, l'Amérique latine (Amérique centrale, Caraïbes et Amérique du Sud) de l'autre. Ceux-ci diffèrent par leur niveau de développement et leur culture, mais entretiennent d'intenses relations (migratoires, culturelles, politiques, économiques).

▶ **Le continent est affecté de vives tensions** dont les plus fortes impliquent les États-Unis. En effet, elles proviennent de leur présence multiforme pour défendre leurs intérêts et du rejet par certains gouvernements de l'impérialisme américain. En même temps, des dynamiques d'intégration régionale sont en œuvre avec l'ALENA (Accord de libre-échange nord-américain) autour des États-Unis et le Mercosur (Marché commun sud-américain) autour du Brésil.

▶ **Deux États dominent le continent : les États-Unis et le Brésil.** Si le premier est une puissance mondiale complète, le second reste surtout une puissance régionale exerçant son influence sur l'Amérique du Sud. Leurs dynamiques territoriales comportent des points communs (peuplement à partir du littoral atlantique, poids des métropoles mondiales, fortes disparités socio-spatiales). Elles présentent également des différences : ainsi, le territoire états-unien est fortement maîtrisé tandis que le territoire brésilien ne l'est que partiellement.

LES SCHÉMAS BILANS

Le continent américain : entre tensions et intégrations régionales

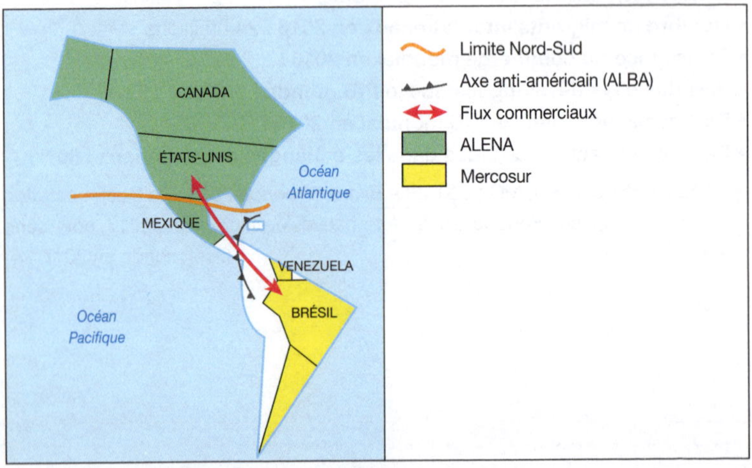

Les dynamiques territoriales des États-Unis

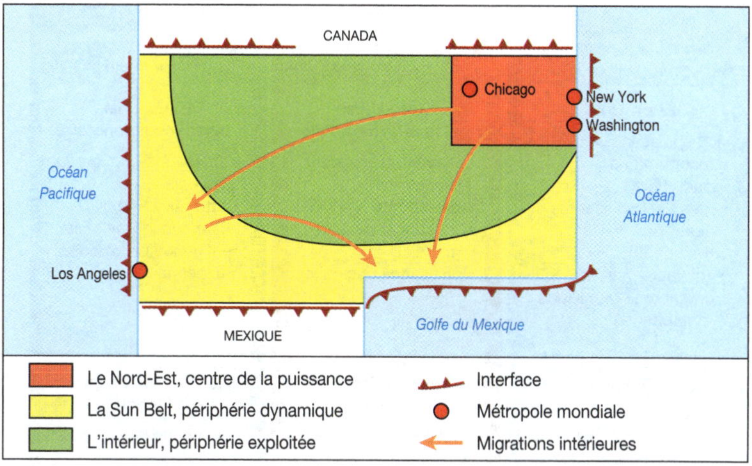

Les dynamiques territoriales du Brésil

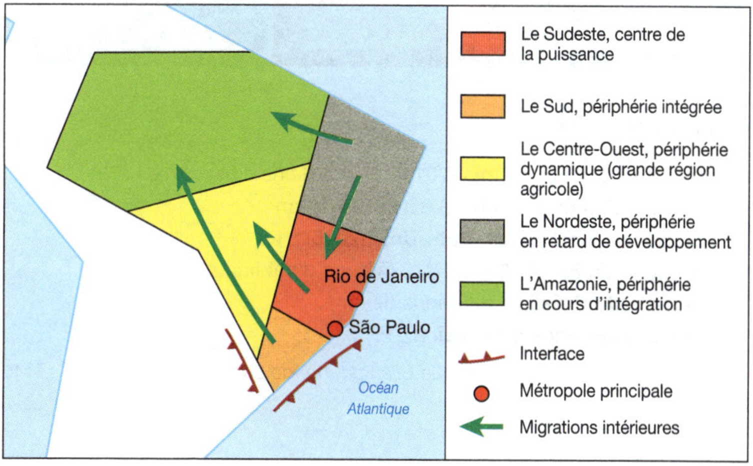

États-Unis-Brésil : deux puissances mondiales

Des puissances économiques	Des puissances géopolitiques	Des puissances culturelles
États-Unis • 1re puissance économique mondiale • des FTN puissantes (ex. : Exxon, Cargill, Microsoft) • un vaste marché intérieur (324 millions d'habitants)	**États-Unis : puissance mondiale** • membre permanent du Conseil de sécurité de l'ONU • 1er budget militaire mondial • puissance nucléaire	**États-Unis : puissance planétaire** • 1er foyer d'immigration mondial • attractivité de l'*american way of life* • influence des médias (cinéma, TV)
Brésil • 9e puissance économique mondiale • des FTN puissantes (ex. : Petrobras, JBS, Vale) • un vaste marché intérieur (210 millions d'habitants)	**Brésil : puissance incomplète** • leader des BRICS • 10e budget militaire mondial	**Brésil : puissance incomplète** • influence des médias (Globo) • organisation d'événements sportifs (Coupe du monde 2014, JO 2016)

LES CHIFFRES CLÉS

- **Population des États-Unis (2016) :** 324 millions d'habitants
- **Superficie des États-Unis :** 9,6 millions de km^2
- **Taux de croissance des États-Unis (2016) :** 1,6 %
- **Population du Brésil (2016) :** 210 millions d'habitants
- **Superficie du Brésil :** 8,5 millions de km^2
- **Taux de croissance du Brésil (2016) :** – 3 %

Sources : *Le Bilan du monde 2017, Le Monde*, 2017 ; FMI.

4. L'Afrique : les défis du développement

LES IDÉES ESSENTIELLES

▶ **Le Sahara est un espace de fortes contraintes physiques :** immensité (8,5 millions de km^2), enclavement, aridité, importance des contrastes thermiques. Cependant, il dispose d'immenses ressources (nappes aquifères fossiles, hydrocarbures, phosphates). Par ailleurs, il se caractérise par un morcellement politique notable ; les nombreuses frontières sont l'objet de contestations territoriales et jouent le rôle d'interfaces pour les intenses mouvements de populations. C'est pourquoi il s'agit d'un espace convoité par des acteurs externes (puissances occidentales, puissances émergentes) et internes (États, populations locales, groupes séparatistes).

▶ **Le continent africain semble aujourd'hui encore cumuler** les difficultés tant économiques (faible poids dans les échanges mondiaux, réseau de transport déficient), démographiques (faible niveau d'éducation, forte exposition aux épidémies) que politiques (nombreux conflits intra-étatiques).

▶ **Cependant, depuis le début du XXIe siècle**, on observe une progressive intégration du continent, riche en ressources naturelles, dans l'espace mondialisé, à l'instar de l'Afrique du Sud ; de plus, certains signes de développement sont encourageants (ex. : réduction de la mortalité infantile). Enfin, un processus de démocratisation est en cours.

▶ **Néanmoins, il reste à l'Afrique de nombreux défis** à relever comme ceux de la forte croissance démographique et des besoins alimentaires de la population. L'intégration régionale, encore balbutiante, est peut-être une des solutions pour y répondre.

LES CHIFFRES CLÉS

- **Superficie du Sahara :** 8,5 millions de km^2
- **Population de l'Afrique (2016) :** 1 milliard d'habitants
- **Population de l'Afrique prévue pour 2050 :** 2 milliards d'habitants
- **Espérance de vie en Afrique :** 60 ans (moyenne mondiale : 71 ans)
- **Part de l'Afrique dans le commerce mondial :** 3 %
- **Croissance économique de l'Afrique (2016) :** 3 %

Sources : INED ; OMC ; *Problèmes économiques*, La Documentation française, « Les défis de l'Afrique », 2015 ; Alternatives économiques, 2017, hors-série « Quel monde en 2017 ? ».

Le Sahara, espace de conflits

Des facteurs naturels
- des ressources naturelles abondantes (hydrocarbures, uranium)
- un espace immense et aride, difficilement contrôlable

Des facteurs politiques régionaux
- des États faibles et corrompus
- des frontières nombreuses et perméables
- des populations nomades en conflit avec les États (ex. : Touaregs)

Des facteurs géopolitiques mondiaux
- les convoitises des grandes puissances (occidentales, émergentes)
- l'essor du terrorisme international (AQMI)
- les trafics (drogue, armes)

→ **Des conflits multiples et complexes**

Le continent africain : contrastes de développement et inégale intégration dans la mondialisation

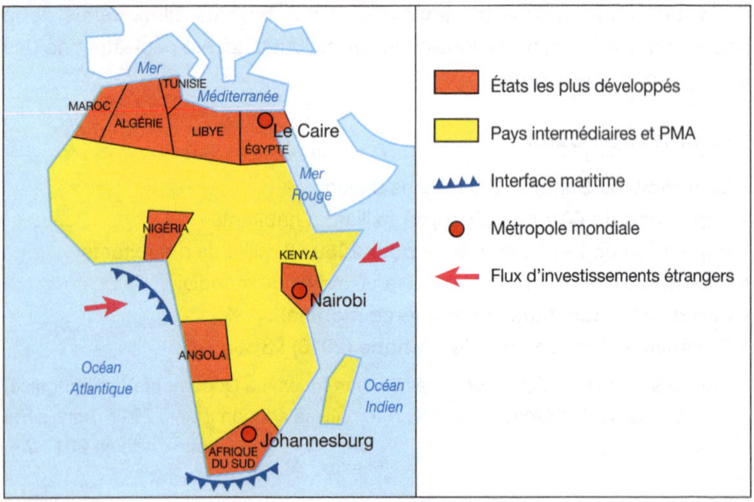

5. L'Asie du Sud et de l'Est : les enjeux de la croissance

LES IDÉES ESSENTIELLES

▶ **L'Asie du Sud et de l'Est est peuplée de 4 milliards d'habitants, soit près de 50 % de la population mondiale.** Cette population nombreuse est un atout pour la croissance économique, car elle constitue une main-d'œuvre importante et bien formée ainsi qu'un vaste marché de consommation. En même temps, ses besoins, en termes d'alimentation, de santé, de logement, sont énormes.

▶ **Cette région se caractérise également par la plus forte croissance économique au monde.** Cependant, celle-ci est inégale à différentes échelles. D'autre part, elle suppose une forte consommation de ressources naturelles et accroît la vulnérabilité aux risques naturels dans des espaces densément peuplés. La question d'un développement durable se pose.

▶ **Le Japon et la Chine se disputent le leadership en Asie orientale.** La première est avant tout une puissance financière, technologique et économique. La seconde, une puissance économique, géopolitique et culturelle. **À l'échelle mondiale**, la Chine s'affirme comme une puissance complète, tandis que le Japon souffre de son faible poids géopolitique.

LES SCHÉMAS BILANS

L'organisation du territoire chinois, reflet des défis de la population et de la croissance

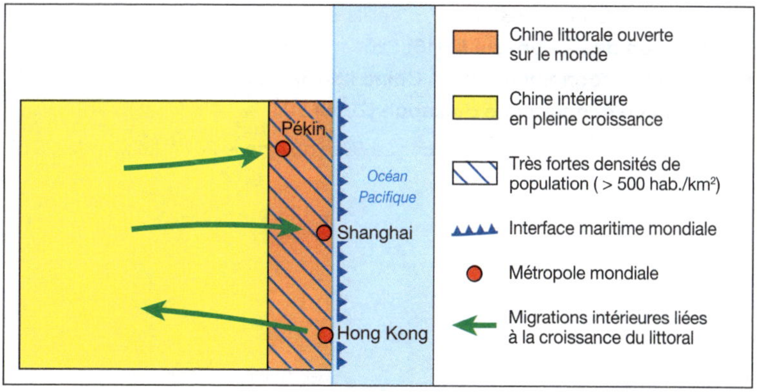

Japon-Chine : deux puissances mondiales inégales

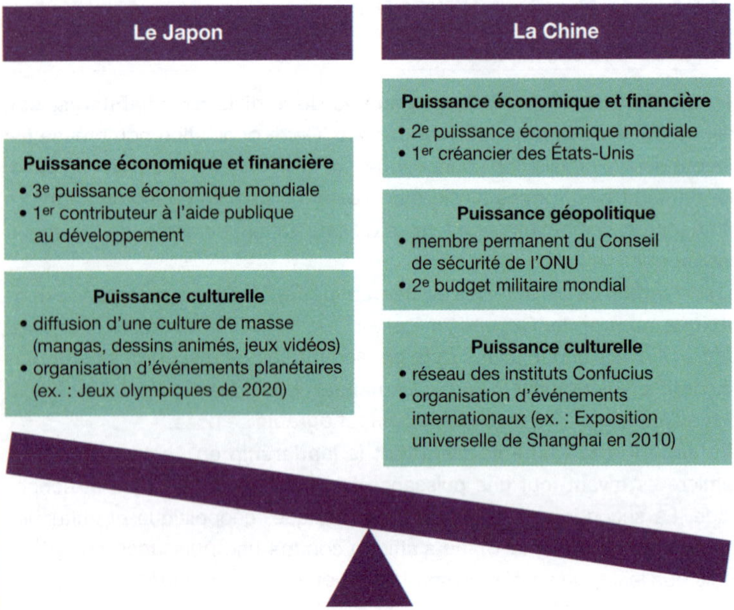

LES CHIFFRES CLÉS

- **Population de l'Asie orientale et méridionale :** 4 milliards d'habitants
- **Population de la Chine (2016) :** 1,38 milliard d'habitants
- **Population de l'Inde (2016) :** 1,32 milliard d'habitants
- **Population de l'Indonésie (2016) :** 261 millions d'habitants
- **Croissance économique de la Chine (2016) :** 6,6 %
- **Croissance économique du Japon (2016) :** 0,5 %

Source : *Le Bilan du monde 2017,* Le Monde, 2017.

Les sigles du programme

A

ALBA

« Alliance bolivarienne pour les Amériques ». Organisation de coopération réunissant des États hostiles aux États-Unis (dont le Venezuela, Cuba, le Nicaragua, l'Équateur et la Bolivie).

ALENA

« Accord de libre-échange nord-américain ». Zone de libre-échange entre le Canada, les États-Unis et le Mexique.

AQMI

« Al-Qaida au Maghreb islamique ». Organisation terroriste islamiste agissant dans les États sahariens.

ASEAN

« Association des nations d'Asie du Sud-Est ». Organisation de coopération entre États du Sud-Est asiatique (dont Singapour, la Malaisie, l'Indonésie, le Vietnam).

B

BCE

« Banque centrale européenne ». Organisme chargé d'émettre la monnaie et de veiller à la stabilité des prix au sein de la zone euro.

BRICS

Ensemble de cinq puissances émergentes (le Brésil, la Russie, l'Inde, la Chine et l'Afrique du Sud).

C

CEE

« Communauté économique européenne ». Zone de libre-échange fondée en 1957 par six États (la France, la République fédérale d'Allemagne, l'Italie, la Belgique, le Luxembourg et les Pays-Bas).

CNR

« Conseil national de la Résistance ». Organe fondé en 1943 par Jean Moulin pour unifier les mouvements de résistance sous l'autorité du général de Gaulle.

D

DIT

« Division internationale du travail ». Stratégie des firmes transnationales consistant à dissocier géographiquement les fonctions de conception des fonctions de production.

F

FLN

« Front de libération nationale ». Mouvement qui a mené la lutte pour l'indépendance de l'Algérie dès 1954.

FMI

« Fonds monétaire international ». Institution internationale chargée de la stabilité du système monétaire et de l'aide aux États en difficulté financière.

FTN

« Firme transnationale ». Grande entreprise réalisant plus de la moitié de son chiffre d'affaires à l'étranger.

G

G20

Groupe formé depuis 1999 par l'Union européenne et les 19 pays les plus riches du monde (membres du G8 et puissances émergentes).

I

IDE

« Investissements directs à l'étranger ». Sommes investies sur un territoire par des entreprises étrangères.

IDH

« Indicateur de développement humain ». Indicateur synthétique comprenant l'espérance de vie, le PIB par habitant et le taux d'alphabétisation des adultes.

M

MERCOSUR

Marché commun sud-américain ; organisation régionale comprenant le Brésil, l'Argentine, l'Uruguay, le Paraguay et le Venezuela.

O

OAS

« Organisation de l'armée secrète ». Organisation clandestine fondée en 1961 et regroupant les partisans de l'Algérie française.

OCS

« Organisation de coopération de Shanghai ». Organisation économique regroupant la Chine, la Russie, l'Inde, le Pakistan et quatre États d'Asie centrale.

OLP

« Organisation de libération de la Palestine ». Organisation fondée en 1964, luttant pour la création d'un État palestinien.

OMC

« Organisation mondiale du commerce ». Institution internationale chargée de réguler les échanges commerciaux.

ONG

« Organisation non gouvernementale ». Association d'intérêt public qui est indépendante financièrement et politiquement.

ONU

« Organisation des Nations unies ». Institution internationale fondée en 1945 pour garantir la paix et le respect des droits de l'homme dans le monde.

OPEP

« Organisation des pays exportateurs de pétrole ». Organisation fondée en 1960 pour coordonner les politiques énergétiques de 12 États producteurs de pétrole.

OTAN

« Organisation du traité de l'Atlantique Nord ». Organisation fondée en 1949 pour assurer la défense des États d'Europe occidentale.

P

PIB

« Produit intérieur brut ». Valeur de la richesse produite sur un territoire donné.

PMA

« Pays les moins avancés ». Pays dont l'IDH est faible.

U

UE

« Union européenne ». Ensemble de 28 États européens constituant un marché commun, avec une monnaie et des institutions communes.

Z

ZEE

« Zone économique exclusive ». Espace maritime allant jusqu'à 370 km du littoral dont les ressources sont sous la souveraineté de l'État riverain.

ZES

« Zones économiques spéciales ». Zones franches créées sur le littoral chinois à partir de 1979 pour favoriser l'installation des entreprises étrangères.